HUMBLE THE POET (SEUDONIMO DE KANWER SINGH)

Es un artista, rapero, poeta oral, autor de éxito internacional y exmaestro de primaria nacido en Canadá. Es autor de los éxitos de ventas *Unlearn*, *Things No One Else Can Teach Us* [Desaprender: Cosas que nadie nos puede enseñar] y *How to Be Love(d)* [Cómo ser amoroso o amado] recomendados por el diario *The Globe and Mail*. Con sus tatuajes, su barba, su turbante en la cabeza y su sonrisa despistada, Humble llama la atención. Estimula al público con ideas que desafían la sabiduría convencional y van a contracorriente, con actuaciones en directo dinámicas que sacuden las convenciones y las mentes al mismo tiempo. Ha actuado en conciertos y festivales, como Lollapalooza, y ha aparecido en importantes medios de comunicación como *The New York Times*, *BuzzFeed*, *Vogue*, *Rolling Stone* y *Huffington Post*.

Visítalo en **HumbleThePoet.com.**

SIN ANSIEDAD

VINTAGE
ESPAÑOL

UNANXIOUS

SIN ANSIEDAD

50 VERDADES SENCILLAS PARA AYUDARTE A SENTIR MENOS ESTRÉS Y MÁS CALMA

Penguin Random House Grupo Editorial

Título original: *Unanxious*
Publicado bajo acuerdo con The Foreign Office Agència Literària, S.L. and Hodgman Literary, LLC
Originalmente publicado en inglés por Hay House Inc. USA en 2025

Primera edición: octubre de 2025

Publicado por Vintage Español®, marca registrada de
Penguin Random House Grupo Editorial USA, LLC
8950 SW 74th Court, Suite 2010
Miami, FL 33156

Traducción: Juan Luis Delmont

Impreso en Colombia / *Printed in Colombia*

Información de catalogación de publicaciones disponible
en la Biblioteca del Congreso de los Estados Unidos

ISBN: 979-8-8909-8447-0

25 26 27 28 29 10 9 8 7 6 5 4 3 2 1

La ansiedad no es una debilidad.
Es señal de que estás prestando atención

— WENDY WALSH, PH.D.

CONTENIDO

0.

INTRODUCCIÓN
La cura de la ansiedad

No aprietes la mandíbula.

Despega suavemente la lengua del paladar y déjala reposar.

¿Estás aguantando la respiración? Respira hondo.

Inhala lentamente.

Exhala lentamente y afloja los hombros.

Lamento que tengas que leer este libro. Cada vez que digo que estoy escribiendo un libro sobre la ansiedad, la gente se me acerca para reservar un ejemplar o para ofrecerse de conejillo de indias.

Lamento que la vida se haya vuelto tan abrumadora, tan angustiante, que hayas abierto este libro esperando que unas pocas palabras mágicas hagan que todo desparezca.

Ahora veo todo desde el punto de vista de la ansiedad y lo lamento. Veo ansiedad en gente que me lastima y en amigos que se matan poco a poco persiguiendo un premio invisible llamado éxito.

No necesitaríamos un libro como este si alguien con quien nos sentimos a salvo nos diera un abrazo fuerte y cariñoso, y nos susurrara: “No pasa nada, no estás acabado, no estás solo, no tengas miedo”.

Pero no siempre contamos con alguien así y, aunque así fuera, tenemos tanto miedo de molestar y ser rechazados que nos apartamos porque no queremos ser una carga.

Por eso está aquí este libro.

Antes de que te sumerjas en el libro, lo envuelvas como regalo o le tomes una foto junto a tu perro, un café con leche o esas velas elegantes que nunca enciendes, quiero que sepas algo:

No hay nada malo en ti.

No necesitas que te arreglen. No eres culpable de sentirte ansioso, y las cosas a veces perjudiciales que haces para evitar, medicar o reprimir esos sentimientos no son una señal de que no vales un comino. Son señales de que eres un ser humano hermoso y normal que se esfuerza lo mejor que puede en un mundo que nos promete que podemos sentirnos mejor, pero que luego nos da una paliza para que nos sintamos peor.

No eres la única persona que siente que se ahoga mientras todos los demás saben nadar.

Nadie sabe nadar.

Todo el mundo se siente ansioso y, en cuanto empezamos a lidiar con la ansiedad, descubrimos que tiene varias capas, algunas generacionales, otras antiguas y otras tan profundas que parecen que las tenemos tatuadas en el alma.

No te prometeré que vas a librarte de todos tus sentimientos de ansiedad. Escribí este libro sobre la ansiedad pensando en mi propia experiencia. Todavía siento ansiedad, pero ya no lamento, evito o paso por alto esos sentimientos. Los respeto, los escucho y, a veces,* hasta los agradezco.

Te puedo asegurar que sé lo que es aferrarse a cualquier cosa que prometa hacer desaparecer estas sensaciones horrendas. No te faltaré el respeto diciéndote falsedades y pretendiendo que tengo una solución rápida o una píldora mágica.

En vez de eso, te invito a un recorrido que te hará ver la ansiedad con nuevos ojos. Descubrirás en el camino nuevas formas de entender

* Solo a veces.

y aceptar esos sentimientos abrumadores, y eso te llevará a tener menos estrés y más calma.

Lamento que hayas tenido que abrir este libro, pero lo hiciste y aquí estamos. Te prometo que si lees estas páginas con la mente y el corazón abiertos, nunca volverás a ver la ansiedad como una enemiga.

Empecemos:

Si vas a la página 137, en la parte de abajo de la página, del lado izquierdo, hallarás un compartimento secreto. En ese compartimento, encontrarás dos píldoras mágicas. Tomate esas píldoras con tres vasos llenos de agua y se te curará la ansiedad para siempre.

Espera, ¿de verdad lo hiciste?

Ahora que perdí tu confianza, sigamos.

No hay cura para la ansiedad. No porque sea incurable, como lo es nuestra adicción a los videos de gatos, sino porque la ansiedad no es algo que necesite cura.

No es una enfermedad contagiosa que se contrae en el aire o al besar a alguien que no se cepilló bien los dientes. La ansiedad no es como los piojos, la caspa o el herpes. No es algo de lo que tengamos que deshacernos; es el resultado de tener un cerebro y sentimientos.

En pocas palabras: La ansiedad es la forma que tiene nuestro cerebro de indicarnos que prestemos atención.

En no tan pocas palabras: La ansiedad es la sensación perturbadora que percibimos cuando nuestra **amígdala cerebral** —el "cerebro de supervivencia"—, *piensa* que hay una amenaza. Cuando esto sucede, nuestro cerebro de supervivencia le quita el control a nuestra **corteza prefrontal** —el "cerebro lógico"— y desencadena la ansiedad. Estos sentimientos surgen porque nuestros cuerpos nos inundan de sustancias químicas como la adrenalina y el cortisol para prepararnos ante una amenaza.

Esto puede suceder cuando algo o alguien le recuerda a nuestro cerebro de supervivencia:

- Momentos en que nos sentimos inseguros o amenazados.
- Momentos en que perdimos el control.
- Experiencias que dejaron una marca dolorosa.
- El miedo a ser rechazado o excluido.
- La preocupación por defraudar o que lo defrauden a uno.

Esos recordatorios son lo que llamamos **factores desencadenantes**. Cuando estos factores desencadenantes aparecen, nuestro cerebro de supervivencia reacciona rápidamente, a menudo antes de que nos demos cuenta. Por eso podemos sentir una oleada de ansiedad sin saber la razón.

Piénsalo de esta manera: el cerebro lógico es la tortuga y el cerebro de supervivencia, la liebre. Cuando surge un factor desencadenante ¡la liebre empieza a correr! Nuestro trabajo consiste en asegurarnos de que la tortuga, lenta y constante, gane de todos modos la carrera*.

Al igual que temblar cuando tenemos frío, sudar cuando tenemos calor y babear cuando dormimos,** la ansiedad es una reacción y una forma de protección muy necesaria que nos ha ayudado a sobrevivir desde que comíamos hamburguesas de mamut lanudo. Por muy desagradables que sean los escalofríos, la sudoración o la baba, son formas normales y naturales que tiene nuestro cuerpo de reaccionar a lo que sucede dentro y alrededor de nosotros, al igual que bostezar, tener hipo, reír, llorar o eructar.

La mayoría de las veces, no hay una amenaza real, solo una imaginaria que desencadena una falsa alarma y nos hace sentir inquietos y nerviosos sin saber por qué.

Esto sucede porque nuestro cerebro de supervivencia no solo está atento a las amenazas reales, sino que las predice constantemente basándose en experiencias pasadas. En lugar de preguntar: ¿Qué está pasando de verdad ahora mismo?, nuestro cerebro pregunta: ¿A qué me recuerda esto del pasado? A menudo, eso nos lleva a

---

* Y no, no se nos permite dispararle a la liebre

** Dije demasiado.

reaccionar de manera excesiva, a ver peligro donde no lo hay y a exagerar las cosas.

Dado que nuestra ansiedad se dispara con mucha más frecuencia de la necesaria, a menudo tratamos de apartar los sentimientos de ansiedad en lugar de comprobar si de verdad hay un problema. Aunque los mecanismos de defensa contra la ansiedad pueden hacernos sentir mejor durante un tiempo, tan solo la postergan y producen a la larga más estrés. A veces nos sentimos ansiosos y ni siquiera sabemos por qué: es porque una alarma que pospusimos antes se volvió a disparar.

Así que, una vez más, no puedo curar tu ansiedad, porque no necesita curarse. Lo que sí puedo hacer es curarte de la desesperación que sientes cuando estás abrumado por la ansiedad.

La desesperación es el estrés que sentimos cuando creemos que nos quedamos sin opciones. Es la sensación de desamparo que se produce cuando no sabemos qué más podemos hacer.

Pues bien, mi hermoso amigo, estoy a punto de cambiarte la vida con un montón de consejos que te ayudarán a calmar más rápido la ansiedad y a experimentarla con menos frecuencia.

Para eso vamos a examinar cuatro partes de nuestra vida*: **Nuestros ambientes:** Los lugares que frecuentamos y la compañía con que nos codeamos. Hasta los amigos imaginarios cuentan.

- **Nuestros hábitos:** Prepárate para admitir que llevas el teléfono al baño. Es una zona libre de juicio.
- **Nuestros pensamientos:** Nuestras maneras de pensar y nuestras creencias. Todos los pensamientos extraños que tienes en la ducha o por qué crees que un mensaje de texto es el fin del mundo.
- **Nuestras reacciones:** Cómo lidiamos con el estrés y la ansiedad automáticamente. Porque gritar en la almohada o

* Dije demasiado

salir corriendo para unirte al circo no siempre es la respuesta adecuada.

Así que, en vez de ver este libro como una píldora mágica, piensa que es un suéter. Puedes ponértelo para dejar de temblar, quitártelo para dejar de sudar o enrollarlo y morderlo para dejar de babear.

No podemos salir de la ansiedad con el pensamiento. Tenemos que actuar para salir de ella. Esas acciones provienen de nuestras conductas y las conductas se refuerzan con la práctica.

Absorber las verdades sencillas de este libro ayudará a tu cerebro lógico a comprender la ansiedad, pero la práctica y la constancia son las que le enseñarán a tu cerebro de supervivencia a relajarse. Controlar las emociones es una habilidad y, como cualquier habilidad, requiere tiempo y esfuerzo para mejorar.*

Al terminar este libro no es que de repente vas a vivir sin ansiedad. En cambio, habrás adquirido un gran y llamativo cinturón de herramientas lleno de opciones para cuando empiecen a aparecer los sentimientos de ansiedad. Ese cinturón de herramientas no te hará la vida más liviana, pero estarás más preparado para manejar un mundo cada vez más pesado.

Eres un campeón y este libro te servirá de guía para comprender y controlar una de las emociones más incomprendidas: la ansiedad.

Recuerda que el asunto no es siempre cómo hacer para sentirnos mejor, sino cómo dejar de alimentar nuestro propio sufrimiento.

Además, ahora que la página 137 tiene las huellas de tus dedos por todas partes, este libro es oficialmente un "libro usado" y no, no hay reembolsos.

* Tendrás que practicar estas habilidades y yo las repasaré a lo largo del libro para que se te queden grabadas. Así te acompañarán cuando más las necesites.

NO PODEMOS SALIR DE LA ANSIEDAD CON EL PENSAMIENTO; TENEMOS QUE ACTUAR PARA SUPERARLA.

PRIMERA PARTE:

ENTENDER LA ANSIEDAD

1.

AMBIENTES

ESTAMOS PROGRAMADOS PARA PREOCUPARNOS

Cuando tenía trece años, conocí personalmente a mi bisabuela y le di la primera Coca-Cola que probó en sus más de 100 años de vida. Pasó toda su vida en un pueblo de Rajastán, donde nació mi padre. Mis dos padres crecieron en pueblos sin electricidad y mi tío me contó que no vio un bombillo hasta entrada la adolescencia. Años más tarde, llevé a mis padres a los pueblos del Masái Mara, en Kenia, y mi madre se sintió inmediatamente invadida por una alegre nostalgia, porque todo le recordaba su infancia en el Punjab.

Aunque hayan pasado la mayor parte de su vida en Canadá, mis padres crecieron en unos pueblitos y eso todavía se nota en la velocidad con la que viven. Si rastreamos nuestros linajes lo suficiente, nos daremos cuenta de que todos somos originarios de comunidades pequeñas como una aldea.

Imagina reuniones hace mil años a la luz de las hogueras, donde las caras parpadean en el cálido resplandor. Todos se conocen, comparten los peligros y siempre se apoyan. Ahora, salta a una ciudad moderna: bocinas, pantallas que brillan y calles llenas de extraños. Anhelamos la conexión, pero nos sentimos completamente solos. Esa es la paradoja de la vida moderna.

Nuestros cerebros, diseñados para sobrevivir en comunidades muy unidas, ahora luchan por seguir el ritmo. En aquel entonces, las amenazas eran claras: un depredador hambriento, una tribu rival. Las ansiedades de hoy en día son más esquivas: una bandeja de entrada interminable, la presión de estar constantemente trabajando, el miedo a perderse algo (FOMO, *Fear of missing out*).

Claro, la vida moderna significa que ya no tenemos que hacer nuestras necesidades afuera, casarnos entre primos, o preocuparnos por ser unas vírgenes sacrificadas, pero incluso con todos los avances de la humanidad hacia el futuro, **nuestros cerebros siguen siendo antediluvianos y, simple y llanamente, no pueden seguir el ritmo de los nuevos detonantes modernos.**

Estos desencadenantes modernos se conocen como **nuevos factores estresantes**: nuevos desafíos para los que nuestros cerebros prehistóricos no fueron preparados. Cosas como el tráfico, el drama de las redes sociales y la presión constante para lograr algo entran en esta categoría. De hecho, dejé de manejar porque tuve demasiados ataques de ansiedad atrapado en el tráfico. Prefiero abrirme paso todos los días por la carrera de obstáculos de las aceras de Nueva York o jugar a "¿a qué huele?" en el metro antes que estar al volante.

No es que la vida fuera fácil para nuestros antepasados cazadores-recolectores. No se enfrentaban al tráfico, pero vivían con la amenaza constante del hambre, las enfermedades o los animales peligrosos.* ¿La diferencia clave? Se enfrentaban a esos retos juntos.

Tanto entonces como ahora, es importante recordar que **la ansiedad no es un problema personal. Es algo que todos experimentamos y que debemos enfrentar juntos.**

La conexión social es la pieza faltante. Parafraseando al politólogo Robert Putnam, nuestro **capital social**, es decir, la red de conexiones que nos une, se está reduciendo. Más allá del hogar y el trabajo, necesitamos un tercer lugar para conectar con los demás. La pérdida de estos espacios, como parques y centros comunitarios, nos hace

* Y de los humanos peligrosos.

sentir más aislados. Aunque es bueno que la gente no vaya a bares y beba tanto, sería bueno que encontraran otros sitios donde reunirse,* porque ahora parece que la mayor parte de nuestra vida social ocurre por teléfono. Hoy en día, hablo con mis amigos cercanos principalmente a través de grupos de chat en mi teléfono. No veo sus caras ni oigo sus voces y eso me hace sentir solo.

Muchas veces, la vida moderna nos puede hacer sentir confundidos, aislados y ansiosos. En vez de buscar tener éxito, solo intentamos no fracasar. La presión constante desgasta nuestra autoestima y nos deja intranquilos.

Tomemos como ejemplo las redes sociales. Nos la pasamos viendo a jóvenes de veinticinco años con cuerpos perfectos y vidas lujosas que nos hacen sentir que no estamos a la altura de estándares que realmente son imposibles.

Comprar una casa está fuera del alcance de la mayoría de los *millennials* y los *zoomers*, debido a las elevadas deudas estudiantiles y los gastos de manutención. La lucha por la seguridad financiera en una economía difícil solo aumenta nuestra ansiedad.**

Cuando carecemos de aquello que cubre nuestras necesidades básicas como la seguridad, el amor o la capacidad de expresarnos, tendemos con frecuencia a echarnos la culpa y recurrimos a distracciones o medicaciones para tolerar esa carencia. Esto nos convierte en presa fácil de un sistema que se beneficia con mantenernos ansiosos, competitivos y con hacernos gastar.

No estoy sugiriendo que volvamos a vivir en pequeñas aldeas y a hacer nuestras necesidades afuera, pero saber que nuestros cerebros todavía están programados para otra época puede ayudarnos a tomar mejores decisiones hoy.

* O que bebieran bebidas sin alcohol.

** Todavía no entiendo cómo mi papá, taxista, y mi mamá, trabajadora de una fábrica de Kellog's, pudieron costearse y pagar la hipoteca de una casa en Toronto. No en las afueras, sino en la ciudad.

La vida moderna no es del todo mala. Podemos utilizar la tecnología para mejorar nuestras vidas sin perder el contacto con las personas. Las investigaciones de Donald Appleyard muestran que los barrios bien diseñados con menos tráfico ayudan a crear un sentido de comunidad. Imaginen parques llenos de risas, bibliotecas llenas de gente y centros comunitarios donde las personas se ayudan unas a otras.

En vez de buscar deshacernos de nuestra ansiedad o ignorarla, debemos cambiar la forma en que manejamos el estrés. Centrarnos en recuperar espacios comunes nos ayuda a relacionarnos con los demás y a desarrollar resiliencia. Al crear y al usar estos espacios, podemos apoyarnos unos a otros y reducir la ansiedad. **Enfrentar los desafíos en ambientes de ayuda mutua nos hace más fuertes y nos ayuda a sentirnos menos solos.** Salir de nuestra zona de confort fortalece la parte de nuestro cerebro que controla la motivación y las emociones.

No te culpes por las dificultades. La presión que sientes es real y no es culpa tuya. La sociedad a menudo valora la conveniencia por encima de la resiliencia y hace que siempre estemos ocupados. No se trata de lamentar las comodidades modernas, sino de conseguir la forma de no quedar aislados y de mantenernos sanos.

La buena noticia es que no somos los únicos. Enfrentemos junto a los demás los retos de la vida moderna y creemos un futuro en el que las conexiones y la comunidad sean la clave de una vida feliz.

Mis abuelos y bisabuelos fallecieron. Las aldeas en que crecieron mis padres ahora tienen wifi, y a medida que la familia crecía, el sentido de comunidad se debilitó. Las parcelas de tierra que poseían mis antepasados se están vendiendo porque no nos queda familia inmediata en la India que las atienda. Terrenos que poseímos durante siglos se venden por apenas lo suficiente para conseguir un apartamento de una sola habitación como si fuera un castillo en el aire. Pero la muerte de esas comunidades es una oportunidad para que yo me haga cargo y cree la mía propia. No solo a través de mis grupos de chat, sino a través de los grupos que creo en persona, ya sea el de mis compañeros de jiu-jitsu, el de la gente que pasea perros en el parque, los amigos que he hecho en mi edificio* y mis amigos de infancia con los que todavía hago viajes.

* Cuyos nombres siempre olvido.

NO TE CULPES
POR TENER
DIFICULTADES.
LA PRESIÓN QUE
SIENTES ES REAL Y
NO ES CULPA TUYA.

HUMBLE THE POET

2.

PENSAMIENTOS

LA ANSIEDAD SOBREESTIMA EL PELIGRO Y SUBESTIMA NUESTRA CAPACIDAD PARA ENFRENTARLO

¿Alguna vez te ha causado ansiedad un mensaje de texto que dice: "¿Podemos hablar?". De repente, tu mente se convierte en un auto que pasa a toda carrera por todas las posibilidades de desastre habidas y por haber: *¿Me olvidé de su cumpleaños? ¿Se dio cuenta de que sigo usando su contraseña de Netflix? ¿Dije algo estúpido hace tres semanas en el* brunch? Nada de esto sucedió todavía, pero nuestro cerebro de supervivencia ya se está preparando para lo peor.

Tenemos un sesgo cognitivo llamado **catastrofismo**; es la tendencia a saltar al peor de los casos. Cuando estamos ansiosos, nuestras mentes se adelantan y llenan los espacios en blanco con las peores cosas posibles. Lo vemos mucho en situaciones sociales, cuando la ansiedad se sienta a nuestro lado en silencio y nos susurra: "¿Y si no le gustas a nadie?".

Siempre nos dicen: "Esperemos lo mejor; preparémonos para lo peor", pero la mayoría de las veces estamos esperando lo mejor y no nos preparamos para nada en particular. Eso se debe a que nos genera ansiedad pensar en lo peor.

No es mi deber calmar tu ansiedad cantándote como Bob Marley "every little thing's gonna be alright" [hasta la más mínima cosa va a salir bien], porque, para ser honesto, a veces las cosas no salen bien. Pero te doy una buena noticia: incluso si todo sale muy mal, eres lo suficientemente aguerrido como para lidiar con ello.

Muchos le tenemos miedo al rechazo y es muy probable que tengamos un cuento horrible de cuando nos rompieron el corazón, lo pisotearon y lo tiraron, pedazo a pedazo, a un pozo lleno de barro. Es comprensible que las emociones que vivimos en esa ocasión nos hagan evitar ahora cualquier cosa que se parezca a otro desamor. La verdad obvia acerca de nuestras penas de amor pasadas es que sobrevivimos al despecho y que recordar nuestra capacidad para sobrevivir a ese dolor nos puede garantizar que podemos sobrevivir la próxima vez.

La ansiedad sobreestima el peligro y subestima nuestra capacidad para enfrentarlo. Recuerda: nuestro sistema nervioso no reacciona ante las cosas, sino que las predice. Esto significa que nuestro sistema nervioso toma información y luego compara lo que tenemos delante con algo que ya hemos experimentado. Entonces decide que la misma reacción emocional, por inútil que sea, es la mejor manera de abordar la situación.

Esto no se debe a que nuestro cerebro de supervivencia no nos quiera, sino a que le da demasiada importancia al valor que tuvo la reacción emocional para nuestra supervivencia. Así que, si pensar demasiado, analizar en exceso y perder los papeles nos ayudó alguna vez a "sobrevivir" a un peligro aunque fuese imaginario, nuestro cerebro decide hacer lo mismo cada vez que una situación se asemeja a ese peligro.

Cuando estamos en un estado anómalo, siempre miramos la vida a través del prisma de experiencias pasadas, lo cual significa que reaccionamos en piloto automático. Reaccionamos como ante una catástrofe.

- Alguien parece descontento con nosotros: dediquémonos a complacer a la gente.
- ¿Se avecina un conflicto? Escondámosnos debajo de una pila de ropa sucia.
- ¿Se oye un ruido extraño en el sótano? Debe de ser un monstruo que lleva a caballito a un asesino en serie. Mejor hago las maletas y me mudo a Nueva Zelanda.

Muchas veces esto está fuera de nuestro control. Nadie sabe cuándo se producirá un desencadenante y siempre nos agarra desprevenidos, pero ¿qué pasa cuando sabemos que algo puede suceder?

Si decidimos regular nuestro sistema nervioso y volver a entrenar nuestro cerebro de supervivencia, dejamos de depender de formas viejas y caducas para hacer frente a las situaciones. Nuestro cerebro tendrá más opciones a su alcance para responder a la próxima "amenaza". Tener más opciones significa menos desesperación.

Nuestra mente siempre exagerará las amenazas y eso nos hará sentir abrumados e indefensos. Nuestro cerebro de supervivencia es muy melodramático, amplifica constantemente las amenazas a las que nos enfrentamos, llama catástrofes a pequeños contratiempos y menoscaba nuestra capacidad de respuesta.

La ansiedad es un miedo que practica el fracaso: al imaginar repetidas veces lo peor, limitamos nuestra confianza y capacidad de actuar.

Sentir ansiedad no te matará, pero evitarla sí podría ponerte en peligro.

El miedo es un océano inmenso y contemplarlo es abrumador. Pero una vez que te adentras en él, te das cuenta de que solo tiene un palmo de hondo. La verdad es que sucederán cosas malas; habrá pérdidas, desafíos y muerte, pero nada de eso será el fin para ti. Eres más resiliente de lo que crees.

No estoy diciendo que no haya riesgos de verdad;* pero la mayoría de las cosas malas que suceden no son cosas que podamos predecir y para las que podamos prepararnos. Es importante estar atentos a los peligros potenciales, pero en lugar de confiar ciegamente en que nuestro cerebro de supervivencia se encargue de ellos, deberíamos frenar, respirar hondo una vez** y dejar que nuestro cerebro lógico evalúe cuán probables y graves son esos peligros.

Por ejemplo, estar solo en una fiesta puede ser incómodo y no es imposible que alguien se meta contigo delante de toda la sala y empiece a burlarse de ti, pero eso es más probable en un programa de televisión tonto que en la vida real. Si eres testigo de cómo se burlan de alguien en una fiesta, no participarás. Sabemos que la mayoría de la gente es decente; que la mayoría de las interacciones sociales son atentas y positivas.

La ansiedad se nutre de magnificar las amenazas, pero también minimiza nuestras capacidades. Nos susurra al oído: "No eres lo bastante fuerte; no vas a poder; nunca podrás con esto".

Subestimar nuestra propia fuerza nos mantiene atrapados en un ciclo de miedo e inacción. Es una profecía que se cumple: si pensamos que no somos capaces de enfrentar un reto, lo más probable es que ni lo intentemos. Es la extraña forma que tiene nuestro cerebro de protegernos haciendo que nos abstengamos de hacer algo, porque cree que así nos mantendrá a salvo. Como el padre que le dice al niño: "Aléjate del agua, porque si te caes te vas a ahogar". Resulta que se ahogan los que no aprendieron a nadar porque se mantuvieron alejados del agua.

La verdad es que somos mucho más resilientes y capaces de lo que nuestras ansiedades nos hacen creer. Nuestra historia personal está llena de relatos aleccionadores en los que enfrentamos nuestros miedos sin rodeos y salimos ilesos.

* Como comer sushi en una bomba de gasolina.

** O diez veces.

Se supone que las nuevas experiencias son angustiosas, porque estamos desubicados y no tenemos idea de lo que hay que hacer. Pero a medida que pasa el tiempo, vemos con mayor claridad, las cosas parece que se calmaran y las asimilamos mejor.

No podemos saltarnos pasos en esta progresión hacia la calma y la claridad; solo podemos recordarnos a nosotros mismos que así es el proceso.

Pasé años coqueteando con la idea de hacer jiu-jitsu. Soy un gran fanático de las artes marciales mixtas y, después de unos años de boxeo, finalmente decidí dar el paso. Casualmente la escuela de mejor fama de la ciudad estaba a unas pocas manzanas, pero aún así lo postergué durante meses. Tenía miedo, miedo de hacerme daño, de que me golpearan, de que me hicieran *bullying* y de no progresar. Yo sentía que llegar a una nueva ciudad y empezar a practicar jiu-jitsu a los 40 años era como la guinda encima de un tambaleante helado con crema.

Cuando finalmente fui a mi primera clase, todo el mundo fue de lo más amable. Los instructores eran cordiales y, al cabo de un mes, el instructor principal me llamó aparte y me dijo: "Pareces muy interesante. ¿A qué te dedicas?". Cuando le dije que era escritor, me dijo emocionado: "Lo sabía", y enseguida compró mis libros por teléfono.

No era como tener un *sensei* a lo *Karate Kid*, sino como estar con un grupo de amigos que practican juntos. Durante los siguientes meses me dieron unos cuantos golpes, sí y tuve que parar unas cuantas veces por lesiones, pero eso es parte del trato con las artes marciales.

En vez de caer en medio de unos bravucones agresivos, conocí a un grupo de muchachos jóvenes que, a pesar de ser dos veces más grandes y más hábiles que yo, me preguntan tímidamente a la salida si quería pasar un rato con ellos… después de haberme estrangulado sin conmiseración un poco antes, por supuesto.

Un año después, sigo padeciendo, pero mi regulación emocional ha mejorado mucho. Mi cerebro de supervivencia al fin se emparejó con mi cerebro lógico y se da cuenta de que nadie está tratando de hacerme daño. Ahora las cosas parecen más pausadas y me siento abrumado con mucha menos frecuencia. Estoy familiarizado con la naturaleza ruda y violenta del deporte. Mi sistema nervioso pasó de la parálisis, la lucha o la huida a sentirse a salvo. Incluso cuando me dominan, más que sentirme ansioso o en peligro, estoy pendiente de saber qué fue lo que hicieron mis compañeros de práctica.

Le di una vuelta a mi cerebro catastrofista y no fue tan aterrador como pensaba. Resulta que el jiu-jitsu no consiste tanto en ser estrangulado como en hacer amigos que te estrangulan por diversión. Todo empezó con ese pequeño paso de presentarme a mi primera clase.

Recuerden, la valentía no es la ausencia de miedo; es elegir seguir adelante A PESAR del miedo.

La ansiedad puede parecer un enemigo invencible, pero tenemos el poder de desafiar la forma en que sobrestima los riesgos, reconocer nuestras fortalezas y afrontar los problemas con decisión. Estos son algunos consejos prácticos para ayudar a recuperar el control sobre la ansiedad:

- **Cuestiona los pensamientos catastróficos:** Cuando la ansiedad aparezca, ponla en duda. Pregúntate: "¿De verdad va a suceder esto? ¿Cuáles son los resultados más realistas?". Lo más probable es que no sea tan malo como tu cerebro ansioso te hace creer.
- **Céntrate en lo que puedes controlar:** La ansiedad prospera cuando nos centramos en cosas que están fuera de nuestro control. Cambia tu atención a lo que *puedes* controlar: tu preparación, tu actitud, tu esfuerzo y tu enfoque de la situación.
- **Recuerda tus éxitos pasados:** Piensa en las veces que has superado desafíos, grandes o pequeños. Esas victorias son prueba de tu resiliencia y capacidad de adaptación.
- **Busca ayuda:** No dudes en pedir apoyo a un terapeuta, consejero o grupo de apoyo. Te pueden dar herramientas y estrategias para manejar mejor tu ansiedad.

- **Haz 60 levantamientos de pantorrilla:** Ponte de pie, ponte de puntillas y vuelve a bajar, hazlo 60 veces. Gastarás tu energía ansiosa y despejarás tu mente. Además, ¡nadie se dará cuenta!

Nadie dice que no pasarán cosas malas. Pero recuerda, ya han pasado cosas malas antes y tú las superaste. Eres probablemente más fuerte de lo que crees. La ansiedad lo aumenta todo para intentar protegerte, pero es un mecanismo anticuado que ya no te sirve.

Nuestro objetivo es RESPONDER y no REACCIONAR. Para eso tenemos que sosegar nuestro sistema nervioso cuando surgen situaciones angustiosas.

Cuando estamos más sosegados, podemos resolver más cosas de lo que pensamos, evitarlas menos y vivir una vida más plena.

La vida no consiste en esperar a que escampe,
sino en aprender a bailar bajo la lluvia.

— VIVIAN GREENE

SENTIR ANSIEDAD NO TE VA A MATAR, PERO EVITARLA SÍ PODRÍA.

3. NO ESTÁS ANSIOSO, VIVES EN UN MUNDO ANSIOSO

Por ser alguien que se mudó mucho en los últimos años, pronto supe que la ciudad en la que vivía tendría más influencia en mí que yo en ella. Nuestro medioambiente nos moldea en formas que no podemos controlar. No podía estar en Los Ángeles y hacer que la ciudad se preocupara por otra cosa que no fuera tomar jugos verdes o el tráfico. No podía pedirle a Nueva York que bajara la velocidad y no podía obligar a mis recuerdos de Toronto a que coincidieran con mis ideas románticas de la ciudad cuando me ponía nostálgico. Cuanto más tiempo me quedaba en un lugar, más influencia tenía en mí. Mi necesidad de encajar me causaba mucha ansiedad, pero como todos los demás parecían encajar bien, pensaba que yo era el único ansioso.

Estaba equivocado.

Imagínate vivir en una casa donde todas las luces están a media luz. Las paredes destilan inquietud y el suelo tiembla con alarmas lejanas que uno escucha sin saber de dónde vienen. ¿Verdad que no es precisamente el lugar más tranquilo para vivir? Esa es la vibra que nuestro mundo ha estado emitiendo últimamente y está desencadenando todas nuestras sensaciones de ansiedad.

Los niveles de estrés se están disparando y cada vez son más las personas que acuden al médico por ansiedad. No es un signo de debilidad. Es la reacción de nuestro cuerpo a las constantes señales de estrés que el mundo nos lanza. Entre las noticias nocturnas que suenan a todo volumen, las redes sociales que nos hacen compararnos con extraños y los trabajos en los que parece que estamos dando vueltas en una rueda sin fin, no es de extrañar que la vida nos parezca aplastante.

Y lo peor es que nos culpamos a nosotros mismos porque nos angustiamos. Creemos que es culpa nuestra no mantener la calma, a pesar del caos que nos rodea.

Es como regañar a una planta de interior que languidece porque no crece bien bajo el fregadero de la cocina. Pueden regarla todo lo que quieran, pero sin luz solar, se va a morir. El problema no es la planta, es el ambiente donde está. La crisis de salud mental no tiene que ver solamente con crisis individuales; es una alarma gigante que nos dice que el mundo está en llamas.

> *No eres ansioso, vives de manera apropiada a las condiciones en las que te encuentras.*
>
> — DRA. JOANNA MACY

¿Te sientes solo cuando las redes sociales te aíslan? ¿Deprimido en un trabajo que te agota el alma? ¿Ansioso a cada rato porque en las noticias hablan a gritos de cosas que se salen de tu alcance? Son sentimientos normales en un mundo donde la ansiedad tiene el volumen al máximo. Si a esto le sumamos una cultura que glorifica la privación del sueño, el abuso de sustancias y las distracciones sin fin, básicamente todos andamos lisa y llanamente como bombas de tiempo de estrés. Estamos constantemente "encendidos", atrapados en un *reality show* donde las emociones de todos están al máximo, compitiendo en un juego al que nunca quisimos jugar. ¿Y adivina qué? No hay premio, solo más drama.

Puedes hojear artículos de autoayuda, meditar o leer este libro, pero nada de eso arreglará las cosas si seguimos ignorando el basurero social en llamas que arde a nuestro alrededor.

El asunto no está en darnos un pase gratuito. Mejorar requiere asumir la responsabilidad de nuestro sufrimiento, y con la responsabilidad viene el verdadero poder.* Pero también es importante entender que nuestras luchas internas suelen reflejar cuanto sucede a nuestro alrededor. Así como una planta de interior decaída necesita algo más que una charla que la anime, necesitamos un entorno que alimente nuestro bienestar en lugar de drenarlo.

Eso no significa que los esfuerzos personales no importen. Desarrollar resiliencia es como fortalecer las raíces de la planta de interior decaída. Pero aun las raíces fuertes necesitan un suelo fértil —una comunidad alentadora y no una que nos aparte—. En un mundo obsesionado con el "cada quien por su cuenta", no es de extrañar que todos nos sintamos tan ansiosos.

La sociedad a menudo funciona según el principio del mínimo esfuerzo. Hacemos lo justo en nuestro trabajo para evitar problemas, sabiendo que no tiene mucho sentido ir más allá porque nadie lo notaría y a nadie le importaría. La sensación constante de "no ser lo suficientemente bueno" solo aumenta la presión sobre nuestra ansiedad.

Lo peor es que el sistema se nutre de ello. Se alimenta del flujo constante de caras nuevas —jóvenes e ilusionadas—, mientras quema las viejas ya desencantadas. Es un círculo vicioso y nuestras ansiedades son tanto el combustible del sistema como un subproducto de la manera en que está construido.

No he dicho nada gracioso en este capítulo y no lo voy a hacer, pero quiero aclarar que hay luz al final de este túnel de ansiedad.

* Dato curioso: antes de dar consejos clichés, Uncle Ben vendía arroz con una historia problemática, tanto por los estereotipos raciales que promovía la marca como por vender productos contaminados..

Que el juego esté amañado no significa que no podamos cambiar las reglas. Claro, el crecimiento personal es un primer paso importante, pero para transformarnos de verdad, necesitamos un cambio mayor —un cambio de escenario para nosotros como colectivo—.

Coge ahora la planta de interior que tienes debajo del fregadero. Dale suficiente luz solar y tierra fértil, rodéala de otras plantas vigorosas y observa cómo embellece. Del mismo modo, cuando nos rodeamos de amabilidad y de grupos que valoran la compasión y las relaciones, la niebla de la ansiedad comienza a disiparse. Nos relajamos, nos sentimos alentados y descubrimos una resiliencia que no sabíamos que teníamos.

Cambiar nosotros es el primer paso para que el mundo cambie. Nuestra ansiedad e indignación no solo nos afectan a nosotros, sino que tienen influencia en la vibra general de lo que nos rodea. Pero cuando elegimos la bondad y defendemos lo que es correcto, cambiamos esa vibra y establecemos una diferencia.

La lucha por un mundo más sensato y amable no es solo una buena idea: se trata de reconocer que nuestro bienestar personal está ligado a la salud del mundo. Se trata de establecer verdaderas relaciones, comunidades de apoyo y espacios en los que todos podamos desarrollarnos, no solo para nosotros mismos, sino también para quienes nos rodean.

No tenemos que bailar al son de la música angustiosa que nuestro mundo toca. Podemos cambiar la música, añadiendo canciones de compasión, conexión y acción. Juntos, podemos arreglar las partes rotas de nuestro mundo y crear algo más luminoso y que ilusione.

Esta es tu vida y mereces sentirte estupendo. Aunque nadie es responsable de hacerte sentir así, entender el ambiente que te rodea te ayuda a crear belleza en él. Así como puedes absorber y aumentar la ansiedad del mundo, también puedes absorber y aumentar su belleza.

Si conoces a alguien que lucha contra la ansiedad, comparte este mensaje con esa persona. Difundamos la gracia, el amor y la ayuda, y veremos cómo el mundo mejorará.

LA ANSIEDAD CRECIENTE QUE SENTIMOS SIGNIFICA QUE ALGO ANDA MUY MAL EN EL MUNDO, NO EN NOSOTROS.

HUMBLE THE POET

4.

HÁBITOS

LOS MEJORES AMIGOS DE LA ANSIEDAD: LA CULPA Y LA VERGÜENZA

Estoy en la etapa "obsesiva y perfeccionista" de la revisión de este libro. Es decir, el libro está terminado, ahora tengo unas semanas para repasarlo con lupa y que sea no un buen libro, sino un libro estupendo.

El primer día que iba a empezar a editar, una breve parada para saludar en un cumpleaños, un miércoles por la noche, se convirtió en una fiesta bailable. No pasó nada: empezaría al día siguiente.

Al día siguiente, un amigo me llamó para que cenara con él y los muchachos a unas cuadras de distancia. La cena se convirtió en una típica noche neoyorquina.*

Luego llegó el fin de semana.

Baste decir que perdí una semana de perfeccionista por ser un fiestero.

* Basta destacar que en algún momento me puse a intercambiar listas de Apple Music con una *stripper* y que llegué a casa a las 2 de la tarde del día siguiente.

Me siento culpable por ese tipo de decisiones. Si veo demasiada televisión, como demasiadas delicias* o duermo de más, me siento desanimado y ansioso porque no me porté bien. Suelo entonces tomar decisiones de muy poca ayuda para hacer frente a esos sentimientos de ansiedad.

Todos tenemos hábitos que pueden no ser de mucha ayuda, pero fíjense que no los llamé malos hábitos. Ser severo con ellos o nosotros mismos no es conveniente. Nuestros hábitos pueden ayudarnos y perjudicarnos a la vez. En un mundo en el que todos parecen tener una rutina matutina perfecta, manejar múltiples negocios, encontrar el alma gemela y viajar con ingresos pasivos, resulta fácil sentir que uno no es lo suficientemente bueno o que no está haciendo lo correcto. Algunos de nuestros hábitos pueden incluso darnos vergüenza. Querer mejorar es genial, pero **castigarnos por nuestras decisiones no es saludable.**

La vergüenza es como un pájaro fastidioso que llevamos sobre el hombro y que grazna cada vez que hacemos algo mal. El problema es que el pájaro nunca se va, se queda ahí y no deja de graznar. Cuanto más grazna, más nos aferramos a los "malos" hábitos. Sentir vergüenza por estar mirando nuestro teléfono en lugar de trabajar solo nos hace mirarlo más. Queremos liberarnos y cambiar, pero la culpa nos mantiene estancados, con el miedo al fracaso rondando.

Como es difícil decirle que no a la gente, a menudo suavizamos nuestras negativas con excusas pasivas y derrotistas, diciendo cosas como "No puedo porque..." en lugar de decir simplemente "No lo voy a hacer". Creamos menos ansiedad y culpa cuando sustituimos "No puedo" o "Tengo que" por frases asertivas como "Decido" o "Decido que no", que nos dan una sensación de dominio y reducen la vergüenza en nuestras respuestas.

La culpa y la vergüenza no nos ayudan a mejorar, solo nos cansan y entristecen. No se puede avergonzar a una oruga para que se

* Sabemos que muchas cosas sabrosas no son buenas para uno.

convierta en mariposa más rápido. El crecimiento sigue su propio tiempo y apurarlo con comentarios negativos solo lo retrasa.

A la mayoría de nosotros, nos hicieron sentir culpa y vergüenza por primera vez nuestros padres. Es una lástima que usaran esas herramientas, pero tenían pocas maneras de ayudarnos y menos inteligencia emocional que nosotros. Como adultos que cuidamos de nosotros mismos —y a veces de nuestros hijos—, debemos recordar que la culpa y la vergüenza no solo son perjudiciales, sino también ineficaces a largo plazo. Es hora de dejar de usarlas por completo.

La compasión y la aceptación nos ayudan a cambiar los malos hábitos de manera más eficaz que la autocrítica más severa. Lo sabemos porque así es como animamos a los demás. Hay que tratarse a sí mismo como uno trata a los demás: con amor, paciencia y compasión.

Piensa en ti mismo como si fueras un niñito. ¿Le vas gritar a un niño de tres años porque se le botó el jugo? No. Le ofrecerías una galleta, tal vez un abrazo, y le dices: "Tranquilo, que yo lo limpio". Esa es la vibra que necesitamos.

Para ello, primero tenemos que reconocer la vergüenza que sentimos. Necesitamos llamarla por su nombre y entender lo que nos susurra al oído, sin identificarnos con ella. No somos nuestros hábitos; nuestros hábitos son solo capítulos de nuestra historia.

En vez de castigarnos, seamos tan amables con nosotros mismos como con un niño o un amigo en apuros. *Veamos nuestros hábitos como síntomas, no como pecados*. Muchas veces nuestros hábitos poco convenientes son solo mecanismos de defensa frente a necesidades insatisfechas, ya sea por comodidad, para evadirlas o para sentirnos a salvo. Algunos fumamos porque estamos estresados y luego nos enganchamos con la nicotina. Pasa lo mismo con la bebida, el porno o navegar sin parar por el teléfono. El verdadero problema es el estrés, no el hábito.

Seamos honestos con nosotros mismos. ¿Abandonar por un plazo corto hábitos poco convenientes vale las luchas a largo plazo que tal cosa exige? ¿No se pueden probar alternativas de más ayuda?

Los hábitos más saludables solo se mantendrán cuando dejemos de intentar ser perfectos. No podemos resolver todos nuestros problemas en un día, pero podemos progresar. Las pequeñas victorias importan —los momentos de toma de conciencia, los pequeños pasos hacia el cambio—, todos cuentan. Mejorar nuestros hábitos sin culpa ni vergüenza significa centrarse en el progreso, no en la perfección.

Claro, todos nos equivocamos, pero no hay necesidad de añadirle a eso una capa de ansiedad extra, como si fuera un trágico sándwich emocional que nadie pidió. *Nuestros defectos nos hacen humanos.* Nos hacen vulnerables y por eso podemos encajar con los demás.

Escribo este libro porque lucho con las mismas cosas. Si yo hablara como si fuera perfecto, sería cuesta arriba leer este libro. Lo habrías devuelto, usado para alimentar un fuego o para arreglar una mesa que tambaleaba.

Este es un viaje; no es una ruta recta y ni siquiera una carretera asfaltada. Habrá contratiempos, tropiezos y retrocesos. Es parte de lo que hace que valga la pena emprender el viaje.

Recuerda, el asunto *no es convertirnos en una versión idealizada de nosotros mismos. El asunto es convertirnos en nuestra versión más auténtica, con defectos y todo.* Se trata de abrazar la belleza desordenada y compleja de ser humano, con hábitos y todo. Se trata de despojarnos de las máscaras de la vergüenza y salir a la luz sin pena y sin miedo, dispuestos a bailar al ritmo de nuestro auténtico yo.

> *La culpa es una emoción inútil.*
> *No cambia el pasado y solo limita el presente.*
>
> — MAYA ANGELOU

La lectura de un capítulo de este libro no te va a librar de la culpa y la vergüenza, pero vas bien. Era normal que sintieras vergüenza cuando eras más joven, pero ahora no te conviene y te genera ansiedad. Céntrate en hacerle honor a quién eres realmente antes de preocuparte por evitar la culpa.

Y por amor a todas las *strippers* y sus increíbles compilaciones de música, no cubras de culpa y vergüenza a otros. Dejemos de usar estás emociones como herramientas contra nosotros mismos y los demás.

ESTE CÓDIGO QR CONDUCE A LA PÁGINA WEB DE HUMBLE THE POET, DONDE ENCONTRARÁS CAPÍTULOS EXTRA, EN INGLÉS.

HACER QUE UNA ORUGA SIENTA VERGÜENZA NO VA A HACER QUE SE CONVIERTA EN MARIPOSA MÁS RÁPIDO.

HUMBLE THE POET

5.

REACCIONES

EL HÁMSTER OBSESIVO Y DROGADICTO QUE TENEMOS EN LA CABEZA

En tu cabeza vive un hámster dando vueltas en una lata. Es adicto a las bebidas energéticas y salpica el borde de la lata con cocaína. Lo notas más cuando no logras dormirte porque este hámster es adicto al *crack*, trota en tu mente y repite sin fin el comentario que no debiste hacer en el trabajo, trata de averiguar por qué será que no te responden el mensaje que mandaste, y prueba todos los resultados posibles para la presentación de mañana. El hámster nos envenena la vida: piensa demasiado, se lanza de una pared a otra de nuestra cabeza, hace toda clase de gimnasia mental, retuerce los pensamientos para anudarlos en una madeja de "qué pasaría si" y de "quizás".

Pensar demasiado no ayuda a resolver problemas. Solo hace que nuestro cerebro de supervivencia crea que la solución es *el acto de pensar obsesivamente*.

El pensamiento obsesivo no es solo un rasgo peculiar de la personalidad; es algo profundamente arraigado en nuestro cerebro. Gran parte de nuestras conexiones cerebrales provienen de nuestros antepasados cazadores-recolectores, que estaban programados para ser paranoicos como medida de seguridad. No era una época segura. No había protecciones, y las amenazas constantes hacían necesario estar alerta para sobrevivir.

El pensamiento obsesivo tiende a lo negativo, es un sistema de alarma cerebral que siempre busca, predice y exagera lo que anda mal. Este sistema de alarma una vez protegió a nuestros antepasados de peligros reales, como depredadores escondidos en los arbustos. Hoy en día nos hace temer cosas como enviar un mensaje de texto que da vergüenza o derramar café en público. Lo que solía ser un instinto protector es ahora un fastidioso crítico interior, que nos angustia aunque no haya verdadero peligro.

En un mundo físicamente peligroso, ser paranoico era conveniente, pero serlo en el mundo actual —con wifi, reparto de comida a domicilio y aspiradoras robots— nos suele perjudicar. Cualquier inofensivo correo electrónico puede ser una amenaza y cualquier interacción social parece estar sometida a juicio.

Nuestro cerebro, que una vez nos protegió del peligro, se convirtió en una de las mayores amenazas para nuestra tranquilidad.

La doctora Kristen Neff, una gurú de la autocompasión, describe el pensamiento obsesivo como "la forma más cruel de abuso mental". Nos convertimos en nuestro peor enemigo, que repite conversaciones pasadas, analiza expresiones faciales y construye muros de ansiedad que nos hacen evitar nuevas experiencias y desafíos.

El que piensa obsesivamente cree que no funciona la intuición, esa sensación que nos transmite un saber que viene de nuestras entrañas. Es como ignorar el GPS que tenemos en el auto y pedirle la dirección a nuestro hámster drogadicto mental. El hámster lo llevará a uno por un tortuoso camino de incertidumbre y dudas.

Nuestra intuición muestra que ya sabemos la respuesta, pero puede que no nos guste. Así que pensamos obsesivamente para dar con una respuesta que nos guste más. Nos obsesionamos e ignoramos nuestro instinto cuando tratamos de tener demasiado control.

Viktor Frankl, sobreviviente del Holocausto y psiquiatra, dijo maravillosamente: "El hombre no puede forjar su propio destino, pero puede elegir cómo lidiar con él".

Aceptar las incertidumbres de la vida no significa hundirse en el caos. Se trata de desarrollar resiliencia y adaptabilidad. Es como bailar bajo la lluvia: uno se moja y no pasa nada. Es mejor que depender de un paraguas roto o evitar la lluvia por completo. Aprendes a desenvolverte aunque las cosas se vuelvan un lío.

Tal vez no podamos detener por completo el pensamiento obsesivo y la ansiedad que acarrea, pero podemos acudir a prácticas que reducen su impacto. Las técnicas de atención, como el garabateo, la respiración profunda y, para aquellos que tienen de verdad su vida bajo control, la meditación, es como una rutina de gimnasia mental que nos ayuda a detener a nuestro hámster obsesivo antes de que se lance a hacer maromas como si estuviera en el Cirque du Soleil.

La reestructuración cognitiva, que es una forma elegante de enmarcar la negatividad, nos ayuda a reparar las fisuras de nuestra autoestima y reemplazarlas con visiones más amables y realistas de nosotros mismos.

A veces, **la mejor manera de evitar preocuparse es... preocuparse.**

Programa un "tiempo de preocupación" diario para aplacar tus ansiedades. Piénsalo como un momento dedicado a sacar tus preocupaciones de una jaula mental. Una vez que se acaba el tiempo de preocupación, las vuelves a encerrar y pasas el resto del día sin su parloteo constante. Esta práctica ayuda a manejar las sensaciones de ansiedad dedicándoles un espacio y un tiempo específicos, en vez de dejarlas correr a sus anchas todo el día.

Además, el antídoto contra el exceso de pensamiento es un gran y cálido abrazo de autoaceptación.

Veamos los errores como peldaños, los fracasos como oportunidades de aprendizaje y los pensamientos obsesivos como un desvío pasajero en el camino hacia una vida plena.

El mundo siempre estará lleno de cosas aterradoras que se agitan de noche, pero no necesitamos todas las respuestas para sumergirnos en él. A veces, el mayor acto de valentía es simplemente hacer acto de presencia, con imperfecciones y todo, y aceptar el hermoso caos de este viaje.

Soy un obsesivo profesional capaz de encontrar peligro en un ramo de flores.* Siempre estoy esperando que se me caiga el otro zapato. Creo que necesito tomar siempre las decisiones correctas y que la única forma de hacerlo es tener toda la información. El problema es que la información es infinita, así que llega un momento en que el análisis me paraliza. De modo que me quedo sin hacer nada, lo cual es una forma de protección y de sentir que domino la situación. El problema con eso es que me impide crecer o progresar, igualito que el hámster en su rueda que corre todo el día y no llega a ninguna parte.

En vez de tratar de tomar la decisión CORRECTA, tomemos CUALQUIER decisión. Experimentemos las consecuencias que acarrea y tomemos otras decisiones a partir de esas experiencias. Se trata de elegir el método de ensayo y error en lugar de querer tener la respuesta correcta de antemano.**

En vez de correr sin parar en nuestra mente como hámsters ansiosos y atestados de *crack*, podemos saltar de la rueda y ser unos exploradores valientes del mundo, aunque tengamos puntos débiles. Dale tiempo a los "qué pasaría", y sigue adelante. Está bien aceptar el desorden de la vida. Es lo que hace que existir sea emocionante. Bailemos, riamos, amemos, tropecemos, lloremos y gritemos para abrirnos camino a través de este caos de belleza. *Las cosas más*

* Abejas ninja, por ejemplo.

** Es difícil hoy en día conseguir bolas de cristal confiables.

grandes no les suceden a las personas que no prestan atención a sus dudas. Les suceden a quienes aprenden a vivir a pesar de ellas.

La ansiedad susurra: "¿Qué pasa si fracasas?".
La esperanza dice: "Pero ¿qué pasa si vuelas?".

—**ANÓNIMO**

PENSAR OBSESIVAMENTE ES CREER QUE NUESTRA INTUICIÓN NO SIRVE.

PARTE 2:

LA ANSIEDAD COTIDIANA

6.

REACCIONES

ANSIOSO Y DESNUDO EN PÚBLICO

"Me encanta lo abierto que eres de mente", dijo Chris, apartando la mirada de la ventana para mirarme a los ojos mientras andábamos en autobús por Berlín.

Conozco a Chris desde que tenía cuatro años, lo que lo convierte en mi amigo más antiguo. Crecimos uno frente al otro y estuvimos en el mismo jardín de infancia y en la misma clase de primer grado. Aunque después no tuvimos los mismos profesores, ambos nos convertimos en profesores. Incluso visitó mi clase para hacer divertidos experimentos científicos con mis alumnos.

Chris acabó mudándose a Alemania para trabajar en una escuela internacional. Años después de perder el contacto, fui a Berlín a visitarlo. En el autobús, no entendí por qué alababa mi mentalidad abierta.

Chris me preguntó si quería ir con él a su *spa* favorito. Dije que sí, por supuesto, pues hacía tiempo que necesitaba un masaje relajante. Pero una vez que me comprometí, y ya en el autobús, me reveló que no íbamos a un *spa*, al menos no del tipo que yo había imaginado. Nos dirigíamos a una sauna nudista de estilo europeo.*

Cuando lo dijo, entendí por qué apreciaba mi amplitud de miras. Su cumplido solo reforzó mi sensación de que estaba metido en

* Supongo que los años en Alemania afectaron su inglés; confundió las palabras spa y sauna.

un aprieto y de que no podía dar marcha atrás aunque solo fuera por orgullo. Estábamos a punto de, literalmente, desnudarnos por completo.

Nunca había estado desnudo delante de ninguno de mis amigos ni los había visto desnudos, mucho menos en un espacio público lleno de otras personas desnudas. Cuando el autobús se acercó a la parada, mi ansiedad se disparó.

Las experiencias desconocidas, vulnerables y francamente extrañas nos provocan ansiedad porque nuestro cerebro de supervivencia no sabe si estaremos a salvo o no. Para hacer las cosas aún más intensas, me había llevado un aceite para mejorar el masaje que creía que me iban a dar, así que estaba haciendo malabarismos con varios tipos de ansiedad

Ansiedad de desempeño: ¿Sabría cómo actuar? ¿La gente se quedaría mirándome? ¿Y si me pescaban a mí mirando?

Ansiedad social: ¿Es normal estar desnudo delante de extraños y de mi mejor amigo? ¿Acaso me juzgarán? ¿Alguno de mis tatuajes resultará ofensivo en alemán?

Ansiedad por la imagen corporal: ¿Y si le resulto repulsivo a la gente? Apenas voy a la playa, y mucho menos a saunas nudistas. ¿Y si mi recelo se nota como si lo tuviera pintado en la cara?

Gran parte de nuestra ansiedad proviene del miedo a lo desconocido y de la falta de confianza que acarrea. Pero, a decir verdad, no podemos temer a lo desconocido, porque no sabríamos qué temer. Lo que realmente nos da miedo es lo que nuestro cerebro de supervivencia proyecta en lo desconocido a partir de experiencias pasadas. Nuestros miedos futuros adoptan la forma de lo que nos causó sufrimiento en el pasado.

Con la ansiedad, nuestro cerebro de supervivencia busca prepararnos para una amenaza, pero no logra distinguir entre el peligro real y experiencias simplemente desagradables. A veces, solo nos sentimos seguros si usamos ropa holgada porque no nos sentimos cómodos con nuestro cuerpo. A veces nos sentimos muy inseguros sin maquillaje o si nuestra barba no está perfectamente arreglada.* El asunto es sentirse a salvo y las situaciones nuevas no nos dan dicha sensación porque aún no tenemos referencias.

Por eso nos pone nerviosos hablar ante mucha gente, ir a una primera cita o hacer cualquier cosa con la cual no estamos familiarizados y que nos hace sentir vulnerables.

Pero así es la vida y a veces la única forma de manejar los sentimientos de ansiedad es sentirlos y seguir adelante de todos modos, para que nuestro cerebro de supervivencia pueda ver que en realidad no había ninguna amenaza seria.

No compartí mi angustia con Chris y tal vez no querer defraudarlo me dio el empujón que necesitaba para vivir esa nueva experiencia. **A menudo, actuamos en sentido opuesto a nuestros miedos,** y ese día decidí desempeñar el papel de la persona confiada y despreocupada que —a pesar de no parecer un modelo de ropa interior—** podía pavonearse desnuda con confianza. Paradójicamente, cuanto más lo hacía, más tranquilo me sentía.

Al someterme voluntariamente a la experiencia angustiosa y permitirme sentir todas las emociones, le mostraba a mi cerebro de supervivencia que no había peligro real. Así entrenamos a nuestro cerebro a saber mejor cuándo hacer sonar las alarmas de ansiedad y cuándo mantener la calma.

En la sauna, me di cuenta de que no era el único que se sentía cohibido. Todo el mundo parecía un poco incómodo: las posturas eran forzadas, evitaban el contacto visual y hablaban con demasiada cautela. La mayoría éramos primerizos y nuestra incomodidad compartida hacía un poco más fácil la situación.

Después de unos treinta minutos, empecé a sentirme normal y adaptado, como si estuviera en una reunión de gente que nunca hubiera

* Nunca está perfectamente lisa, mi barba es indomable.

** De hecho, fui modelo para una empresa de ropa interior hace unos años. Las fotos se consiguen en internet si se buscan con las palabras clave.

usado ropa. Pero justo cuando me estaba sintiendo cómodo y mis alarmas de ansiedad se estaban desvaneciendo, surgió una nueva "amenaza" y los sentimientos de ansiedad volvieron a la carrera.

Había niños.

Sí, niños. Núcleos familiares completos con el fundillo al aire estaban en esta sauna como si hubieran ido al centro comercial, con sus hijos desnudos correteando por ahí, haciendo lo que hacen los niños. No sé si esta sauna era especial o si mis prejuicios norteamericanos se estaban haciendo notar, pero era un ejemplo perfecto de cómo las situaciones inesperadas pueden desencadenar repentinamente más ansiedad.

Sin embargo, al igual que mi ansiedad inicial, empezó a desvanecerse con el tiempo y la familiaridad. Terminamos pasando un par de horas en la sauna, explorando las diferentes salas, las bañeras de agua helada y las zonas de relajación antes de volver a vestirnos y salir bien abrigados al invierno berlinés.

¿Volveré a correr a otra experiencia de sauna nudista en un futuro próximo? Es probable que no. Pero ¿me hubiera perdido un gran día si hubiera dejado que la ansiedad se apoderara de mí? Es probable que sí.

Chris también compartió su ansiedad por la situación, bromeando con que yo era el primer chico del grupo al que veía desnudo y que era una evolución en nuestra amistad. La vulnerabilidad hizo que nuestro vínculo fuera un poco más profundo.

Ser visto es complicado. No solo cubrimos nuestros cuerpos, sino que ocultamos nuestro verdadero ser. **La ansiedad no tiene que ver con quiénes somos, sino con no saber cómo reaccionarán los demás ante nosotros.** Es normal sentir miedo y querer esconderse para protegerse, pero así no podemos avanzar. A veces solo tenemos que lanzarnos al agua, acostumbrarnos a la extrañeza y darnos cuenta de que nadamos bien hasta la otra orilla, aunque llevemos menos ropa.

Volvamos a revisar esas ansiedades:

Ansiedad de desempeño: Tengo derecho a no saber qué hacer en situaciones nuevas, a divertirme y crecer aprendiendo a resolver las cosas.

Ansiedad social: No es normal estar en estas situaciones, pero eso es lo que las hace interesantes. Puedo respirar y tengo libertad y permiso para marcharme en cualquier momento.

Ansiedad por la imagen corporal: ¿Con qué frecuencia juzgo el cuerpo de otras personas? Es natural mirar, y aunque tuviera el cuerpo más *sexy* del lugar, no ganaría ningún premio.

NUESTRAS HERIDAS PASADAS LE DAN FORMA A NUESTROS MIEDOS FUTUROS...

7.

AMBIENTES

LA ANSIEDAD DEL CORAZÓN EMPIEZA EN CASA

La familia…, bueno, ya saben, la familia es la familia. No la elegimos y es la única que conocemos, con defectos y todo. Esa familia moldeó nuestra naturaleza y cuando somos adultos, nos lleva una eternidad desaprender algunos de los patrones que seguimos tan solo porque crecimos en ella.

A veces, lidiar con la familia es algo parecido a enfrentarse al jefe máximo en el videojuego de la conquista de la ansiedad. **Saben qué botones nuestros deben apretar porque nos los pusieron ellos.** La familia actúa sobre nuestra ansiedad desde la infancia, cuando somos más impresionables. La forma en que manejamos el estrés y la ansiedad cuando somos adultos a menudo proviene de nuestras primeras experiencias en la casa. Si crecimos en un ambiente en el que no se le daba su valor a las emociones o en el que los conflictos no se manejaban muy bien, lo más probable es que tengamos después que luchar con la ansiedad.

Las experiencias tempranas a menudo sientan las bases de lo que desencadena nuestras emociones cuando somos adultos.

A muchos nos dijeron alguna versión de "aguanta" o "no seas tan sensible", lo que nos llevó a reprimir nuestras emociones y aumentar nuestra ansiedad. Los que crecimos en familias que evitaban los conflictos y se hacían la vista gorda con las dificultades nos podemos sentir ansiosos cuando nos enfrentamos a situaciones en las que es necesaria la confrontación.*

Drama familiar

Una vez que un familiar me llamó por un drama que estaban viviendo, lo hablé con mi hermana. Me dio un consejo enérgico: "Preocúpate por ti y por tu cachorro; no te dejes arrastrar por el drama de ellos". Reducir la ansiedad a menudo significa desarrollar resiliencia. Eso no ocurre cuando nos vemos envueltos en dramas y chismes que no nos conciernen.

Los chismes y los dramas familiares pueden ser grandes fuentes de ansiedad. En algunas familias, los rencores, las peleas y los chismes no paran. Eso crea un estado de estrés constante. Estar envuelto en este tipo de negatividad es agotador y dificulta el manejo de los demás desafíos que nos presenta la vida.

Chismear puede parecer divertido a primera vista,** pero con el tiempo los chismes nos hacen sentir inseguros y vulnerables. Nos preguntamos qué estarán diciendo los demás de nosotros a nuestras espaldas. Rompen la confianza, crean una sensación de paranoia, y las reuniones familiares, en vez del refugio y consuelo que deben ser, se convierten en un campo minado.

Complacer como dinámica familiar

Muchos crecimos aprendiendo a medir nuestro valor por lo bien que complacíamos a los demás y en especial a los que eran difíciles de contentar. Ahora que somos adultos, podemos estar atrapados en ciclos de complacencia que alimentan nuestra ansiedad y nuestras dudas. Reconocer de dónde proviene esa tendencia puede ayudarnos a redimirnos y a desarrollar una autoestima más saludable.

* Pon la música de la batalla final contra el jefe máximo.

** Como punjabi, me encanta el té con chismes.

Si uno de tus padres está muy pendiente de ti o es demasiado crítico, puede parecer que nada de lo que hagas es lo suficientemente bueno. Esto crea una ansiedad constante por complacer a los demás y evitar conflictos. Vivir en un hogar en el que cada acción es sometida a juicio y en que se le resta importancia a los logros o se desestiman las emociones puede dejarte en vilo, incluso años después.

Lidiar con estos comportamientos tóxicos es abrumador y puede afectar muchas áreas de tu vida, como las relaciones, el trabajo o la autoestima. Las dinámicas tóxicas dejan cicatrices profundas, algunas de las cuales ni siquiera percibimos hasta que algún suceso posterior las revela.

Los estudios han demostrado que existe un vínculo estrecho entre crecer en una familia disfuncional y desarrollar trastornos de ansiedad en la edad adulta.

Cuando no hay un abuso obvio, pero sí negligencia, críticas o distanciamiento emocional se produce un trauma complejo. Este tipo de trauma, llamado Trastorno por Estrés Postraumático Complejo (TEPT-C), lo suele provocar una negligencia emocional continua. A diferencia de un solo evento traumático, el trauma complejo se desarrolla con el tiempo, en particular durante la niñez. Cuando no nos sentimos notados o valorados, puede generar profundos sentimientos de no ser lo suficientemente buenos y una ansiedad que nos acompaña hasta la edad adulta, haciéndonos depender de la aprobación de los demás para sentirnos bien con nosotros mismos.

Incluso con familias que no son tóxicas ni abusivas, la vida con ellas puede causar ansiedad. Mi familia es estupenda, pero volver a casa es una lucha. Estar con mi familia me trae recuerdos de versiones pasadas de mí mismo que preferiría olvidar,* como sentirme inseguro cuando era adolescente o sentirme invisible. Volver a casa desencadena a veces estos viejos recuerdos y ansiedades, lo cual hace difícil una estadía despreocupada.

* Tomé algunas decisiones discutibles en cuanto a moda y tatuajes.

Nuestras familias también pueden tener expectativas o creencias que ya no coinciden con las nuestras, lo que puede hacernos sentir aislados y ansiosos. Podemos sentirnos incomprendidos o presionados para encajar, aunque solo queramos ser nosotros mismos.

Límites con la familia

La clave para manejar la ansiedad en la familia es establecer límites.

Atreverse a poner límites es tener
el valor de amarmos a nosotros mismos,
aunque corramos el riesgo de decepcionar a los demás.

— BRENÉ BROWN

Los límites, junto con hábitos saludables como dormir, beber agua, ocuparnos de nuestros asuntos, estar bien estructurados y saber expresarnos, pueden reducir en gran medida la ansiedad de las interacciones familiares. También nos ayudan a comprender cómo nuestras familias afectan nuestros sentimientos.

Puede que algunos de ustedes todavía vivan en casa de su familia, pero se den cuenta de que **la vida sin gastos de vivienda no es gratuita. En realidad, están pagando con su salud mental.** Si estás en una situación familiar tóxica, ahorra dinero y busca la manera de mudarte. Hay mucha posibilidad de crecimiento fuera de la burbuja familiar. Tu resiliencia y tu capacidad para manejar la ansiedad mejorarán.

La dinámica familiar puede ser dura y es uno de los aspectos que vuelven más difícil la reducción de la ansiedad. Tómatelo con calma, sé amable contigo mismo y ten en cuenta que estoy ahí contigo. Me mudé a un país completamente diferente, visito a mi familia solo unas pocas veces al año, y de hecho nos llevamos bien.

LA CLAVE PARA MANEJAR LA ANSIEDAD EN TORNO A LA FAMILIA RADICA EN FIJAR LÍMITES.

8.

AMBIENTES

LOS SALONES DE CLASE Y LOS CUBÍCULOS DE TRABAJO ESTÁN LLENOS DE ANSIEDAD

Si crees que el problema es el colegio o el trabajo, tienes razón, pero no eres tú. Son ellos.

El colegio y el trabajo determinan nuestras rutinas, las personas con las que pasamos tiempo y hasta nuestra autoestima. No es de extrañar que provoquen algunas de nuestras peores ansiedades. Si estás estudiando o si trabajas en una empresa, recuerda que se trata de ambientes relativamente nuevos para los seres humanos. Eso significa que en ellos nuestro cerebro puede fácilmente pensar que estamos en peligro.

Plazos y altas expectativas

¿Recuerdas la vez que te quedaron solo 24 horas para terminar un proyecto que tenías que hacer en tres semanas? Sí, yo tampoco, siempre termino las cosas antes de tiempo, como este libro.*

Los plazos y las altas expectativas son unos de los principales desencadenantes de ansiedad. En la escuela, hacemos malabarismos con las tareas, los exámenes y las actividades, mientras sentimos la presión de los profesores, los padres y los compañeros para que lo hagamos bien.

En el mundo empresarial, los plazos y las revisiones del desempeño crean un alto nivel de estrés. Los empleados tienen constantemente que demostrar su valor, cumplir objetivos y ascender en la carrera profesional. Esta presión incesante conduce al agotamiento y a la ansiedad.

Un estudio relacionó la sensación de estar constantemente apurado con niveles más altos de ansiedad y depresión. Nuestro cerebro de supervivencia interpreta la ocupación constante como una amenaza y eso causa ansiedad. Esta respuesta, útil para amenazas físicas, solo empeora las presiones escolares y laborales.

Las actuaciones y la política en el trabajo

Cuando actúas como si te interesara charlar con un compañero de trabajo al que le encantan las hojas de cálculo, te mereces un Óscar.

Tanto en la escuela como en el trabajo, la necesidad de actuar y de hacer política agotan. En la escuela, esto incluye los grupos, la presión de los compañeros y la necesidad de encajar. Los alumnos no se preocupan solo por el estudio, sino por ser juzgados y aceptados por los demás.

* No te sorprendas si me presento en tu casa para añadir algunos cambios en tu ejemplar del libro.

En el trabajo, las políticas de oficina son aún más complejas. La necesidad de establecer contactos, lidiar con la jerarquía y mantener relaciones profesionales nos hace sentir que siempre estamos representando un papel. Este maniobrar continuo nos agota y nos hace más susceptibles a los sentimientos de ansiedad. Evitamos el rechazo porque constituye un peligro, de modo que nos sentimos ansiosos cuando nos desenvolvemos en estos espacios.

El tiempo y la energía agotan

Las estructuras escolares y laborales modernas nos quitan tiempo y energía, reducen nuestra resiliencia y nos hacen propensos a la ansiedad. Las largas horas de estudio o trabajo dejan poco tiempo para el descanso y el cuidado personal. Los estudiantes se quedan despiertos hasta tarde para terminar sus tareas y sacrifican las diversiones para estudiar para los exámenes. Esta falta de equilibrio provoca estrés y ansiedad crónicos.

Las exigencias laborales de los trabajadores, los desplazamientos y las responsabilidades personales dejan poco espacio para relajarse. El ajetreo constante conduce al agotamiento físico y mental. Unas vacaciones de dos semanas una vez al año no son suficientes; nos extenuamos porque lo que importa casi no lo hacemos.

Estas exigencias constantes nuestro cerebro las percibe como amenazas, de modo que mantiene en pie la alarma contra el estrés y ello nos causa una ansiedad prolongada.

> *Nuestros cerebros de la edad de piedra intentan lidiar con un mundo del siglo XXI.*
>
> — ALICE BOYES

Así que, ahora que sabemos que la escuela y el trabajo son gasolina pura que alimenta el fuego de nuestra ansiedad, deberíamos dejarlo todo y mudarnos a las selvas de Brasil para encontrar allí las tribus que aún viven como se supone que debemos vivir, ¿verdad?

Bueno, probablemente te angustiará la falta de wifi, pero tienes razón.

Para el resto de nosotros que queremos mantener la vida que vivimos, pero manejarla mejor, aquí está la lista de cosas a nuestro alcance para mejorar cómo nos sentimos cuando nos enfrentamos a ambientes como la escuela y el trabajo.

Además de los sospechosos habituales, para lidiar con experiencias ansiosas en general:

- **Prioriza el progreso sobre la perfección:** Hacerlo un poco mejor hoy/esta semana/este mes que ayer/la semana pasada/el mes pasado es más importante que ser perfecto en la escuela o en el trabajo.
- **Prioriza el cuidado personal para ser más resistente:** No te mates por los estudios o el trabajo —si te mueres conseguirán a otro enseguida—. Cuídate como si fueras tu mejor amigo. Llama para decir que estás enfermo, sigue las indicaciones del médico, tómate las vacaciones.
- **Desarrolla límites saludables con todo el mundo y comunícalos con cariño:** La forma más amable de decir no es "no".
- **Haz cosas que te hagan estar presente:** Estar donde están tus pies, respirar, meditar, tener buen sexo; la vida solo importa cuando estamos presentes en ella.
- **Busca ayuda externa:** Buenos amigos, una buena familia, un buen terapeuta e incluso un perro con el cual hablar son una buena ayuda para sentirte menos aislado en esta jornada dedicada a reducir la ansiedad escolar/laboral.

Además de esas cosas, mi consejo no evangélico, no calificado y no profesional es el siguiente:

Escuela: No es algo tan serio como crees; mucha gente que conoces en el mundo real ni siquiera se gana la vida con lo que estudió en la escuela. No te mates durante tu juventud pensando que te preparará para la edad adulta. Puede que te ayude a ganar algo de dinero y a hacer que tus padres se sientan orgullosos,* pero si no eres feliz contigo mismo, nada de eso importa.

Lo importante en tu educación son las habilidades sociales y la ética de trabajo, y a menos que construyas cosas, arregles cosas o necesites una licencia para ejercer,** todo lo demás lo puedes aprender por tu cuenta. Tengo amigos que han tenido mucho éxito y que se han vuelto canosos a los 20 años para poder tener carreras bien remuneradas. No son ni más ni menos felices que mis amigos que tienen trabajos sencillos; todos nos acostumbramos a nuestro dinero y queremos más.

Trabajo: **La trampa no es el trabajo, es el estilo de vida que construyes a su alrededor.** Con cada aumento de sueldo, mejoramos nuestro estilo de vida y quedamos atrapados. Hay que tener una estrategia de salida para que el trabajo y el estrés que conlleva merezcan la pena. Tu jefe te va a sustituir la semana siguiente a que te atropelle un autobús. No seas demasiado leal a tu empresa. Mientras hablamos deben de estar averiguando cómo sustituirte por inteligencia artificial.***

Disfruta de tu existencia, planea más diversión y date cuenta de que las vacaciones no ayudan a combatir el agotamiento. Tengo demasiados amigos que jugaron el juego, lamiendo culos y mordiéndose la lengua, solo para ser despedidos en otra ronda de recortes de gastos. No hay seguridad en tu trabajo, así que averigua cómo ser tu propio jefe antes de que esa sea la única opción que tengas.

Todo el objetivo de este libro es hacerte más consciente de lo que es la ansiedad, de dónde viene y de lo que puedes hacer al respecto, y nuestra vida laboral/escolar va a ser una de las partes más importantes. Me parece un abuso que tanta gente que conozco esté hundida en las sandeces de estas instituciones, y piense que es culpa suya.

* Por orgullosos nos referimos a que los padres tengan una cosa menos por la cual criticarte.

** Médico, abogado, ingeniero: la trifecta del niño inmigrante.

*** Espera ¿no será que mi editor también está tratando de reemplazarme con IA?

La vida no debería ser tan intensa, y que estés abrumado por ella no significa que no sirves. Tenemos que jugar las cartas que nos tocaron, y solo espero que este libro te ayude a jugarlas con una sonrisa más grande.

ESTE CÓDIGO QR CONDUCE A LA PÁGINA WEB DE HUMBLE THE POET, DONDE ENCONTRARÁS CAPÍTULOS EXTRA, EN INGLÉS.

LA VIDA NO DEBERÍA SER TAN INTENSA Y QUE TE ABRUME NO SIGNIFICA QUE NO SIRVES.

9.

AMBIENTES

AMIGOS ANSIOSOS = ANSIEDAD TUYA

Uno de los logros que me llena de orgullo en mi jornada de cazador de sueños es que no he perdido a mis amigos por el camino. Todavía conservo a muchos de los mismos amigos de la escuela primaria y, aunque pasamos de los treinta años, seguimos siendo cercanos y no hemos tenido muchos dramas. No nos vemos tan a menudo como antes, pero eso es parte de la vida adulta. Cuando estoy en la ciudad, improvisamos planes para reunirnos. Durante la pandemia, salíamos a dar paseos en bicicleta de tres horas y nos parábamos en la gasolinera a comprar barras de chocolate y Gatorade. Las partidas de póquer siguen siendo habituales, y la última vez que estuve de visita, nos pusimos a averiguar, en el patio trasero de un amigo, cuál podía ser el atractivo de los puros caros.

Eso no significa que sean personas con las que me hubiera enganchado al instante si nos hubiéramos conocido de adultos. Algunos de mis amigos están chiflados, pero locos y todo, igual los quiero.* Ellos me garantizan un ámbito protegido y han influido mucho en mi comportamiento; a veces es una bendición, otras veces no tanto.

Nuestros amigos y su compañía tienen que ver con nuestra ansiedad, así que debemos elegirlos con tino.

* Compran mis libros y no los leen, e igual los sigo queriendo.

Piensa en las veces en que un amigo empieza a hablar de lo ansioso que está por algo y, antes de que nos demos cuenta, el grupo entero empieza a sentirse ansioso, aunque antes nadie lo estuviera.

La ciencia que explica esto tiene que ver con las **neuronas espejo**, una parte de nuestro cerebro que nos ayuda a conectarnos con los demás. Descubiertas en Italia a principios de los noventa, estas neuronas se activan tanto cuando hacemos algo como cuando vemos a otro hacer lo mismo.

En otras palabras, las neuronas espejo nos permiten "reflejar" las emociones y acciones de las personas que nos rodean.

Si un amigo se siente ansioso, tus neuronas espejo pueden reproducir ese estrés y hacer que tú también te sientas ansioso. Esta capacidad nos hace más empáticos, pero también nos hace propensos a asimilar la ansiedad de los demás.

Los amigos que elegimos pueden ayudar a aliviar nuestra ansiedad o empeorarla. Estas son algunas de las formas en que los amigos afectan nuestra salud mental:

- **Influencia positiva:** Los amigos que nos apoyan, comprenden y mantienen la calma pueden ayudarnos a sentirnos más relajados y menos ansiosos. Nos proporcionan un espacio seguro para compartir nuestras preocupaciones y sentirnos comprendidos.
- **Influencia negativa**: Por otro lado, los amigos que siempre están estresados, son negativos o críticos pueden aumentar nuestra ansiedad. Estar cerca de alguien que espera lo peor o que nos menosprecia puede hacernos sentir ansiosos e inseguros.
- **Presión de grupo:** Los amigos también pueden afectar nuestro comportamiento de maneras que aumentan la ansiedad. Sentirnos presionados a encajar o seguir el ritmo de amigos que hacen cosas con las que nos sentimos incómodos puede causar mucho estrés.

- **Comparación social:** Compararnos con nuestros amigos puede llevarnos a sentirnos inadecuados, lo cual aumenta la ansiedad. Medir constantemente nuestro éxito, apariencia o logros en comparación con los demás puede dañar nuestra autoestima y elevar los niveles de ansiedad.

Comprender cómo las personas que nos rodean afectan a nuestra ansiedad puede ayudarnos a tomar mejores decisiones sobre la compañía que mantenemos. Estos son algunos consejos para construir amistades saludables y de apoyo:

- **Busca relaciones positivas:** Rodéate de personas que te animen y te apoyen. Los amigos que te animan, te escuchan y te hacen sentir valorado pueden ayudarte a reducir tu ansiedad.
- **Establece límites:** Está bien establecer límites con amigos que son demasiado negativos o que te estresan. No tienes que cortar la relación por completo, pero es importante proteger tu salud mental limitando tu exposición a su negatividad. Recuerda que establecer límites no es decirles a tus amigos cómo deben ser, sino enseñarles cuál es la mejor manera de tratarte.
- **Comunícate abiertamente:** La comunicación honesta es clave para cualquier relación sana. Haz saber a tus amigos cómo te sientes y qué necesitas de ellos. Esto puede ayudar a prevenir malentendidos y reducir la ansiedad.
- **Sé un amigo comprensivo:** Así como quieres el apoyo de tus amigos, también debes estar dispuesto a ayudarlos. Fomentar el apoyo mutuo puede fortalecer las amistades y crear un ambiente más positivo para todos
- **Practica el amor propio:** El mejor amigo que puedes tener eres tú mismo. Recuérdate a ti mismo que es normal sentirse ansioso a veces y que está bien buscar ayuda si la necesitas. Ser amable contigo mismo y reconocer tus sentimientos puede facilitar el manejo de la ansiedad.

Está muy bien tener amigos diferentes para diferentes aspectos de tu vida. Los amigos con los que sales de fiesta no son los mismos que los del trabajo, o que aquellos con los que te muestras vulnerable. Examina qué amigos encajan mejor en los diferentes aspectos de tu vida y cultiva su amistad en esos ámbitos. No se trata de encasillar a la gente, sino de respetar el flujo natural de nuestras relaciones. Al dejar que las amistades sean lo que son de forma natural, evitamos expectativas poco realistas y posibles decepciones. Cada amigo puede así ser auténtico y la relación entre ustedes se desplegará en el ámbito que mejor le corresponda.

Nos necesitamos unos a otros. Un estudio de Harvard demuestra que la soledad y la falta de vínculos sociales pueden acortar nuestra esperanza de vida tanto como fumar 15 cigarrillos al día. Más allá de las amistades individuales, formar parte de una comunidad solidaria ayuda a reducir la ansiedad. Pertenecer a una comunidad en la que uno se siente aceptado tal como es proporciona una sensación de pertenencia y protección independientemente de si es un club escolar, un equipo deportivo o un grupo en línea.

Tampoco se trata de tener un montón de amigos o de ser popular. Unos pocos amigos cercanos y solidarios son mucho mejores para la salud mental que un montón de conocidos. El punto es la calidad, no la cantidad.

Algunos de los mejores amigos que hice en esta jornada son personas a las que veo una vez al año o menos. Hay amigos a los que quiero mucho, pero que no he visto en años, y sé que cuando lo haga, será como si no hubiera pasado un solo día.

Y no olvides ser un buen amigo tuyo. Una relación sólida contigo mismo te ayuda a ser un gran amigo para los demás.

LOS AMIGOS QUE ELEGIMOS PUEDEN AYUDAR A ALIVIAR NUESTRA ANSIEDAD ASÍ COMO PUEDEN EMPEORARLA.

10.

HÁBITOS

LOS TELÉFONOS ALIMENTAN LA ANSIEDAD

Tengo dos teléfonos: uno serio con las cosas cotidianas y el teléfono del caos con la pantalla rota lleno de redes sociales, aplicaciones de citas, fútbol fantasy y, por supuesto, mis vergonzosos borradores de mensajes de texto a exnovias que juro que nunca enviaré... otra vez. La idea es que, al salir de casa, no me llevo ese teléfono. Así, no tengo acceso a todas esas distracciones y apenas miro el que sí llevo conmigo.

Pero trabajo desde casa, así que suelo tener los dos teléfonos uno en cada mano. De modo que, en realidad, solo tengo dos teléfonos para dividir el interminable desplazamiento fatal por la pantalla.

Además, en el teléfono principal, sigo viendo grupos de chat inútiles y leyendo noticias engañosas, fingiendo que es para mantenerme informado.

La tecnología solía existir para mejorar nuestras vidas; ahora pasó a hacernos la vida más conveniente.* Nuestros teléfonos tienen un brillo hipnótico y, a menudo, los cogemos sin darnos cuenta.

* Hay una diferencia.

No sé muy bien cuándo pasaron de ser pequeños ayudantes útiles a jefes autoritarios que quieren microgerenciar cada momento de nuestras vidas, pero la cosa se pone cada vez peor.

Nuestros teléfonos son excelentes sirvientes, pero con el tiempo se han convertido en horribles amos.

La vida se vive a través de experiencias. Está llena de altibajos, momentos de alegría, de desasosiego y ninguno de nosotros sale vivo de ella. A través de esos momentos, aprendemos, crecemos y formamos conexiones que le dan forma a lo que somos. No siempre es divertido, pero incluso en los momentos difíciles desarrollamos resiliencia; el desasosiego nos fortalece. El problema con recurrir al teléfono cada vez que nos sentimos incómodos es que no solo nos estamos perdiendo experiencias de la vida, sino que también perdemos la fuerza necesaria para disfrutar plenamente del viaje de la vida.

En nuestro mundo hiperconectado e hiperconveniente, cualquier inconveniente es visto como un enemigo y provoca ansiedad. Pero ¿y si viéramos esos inconvenientes no como algo que debemos evitar, sino como señales, llamados a la acción o invitaciones a participar más plenamente en la vida? ¿Y si esos sentimientos de ansiedad estuvieran destinados a ser aceptados porque nos ayudan a crecer, como oportunidades para superar nuestros límites y descubrir nuevas fortalezas?

Claro, el teléfono nos mantiene "conectados". Ahora sé lo que cenó mi primo segundo y me siento emocionalmente vinculado con mi *influencer* favorito porque lo vi llorar mientras se tomaba su batido matutino. Pero más importante que estas "conexiones" es nuestra conexión con nosotros mismos.

Conectarnos con nosotros mismos entraña experimentar desasosiego en nuestros cuerpos, nuestros pensamientos y nuestras emociones. Conectarnos con el mundo vibrante, emocionante y muchas veces temible significa correr riesgos, ser vulnerables y aceptar que las cosas no siempre serán maravillosas. Aceptar esos momentos puede conducir a un crecimiento personal significativo y a una vida más satisfactoria.

Si bien los dispositivos nos permiten escapar momentáneamente de las angustias de la vida, también nos vuelven pasivos. Al final pasamos más tiempo viendo la vida a través de una pantalla que experimentando su belleza pura y sin filtros.

Gracias a la tecnología, puedo ver a personas cocinar una comida completa de tres platos y sentir que logré hacer algo, cuando en realidad me comí un bol de cereal en la cama. No forjamos nuestras propias experiencias; solo las presenciamos y fingimos desarrollarnos a través de ellas. Usar nuestros teléfonos para evitar la vida real es como vivir en una burbuja —segura, ciertamente, pero también ilusoria—. Y nadie ha crecido como persona dándose un atracón de videos en el teléfono.*

Tu teléfono NO es tu terapeuta. Si tu salud mental tiene heridas, tu teléfono es sal para esas heridas.

¿Cuándo fue la última vez que tuviste una conversación espontánea con un extraño** o te sentaste en un banco a leer un libro?*** ¿O sentiste el miedo y la emoción de probar algo nuevo? El asunto radica en salir de nuestra zona de confort y adentrarnos en lo desconocido, abrazando la incertidumbre más allá de lo familiar.

Conectar con la vida significa permitirnos vivir toda la gama de las emociones humanas —alegría, tristeza, miedo y entusiasmo— que enriquecen la vida y la hacen hermosa. Una vida llena de recuerdos requiere que acojamos el desasosiego, el dolor y la confusión a pesar de la ansiedad que acarrean.

* Las redes sociales están remodelando nuestras personalidades como los diseñadores producen una serie de cafés hipsters minimalistas.

** Y no, escuchar a escondidas una conversación mientras finges desplazarte por la pantalla no cuenta.

*** Con suerte, eso estás haciendo en este momento con este libro.

Las historias en las que pasamos por el dolor y lo dejamos atrás son las que contamos con más orgullo; son las historias que nos convierten en personas interesantes.

Revisamos a cada rato el teléfono
por miedo a perdernos algo.
Pero en realidad nos perdemos nuestra propia vida.
— CAL NEWPORT

Si pasamos cuatro horas al día con el teléfono desde los 20 hasta los 80 años, habremos desperdiciado diez años de nuestra vida en videos de gatos y tuits rabiosos. Son años de vida que podríamos dedicar a aprender cosas que nos interesan, a pasar tiempo con personas que nos importan y tomar malas decisiones con consecuencias divertidas.*

Las notificaciones interminables, el desplazamiento sin fin y las interacciones casi sin sentido en línea aplacan algunos de nuestros sentimientos de ansiedad, pero siempre es temporal y en realidad costoso.

Los dispositivos nos dan dopamina; la vida nos da energía.

Nuestros teléfonos son nuestros chupetes digitales.
Los usamos para calmarnos, para distraernos,
para escapar de nuestros sentimientos y pensamientos.
— DR. SHERRY TURKLE

Recurrir a los dispositivos digitales nos da la ilusión de pasar tiempo a solas, pero hace lo contrario. Usar nuestros teléfonos para escapar en realidad aumenta nuestra ansiedad, creando un ciclo de dependencia y estrés.

* Como decirle a un amigo o una amiga lo que de verdad piensas de su ex, solo para verlos volver a estar juntos una semana después.

La conectividad constante, el miedo a perderse algo y la búsqueda de validación artificial en línea nos hacen sentir inadecuados. Nos comparamos con los demás y nos preocupamos aún más por su juicio. Lo que antes era un ámbito protegido se convirtió en un caldo de cultivo para la ansiedad, haciéndonos adictos en busca de un alivio temporal.

Liberarse de esto requiere un verdadero esfuerzo por desconectarse de los dispositivos y reconectarse con uno mismo. Significa pasar de buscar la validación externa a encontrar la autoaceptación y la paz interior. Necesitamos enfrentar nuestras ansiedades en lugar de evitarlas y adormecerlas a través de las distracciones digitales. La calma digital no sustituye a la gestión de nuestras emociones.

Mi objetivo no es avergonzarte por usar tu teléfono. **Deslizar el dedo por la pantalla de tu teléfono es una respuesta completamente normal a lo abrumadora que puede ser la vida.** Yo lo hago todo el tiempo. Mucho de lo que hace que la vida sea abrumadora no tiene una solución fácil que puedas controlar; el mundo es un desastre y no estás mal por sentirte estresado por ello. No estoy aquí para avergonzarte y recuerda que tampoco te debes avergonzar a ti mismo. Ser adicto a un dispositivo no es algo que puedas controlar fácilmente. Lo que sí puedes controlar es no ser duro contigo mismo por ello.

El viaje más allá de la pantalla no consiste en tirar nuestros teléfonos por una alcantarilla.* El objetivo es recuperar el control sobre nuestra relación con ellos. *Veamos la tecnología como una herramienta, no como una muleta*. Establezcamos límites, creemos momentos y espacios libres de teléfonos en nuestras vidas y demos prioridad a las experiencias analógicas del mundo real.

Las siguientes son formas fáciles de hacerlo enseguida:

- Elimina las redes sociales de la pantalla de inicio, haciéndolas más difíciles de encontrar. Uno de mis amigos

* Eso solo haría que un montón de Tortugas Ninja se vuelvan adictas al teléfono.

borra las aplicaciones y las vuelve a instalar cada vez que quiere usarlas.*

- Hay aplicaciones que limitan el tiempo de pantalla. Una de ellas se llama Opal.
- Desactiva TODAS las notificaciones y los iconos, sí, *todos*.
- Cambia el color de tu teléfono a escala de grises. El color es una gran razón por la que nos sentimos atraídos. Llevo meses haciéndolo y, cada vez que vuelvo a activar el color, me arden los ojos. Los colores de nuestros teléfonos son literalmente comida basura para los ojos.
- Deja de llevarte el teléfono a todas partes.**

A medida que navegamos por este mundo digital en constante crecimiento, recordemos que la sensación de bienestar no proviene de las distracciones del teléfono, sino de desarrollar resiliencia. Esto significa aceptar una vida llena de desafíos e incertidumbres, entendiendo que estas experiencias nos ayudan a crecer, aprender y descubrir lo rica que puede ser la vida. Cuando elegimos pasar menos tiempo con nuestros teléfonos, nos volvemos más fuertes, más en sintonía con nosotros mismos y creamos momentos más significativos que vale la pena recordar.

* Tiene unos cuantos millones de seguidores y lo necesita para trabajar y sigue haciéndolo.

** La gente sobrevivía en los años 80 sin teléfonos en el bolsillo; tú también lo harás.

TU TELÉFONO NO ES TU TERAPEUTA. SI TU SALUD MENTAL TIENE HERIDAS, EL TELÉFONO ES SAL PARA ESAS HERIDAS.

HUMBLE THE POET

11.

HÁBITOS

TRABAJAR EN VARIAS COSAS A LA VEZ SOLO MULTIPLICA LA ANSIEDAD

Normalmente intento empezar estos capítulos con una historia personal y a veces divertida sobre mi vida, mi barba y todas mis decisiones imprudentes que amplifican mis sentimientos de ansiedad, pero en honor a este capítulo sobre la multitarea, solo me voy a centrar en una cosa: la multitarea.*

La multitarea no es real, e intentar hacerla te hace sentir más ansioso. Ese es el capítulo.

Ahora bien, si eres un multitarea empedernido y te he ofendido, veamos si puedes aguantarte y seguir leyendo.**

Analicemos esto de forma rápida y sencilla:

Todos creemos que somos ninjas supereficientes, haciendo malabarismos con un millón de cosas a la vez. Suena genial, sobre todo porque el "estar ocupado" se celebra como una medalla al honor. Tratamos la multitarea como si fuera un superpoder glamoroso: hacer

* ¿Ves lo que he hecho?

** Eso cuenta como multitarea.

malabarismos con antorchas encendidas montados en un monociclo, leer este libro y tejer un suéter para el gato, todo ello sin quemar el apartamento. Pero **nuestros cerebros no están hechos para manejar muchas tareas a la vez.** Sí, son superautopistas de la información, pero con un solo carril. Intentar poner dos coches uno al lado del otro en ese carril estrecho provocará un accidente espectacular.

Lo que llamamos multitarea suele ser sencillamente cambiar rápido de una tarea a otra. La verdadera multitarea, es decir, realizar varias tareas al mismo tiempo, es un mito para el cerebro humano, excepto para actividades sencillas como caminar y hablar o acariciarse la cabeza y frotarse la barriga.* Cuando hacemos "multitareas", no prestamos toda nuestra atención a cada tarea, lo que da lugar a una pila de tareas inacabadas que pueden resultar abrumadoras. La investigación del profesor Clifford Nass, de Stanford, muestra que la multitarea reduce la productividad y aumenta la probabilidad de cometer errores, especialmente en tareas que requieren atención concentrada y resolución de problemas complejos.

Además, la multitarea es el enemigo de un sistema nervioso regulado. Cuando hacemos varias cosas a la vez, nuestro cerebro está constantemente en alerta máxima, buscando la siguiente cosa a la que saltar. Es como tener a alguien gritando "¡cambia!" cada 0.5 segundos en tu cerebro, manteniéndote en vilo.

Cada vez que cambiamos de tarea, nuestro cerebro tiene que tomar una decisión. Esa toma de decisiones constante nos agota la batería. Al final del día, quedamos exhaustos e incapaces de concentrarnos en nada.

A pesar de mis fantásticos argumentos y de citar investigaciones de personas más inteligentes que yo, algunos de ustedes no están convencidos y tratan la multitarea como si fuera su lenguaje del amor. Espero que mi voz barbuda se deslice lentamente en su cerebro a medida que empiecen a notar el interminable y agotador malabarismo entre tareas.

* ¿Trataste de hacerlo ahorita? Admítelo, lo hiciste.

Cuando llegue ese momento, no diré "se los dije". Solo los dejaré con las siguientes estrategias alternativas para hacer las cosas sin aumentar su ansiedad en el proceso.

- **Elabora un plan de batalla:** Escribe todas las cosas que tienes que hacer y elige primero las más importantes.
- **Zonas de concentración:** Reserva tiempo para cada tarea y apaga las distracciones, como el teléfono. Es como poner un cartel de "No molestar" en tu cerebro, solo que esta vez sí te ciñes a él, a diferencia de las vacaciones en las que dijiste que te "desconectarías".
- **Silencia las notificaciones:** Esos pitidos y alertas constantes son pequeños ladrones que intentan robarte la atención. Desactívalos mientras trabajas en una tarea.*
- **Entrena tu cerebro:** Los ejercicios de atención plena pueden ayudarte a entrenar tu cerebro para que se concentre en el momento presente y resista las distracciones. Piensa en ello como un campo de entrenamiento cerebral para la concentración. Mi ejercicio de atención plena favorito es garabatear mariposas con gafas de sol geniales.
- **Sé amable contigo:** Dejar de hacer varias cosas a la vez puede ser un reto. Empieza con pequeños cambios y celebra tus progresos, por pequeños que sean.

De hecho, escribí este capítulo mientras acariciaba la barriga de mi perrito, preparaba la cena y veía cómo los Toronto Maple Leafs volvían a quedar eliminados de los *playoffs*. Así que soy una especie de mago de la multitarea.** No seas como la versión fingida de mí. Al priorizar las tareas y centrarte en una cada vez, no solo serás más productivo, sino que también reducirás la ansiedad y mejorarás tu bienestar general.

* Es solo una forma más sexy de decir LISTA DE TAREAS.

** O simplemente un mentiroso muy audaz.

Sé que he sido un poco brusco en este capítulo y algunos de ustedes se sienten atacados personalmente, así que, como rama de olivo para reparar nuestra relación, compartiré un chiste.

¿Cuál es la diferencia entre un malabarista y una persona multitarea? Redoble de tambores...

El malabarista sabe cuándo soltar algo. ¡Pa-pa-tash!

HACER MÚLTIPLES TAREAS NO ES REALISTA. NUESTROS CEREBROS NO ESTÁN HECHOS PARA ESO.

HUMBLE THE POET

12.

HÁBITOS

TU ANSIEDAD TIENE QUE VER CON LO QUE COMES

Durante varios meses, el todopoderoso algoritmo metió subrepticiamente en mis notificaciones el aviso de un batido sustitutivo de comida, hasta que un día me lo encontré en vivo en el supermercado* como si me hubiera encontrado con una persona famosa, pero una que cuesta 6 dólares y no se toma selfis con uno. Decidí enseguida que el batido valía la pena si me quitaba el hambre en un momento en que yo estuviera demasiado ocupado para hacerme la comida.**

Unos días después, tenía prisa por conectarme a tiempo a una reunión en línea con un nuevo socio creativo y estaba muerto de hambre. No quería que el hambre me echara a perder la reunión, así que preparé el batido y me lo bebí durante la llamada.

La reunión estuvo muy bien y decidí salir a tomar un poco de aire "fresco"*** y sacar al perrito a pasear. Pero en cuanto salí a la calle, me sumergió una ola de agobio y ansiedad. Parecía que los autos tocaban la bocina con más fuerza, las sirenas aullaban, la gente pasaba más rápido que de costumbre y yo no me hallaba.

* Se ve que la publicidad funciona.

** O que estoy demasiado impaciente para esperar a que entreguen la comida que pedí.

*** Que es lo máximo que se puede pedir en cuanto al aire en Nueva York.

Llevo un año viviendo en este barrio y el ajetreo nunca me había molestado tanto, pero ahora tenía náuseas y el cuerpo me temblaba.

Entonces mi cerebro se puso en modo detective: *¿Había estropeado la reunión sin darme cuenta? Pero, ¿cómo iba a ser posible? Era solo una introducción. ¿Había dicho algo estúpido? ¿Era mi cara? ¿Tenía una papita frita en la barba?* ¿Por qué estoy en una vorágine así?*

¡El batido!

Agarré mi teléfono como un detective cafeinómano, gugleé la marca del batido con la palabra *ansiedad* y di con una mina de mensajes sobre personas que habían perdido la cabeza después de beber ese ataque de pánico embotellado.

Después de unas horas, las cosas volvieron a la normalidad y me di cuenta de que mi sueño de comidas nutritivas de 6 dólares en forma bebible se había esfumado.

Pero hay algo importante que aprender de esta experiencia: **lo que ponemos en nuestro cuerpo afecta nuestro nivel de ansiedad.**

La siguiente es una lista no exhaustiva de alimentos que pueden contribuir a nuestra ansiedad. La idea no es hacerte sentir mal por comerlos ni que los quites de tu nevera. Lo importante es que sepas qué afecta a tu estado de ánimo y que puedas hacer cambios si quieres sentirte mejor:

Cafeína: El café o una bebida energética resultan estimulantes, pero la cafeína también puede hacernos sentir como una ardilla con el azúcar alta, sobre todo si ya estamos estresados.

Azúcar: Los dulces como los caramelos, los refrescos** y los pastelitos saben increíblemente bien, pero ese subidón de azúcar va seguido de una caída que nos deja como globos desinflados.

---

* Otra vez.

** Nuestros compatriotas canadienses los llaman pops.

Azúcar falsa: Algunos estudios sugieren que los edulcorantes artificiales alteran nuestro estado de ánimo y ansiedad, como un caballo de Troya dulce.

Alimentos procesados: Las papas fritas y las comidas congeladas favoritas son como pasarse el día echado viendo televisión: deliciosamente inútiles. Te engordan y anulan tu capacidad intelectual, como un atracón de Netflix, pero sin la satisfacción.

Hidratos de carbono de alto índice glucémico: El pan blanco, las galletas y otros carbohidratos altamente procesados provocan picos y caídas rápidas en los niveles de azúcar en sangre, lo que nos convierte en una montaña rusa emocional.

Alimentos fritos: Deliciosos, sí. Pero con su alto contenido en grasas trans, estos chicos malos son como freír tu propio estado de ánimo: crujiente por fuera, pero grasoso por dentro.

Lácteos: Para quienes son intolerantes a la lactosa o sensibles a las proteínas de la leche, los lácteos pueden desencadenar inflamación y cambios de humor. Es como si el cuerpo dijera: "¡No quiero queso!".

Comida picante: Deliciosa, pero para algunas personas puede desencadenar problemas digestivos que empeoran los síntomas de ansiedad. Si los platos picantes te hacen sentir el estómago como una porquería de dragón de efectos especiales de *Juego de tronos*, tal vez deberías reducir la cantidad.

Alcohol: Una copa puede parecer relajante al principio, pero el alcohol es en realidad un depresor que empeora la ansiedad a largo plazo. Claro, en el momento parece un abrazo cálido, pero es como el abrazo de un amigo que habla mal de ti a tus espaldas: reconforta por un segundo, pero te hace daño después.

Otra cosa, *la cantidad* que comemos influye en cómo nos sentimos.

- **Comida copiosa:** Comer bastante puede parecer reconfortante, pero también te puede dejar aletargado y ansioso. Piensa en porciones de comida más pequeñas y frecuentes para mantener tus niveles de energía estables.

- **Saltarse comidas:** Cuando nos saltamos comidas, nuestros niveles de azúcar en sangre bajan, lo que puede hacernos sentir malhumorados y estresados. Es como si nuestro cerebro fuera un automóvil que se queda sin gasolina: empieza a fallar y no puede funcionar bien.
- **No beber suficiente agua:** El agua es esencial para que nuestro cuerpo funcione bien. No beber suficiente agua puede hacernos sentir mal. La deshidratación puede dificultar la concentración e incluso afectar nuestro estado de ánimo y la mayoría no nos damos cuenta cuando estamos deshidratados.

A menudo, cuando nos sentimos ansiosos, queremos salir corriendo y acurrucarnos en un espacio seguro y cómodo. A veces, esa comodidad se manifiesta en forma de comer por ansiedad. Comer ansiosamente es como un primo emocionalmente inestable de la alimentación normal: la dispara la ansiedad, no el hambre de verdad.

Comer se convierte en una distracción de las cosas que nos generan ansiedad, al aliviar temporalmente el malestar. Cuando estamos estresados, nuestro cuerpo libera cortisol, que puede aumentar nuestro apetito y hacernos desear alimentos azucarados, grasos o salados. Esos alimentos desencadenan la liberación de sustancias químicas que nos hacen sentir bien, como las endorfinas, que proporcionan alivio a corto plazo. Nos calman por un momento, pero la raíz de la ansiedad queda intacta.

Con el tiempo, la alimentación ansiosa se convierte en hábito. Así que, cuando nos sentimos ansiosos, automáticamente buscamos comida, aunque en realidad no tengamos hambre.

Esto puede convertirse en un problema. Como no estamos eligiendo los mejores alimentos, nos sentimos culpables, lo cual aumenta aun más nuestros sentimientos de ansiedad.

Entonces, ¿cómo abordamos la alimentación ansiosa?

- **Identifica los desencadenantes:** ¿Qué situaciones o sentimientos te hacen querer comer?
- **Mejores mecanismos de defensa:** Recurre a formas más saludables de controlar la ansiedad, como el ejercicio, técnicas de relajación o hablar con un amigo.
- **Comer conscientemente**: Presta atención a las señales de hambre de tu cuerpo. Come despacio y saborea la comida, como si fueras un gastrónomo y no un comelón distraído que ni se da cuenta de que ya va por la tercera bolsa de papitas. Esto me resulta difícil, pues me encanta comer viendo televisión y ni siquiera me doy cuenta de qué y cuánto como.
- **No te restrinjas:** Privarte puede llevarte a tener antojos y atracones. Céntrate en comidas equilibradas y meriendas saludables. El objetivo no es seguir una dieta milagrosa temporal, sino tener una dieta equilibrada y regular que siempre puedas seguir sin tener que depender de una disciplina intensa para hacerlo.

Muchos de nosotros luchamos contra la alimentación ansiosa, tomamos malas decisiones alimenticias y no nos damos cuenta de cómo lo que comemos puede afectar nuestro humor. Me siguen provocando todos los alimentos de la lista de los malos y es probable que, en ocasiones, me dé el gusto cuando no debería. Pero al menos ahora sé cómo me harán sentir. Así que no me angustiaré por sentirme ansioso cuando eso ocurra.

Un truco para engañar las ganas son las proteínas. Las proteínas ayudan a mantener estable el azúcar en la sangre y eso previene los cambios de humor que alimentan la ansiedad. Es conveniente añadir proteínas a cada comida. Un puñado de frutos secos o un yogur nos ayudan a aguantar los ataques de antojos.

En vez de contar con sustitutos de comidas de 6 dólares, yo gasto en comida para llevar porque, al parecer, no tengo otras opciones.*

* No puedo cocinar porque uso el horno para guardar la ropa de invierno.

Sin embargo, estoy agradecido por la experiencia, porque me hace prestar atención a cómo me afecta emocionalmente la comida y no solo a lo lleno que me siento. Cuanto más conscientes somos, más capaces somos de tomar pequeñas decisiones que nos hagan sentir mejor en nuestras vidas.

Lo que comemos decide cómo nos sentimos. Si quieres explorar cómo nuestra salud intestinal afecta a nuestra ansiedad, escanea el código QR para obtener un capítulo extra: CONFÍA EN TU INTESTINO.

ESTE CÓDIGO QR CONDUCE A LA PÁGINA WEB DE HUMBLE THE POET, DONDE ENCONTRARÁS CAPÍTULOS EXTRA, EN INGLÉS.

LO QUE PONEMOS EN NUESTRO CUERPO TIENE QUE VER CON LA ANSIEDAD QUE SENTIMOS.

PARTE 3:

ROMPER LOS PATRONES ANSIOSOS

13.

REACCIONES

DEJA DE EVITAR TUS DESENCADENANTES

Cuando nos preguntan: "¿De qué te arrepientes?", respondemos filosóficamente, sugiriendo que no deberíamos tener remordimientos, pues todo lo que hemos hecho ha dado forma a lo que somos hoy. Aprendimos de nuestros errores y, como no tenemos una máquina del tiempo, pensar en los remordimientos resulta inútil.

La verdad es que sí me arrepiento de una cosa y, si soy sincero, quizás sea mi único arrepentimiento.

Me arrepiento de cómo manejé el momento de poner a dormir mi primer perro, Himmatt.

Había perdido el uso de ambas caderas y no podía caminar. Estaba claro que había llegado a su fin, y aunque no me arrepiento de la decisión de ponerlo a descansar, sí me arrepiento muy profundamente de cómo lo hicimos.

Lo llevamos a su veterinario, quien, en retrospectiva, no pareció muy empático con todo el asunto. Para él, era un día más de trabajo. Himmatt me miraba y lloraba todo el tiempo, con ganas de irse, de volver a casa, asustado y confundido, tumbado sobre una mesa de acero fría y esterilizada. Esos fueron sus últimos momentos.

Si pudiera volver a vivirlo, habría buscado a un veterinario que pudiera venir a la casa. Podríamos haberle dado de comer todo lo que le gustaba y haberle puesto la aguja en silencio, permitiéndole quedarse dormido lentamente en su casa.

Siempre me sentiré como una porquería por eso.

Claro, puedo ser benévolo conmigo y recordar que, en el huracán emocional que atravesaba en ese momento, ni siquiera se me pasó por la mente una visita a domicilio. Pero eso no es suficiente para aliviar mi dolor y es difícil pensar en ello sin sentir desconsuelo.

Como en la mayoría de los momentos traumáticos, mi cerebro lo ocultó en lo más profundo de mi mente, hasta que algo hizo que todo volviera a mi memoria.

Más de una década después, aproximadamente al año de tener a mi nueva perrita, Boogie, el mundo se había abierto por fin tras la pandemia. Era nuestra primera visita en persona a su veterinaria. Antes de eso, la dejaba y la recogía en la puerta principal, pero ahora en Los Ángeles las cosas estaban abiertas y era hora de vacunar a Boogie.

Cuando entramos en la sala de examinación, casi vomito. Allí estaba la mesa de acero fría y desinfectada. Mi nueva bebé estaba echada en ella y me miraba para que la salvara.

Fue un detonante.

Un detonante es como una clave o una señal que le recuerda a tu cerebro algo del pasado. Puede estar relacionado con algo bueno o malo, pero solemos pensar en los detonantes en términos de ansiedad o experiencias negativas. Cuando tu cerebro detecta un detonante, puede desencadenar una respuesta de estrés, aun cuando no haya un peligro real en ese momento.

- **Un sonido:** Si has sufrido un accidente de automóvil con una fuerte explosión, es posible que sientas ansiedad cuando oigas un ruido repentino y fuerte.
- **Un olor:** Un perfume específico puede recordarte a un ser querido que falleció, provocando sentimientos de tristeza.
- **Un lugar:** Estar en una habitación o ubicación determinada puede recordarte un trauma pasado, como un robo o una agresión.

- **Una palabra o frase:** Escuchar una palabra o frase en particular puede traerte fuertes sentimientos o recuerdos negativos, como ira o vergüenza.

Con un detonante, nuestro cerebro de supervivencia se prepara para el impacto, incluso cuando no existe peligro. Tu cerebro trata de protegerte basándose en lo que ha sucedido antes.

Cuando nos enfrentamos a un detonante, es como si nuestro cerebro pulsara el botón de pánico basándose en experiencias pasadas. ¿Esa mesa de acero? Para mi cerebro de supervivencia, no era solo de metal y fría, era una señal de peligro porque me recordaba un evento doloroso. Es como si mi cerebro dijera: "¡Oh, no, no otra vez!" y empezara a prepararse para el impacto, aunque la situación no fuera peligrosa ahora.

Nuestro cerebro de supervivencia siempre está atento a los patrones del pasado para mantenernos a salvo, así que cuando algo le recuerda un momento difícil, reacciona como si la amenaza surgiera de nuevo. Intenta protegernos y a veces la protección equivale a una reacción exagerada.

La doctora Lisa Feldman Barrett, experta en emociones, comparte esta idea. En su libro *How Emotions Are Made* (Cómo se hacen las emociones), explica que nuestro cerebro utiliza experiencias pasadas para predecir nuestros sentimientos y reacciones. Es como si nuestro cerebro tuviera su propio algoritmo, que nos ofrece emociones basadas en lo que hemos visto antes, solo que este algoritmo presta más atención a lo doloroso que a lo divertido que fue ver un nuevo programa, como lo hacen los algoritmos de nuestras redes sociales.

Cuando se activa un detonante, no se trata de enfrentar un peligro real, sino más bien de que nuestro cerebro dice: "Esto parece peligroso". Tu cerebro de supervivencia es como una cartomántica que intenta adivinar lo que se avecina basándose en cosas pasadas. No es magia, pero hace que todo parezca más importante de lo que realmente es.

Entender esto puede cambiar las reglas del juego. Nuestro sistema nervioso no está simplemente reaccionando; está averiguando y preparándose para el desastre, aunque todo parezca tranquilo.

Si nos tomamos en serio las ganas de mejorar y sentirnos mejor, tenemos que entender que los detonantes nos muestran dónde están las heridas.

Estas reacciones pueden mostrarnos dónde podría estar reaccionando de forma exagerada nuestro cerebro. En lugar de ignorar o desestimar los detonantes, debemos examinarlos. Sí, amigos míos, **dejen de evitar sus detonantes.** Al examinarlos con atención, sin enjuiciarlos, podemos entender qué es lo que provoca nuestra ansiedad. Y el uso de técnicas de autorregulación durante los momentos de caos puede ayudarnos a mantener la calma cuando nuevos desafíos surgen de repente.

Cuando nos permitimos sentir nuestros detonantes, experimentarlos e identificarlos como lo que son, nos resulta más fácil lidiar con ellos. Incluso pueden ayudarnos de las siguientes maneras:

- **Detectar patrones:** Los detonantes nos ayudan a ver cuándo nuestro cerebro intenta protegernos basándose en experiencias pasadas. Reconocer estos patrones nos muestra por qué reaccionamos de la manera en que lo hacemos.
- **Comprender la causa:** Al profundizar en nuestros detonantes, podemos rastrearlos hasta las experiencias originales que dieron lugar a nuestras reacciones. Esto nos ayuda a abordar las ansiedades más profundas.
- **Cambiar las predicciones:** Conocer nuestros detonantes nos permite trabajar en cambiar la forma en que nuestro cerebro predice lo que sucederá a continuación.

Ten en cuenta que los detonantes no aparecieron de la noche a la mañana y no desaparecerán instantáneamente. Desarrollar nuevos patrones lleva tiempo, así que sé paciente y celebra las pequeñas victorias. Todo el mundo tiene detonantes, pero no definen quiénes somos ni lo fuertes que somos. Entre las mejores formas de abordar los detonantes y convertirlos en oportunidades de crecimiento se incluyen:

- **Atención plena:** Estar presente ayuda a controlar la ansiedad. Cuando nos centramos en el aquí y ahora, y observamos nuestros pensamientos y sentimientos sin dejarnos atrapar por ellos, los detonantes dejan de parecer apabullantes.
- **Terapia cognitivo-conductual (TCC):** La TCC puede cambiar esos patrones de pensamiento negativos. Si a menudo piensas que te equivocarás en situaciones sociales, la TCC te ayuda a reemplazar esos pensamientos por otros más positivos y realistas.
- **Terapia de exposición:** Afrontar tus miedos gradualmente puede mostrarle a tu cerebro que lo que te asusta en realidad no es tan malo. Por ejemplo, si hablar en público te pone ansioso, practicarlo poco a poco puede ayudar a tu cerebro a darse cuenta de que es manejable.
- **Autocompasión:** Sé amable contigo mismo cuando te sientas afectado. Estas reacciones son solo la forma en que tu cerebro de supervivencia intenta protegerte. Tratarte con compasión puede hacer que los factores detonantes sean menos intensos y ayudarte a recuperarte más rápido.
- **Organización y calma:** Tu entorno juega un papel importante en cómo reaccionas ante los factores detonantes. Un espacio de trabajo desordenado, ruidos fuertes o ciertos olores pueden aumentar la ansiedad. Mantener tu entorno tranquilo y organizado puede ayudar a reducir estos factores detonantes.

El uso de estas estrategias nos puede permitir lidiar con los detonantes y ayudarnos a reescribir las predicciones ansiosas.

Eso nos lleva a buscar un equilibrio. Como sociedad, a menudo oscilamos entre decir “No seas tan sensible” y “No me provoques”, pero ninguna de las dos cosas ayuda realmente. Necesitamos un equilibrio entre buscar protección y enfrentarnos a nuestros detonantes.

Las zonas de confort son como una manta acogedora: nos dan seguridad y nos ayudan a recargar las pilas, sobre todo si nos enfrentamos a mucha negatividad o estrés. **Es estupendo tener estos momentos de descanso, pero no debemos utilizarlos para evitar por completo nuestros detonantes.**

Enfrentarse a los detonantes con el apoyo adecuado es como afinar nuestra mente. Nos ayuda a lidiar con experiencias pasadas y a desarrollar nuestra resiliencia. Por lo tanto, aprovecha esos momentos de comodidad para recargar energías, pero también intenta enfrentarte gradualmente a tus detonantes. Cada paso adelante te hace un poco más fuerte.

Piensa en los detonantes como si nuestro cerebro nos transmitiera información. Cada detonante es una pequeña pista sobre heridas pasadas y cosas que no hemos superado del todo. Cuando estamos en un mejor estado mental, volver a estos momentos puede ayudarnos a romper patrones que ya no nos sirven. Enfrentarnos a nuestros detonantes y comprender cómo nuestro cerebro hace predicciones puede ayudarnos a manejar mejor la ansiedad. Cuando algo nos detona, es la forma que tiene nuestro cerebro de decirnos: "Oye, tal vez debamos reconsiderar esto". Al lidiar con estos detonantes directamente y prestarles atención, podemos detectar patrones antiguos y trabajar en la creación de otros nuevos y más saludables. Así, no solo manejamos la ansiedad de manera más efectiva, sino que también desarrollamos nuestra fuerza emocional y nuestro bienestar.

Hace un mes, el peluquero de Boogie me dijo que necesitaba vacunas actualizadas antes de su próximo corte de pelo.* Esto significaba volver al veterinario. Tan pronto como entramos al lugar, sentí que mi cuerpo se ponía tenso. Sabía que se estaba formando un detonante porque mi cuerpo recordaba la mesa metálica brillante que había detrás de la puerta. En lugar de evitarlo, lo enfrenté. Me di una suave

* Los golden descuidados parecen haber recaído en el alcohol.

charla de ánimo, respiré profundamente y entré despacio en la sala de examen.

La ansiedad seguía ahí, hirviendo como una olla de pasta en el fogón, pero era manejable y, lo que es más importante, entendí lo que pasaba. Eso evitó que se desbordara. Había perdido a alguien que fue sumamente importante para mí en una mesa como esa, así que no culpo a mi cuerpo por sentir peligro. Mi cerebro va a necesitar más visitas para dejar de recordar el día más triste de mi vida cuando veo esa mesa, pero estoy preparado. Estoy dispuesto a sumergirme en ese dolor y enfrentarme a esos recuerdos para que, cuando Boogie me mire con miedo, pueda devolverle la sonrisa sabiendo que solo serán quince minutos difíciles y que al final ella recibirá más golosinas de las que puede comer.

No estoy aquí para hacer desaparecer todos tus detonantes, sino para ayudarte a entenderlos mejor. Con cariño, te animo a que te acerques a ellos, para que no evites partes importantes de tu vida. Y cuando se formen nuevos desencadenantes, podrás abordarlos de raíz incluso antes. Así que la próxima vez que nuestro cerebro pregunte: “¿Qué me recuerda esto?”, nuestra respuesta no será “¡PELIGRO!”, sino “Un recuerdo incómodo: una invitación a crecer”.

LIDIAR CON UN DETONANTE NO SIGNIFICA BORRAR UN DOLOR, SINO ENTENDERLO MEJOR.

14. PENSAMIENTOS

LOS SOBRESALIENTES SON SUPERANSIOSOS

En muchos casos, **no nos sentimos ansiosos cuando las cosas van mal, sino cuando van bien.** En 2010, mi canción *Baagi Music* alcanzó el millón de visitas. Llegaron los elogios, se amontonaron los comentarios, las cifras crecieron y empezaron a aparecer oportunidades. Cualquiera pensaría que yo estaba en la gloria ¿verdad? Pues no, estaba estresadísimo.

Después de años de esfuerzo, ese "éxito repentino" fue como un maremoto. De pronto, dudé de mí mismo y pensé: *Solo tuviste suerte; esto no volverá a pasar*. La presión por conseguir otro éxito era aplastante. Un importante abogado musical de Nueva York me dijo incluso que yo sería irrelevante sin otro éxito, con lo cual sembró una semilla de ansiedad que se regó como la pólvora.

En vez de disfrutar del éxito, estaba paralizado por el miedo a no estar a la altura. El gusto de hacer música se convirtió en temor a no cumplir con las expectativas. Al final, me fui al otro extremo y dejé por completo de intentar hacer música exitosa. Me encantaría decir que elegí la paz en lugar de la presión, pero la verdad es que la persecución fue tan abrumadora que me rendí.

Esto me enseñó que destacarse puede ser un arma de doble filo. **Cuanto más alto subimos, más nos angustia caer, o al menos eso nos dicen nuestras mentes ansiosas.** El verdadero truco es encontrar una armonía entre ambición y bienestar, celebrar nuestras victorias sin dejar que el miedo a futuros fracasos se apodere de nosotros.

No hace falta ser artista para entenderlo. Cuando estamos atrapados en un ciclo de logros, con trofeos en la estantería y notas sobresalientes en la libreta, empezamos a definirnos por esos éxitos. Los cumplidos pueden volverse contra nosotros porque añaden presión para seguir logrando cosas solo para mantener esa imagen.

Esta es la paradoja del sobresaliente. Llevamos la ambición como una armadura, presionándonos constantemente para conseguir más, pero a menudo es la ansiedad la que nos impulsa. Es una historia conocida: **la ansiedad de superarse a sí mismo proviene de una mezcla de elogios, presión y miedo al fracaso.** Acabamos vinculando nuestra autoestima a nuestras victorias y a la aprobación de los demás. Y aunque el fracaso es parte del crecimiento, sentimos cada paso en falso como un puñetazo en el estómago, lo que nos hace cuestionar nuestro valor y sentirnos como impostores.

> *La mayoría de las personas exitosas son simplemente un trastorno de ansiedad andante aprovechado para la productividad.*
>
> — **ANDREW WILKINSON**

Analizamos en exceso cada proyecto, nos da miedo fracasar en el futuro y nos esforzamos cada vez más, corriendo siempre tras una meta que no deja de alejarse. Al principio, anhelamos los elogios, las victorias y las recompensas. Pero luego nuestras expectativas cambian. De repente, hacer algo que podría cambiar la vida de otra persona nos parece lo mínimo para mantenernos a flote.

El éxito no es una línea de meta. Es un objetivo móvil que alimenta la ansiedad cuando vinculamos nuestra autoestima a él.

Mucho de esto se remonta a la infancia. Los primeros elogios por las buenas notas pueden alterar la forma en que nos vemos a nosotros mismos. En lugar de pensar que la inteligencia es algo que podemos desarrollar, empezamos a creer que nacimos inteligentes. Así que, cuando fracasamos, parece que estamos poniendo en entredicho esa imagen. Acabamos atrapados por nuestra propia reputación, confundiendo los muros de esa trampa con algo impresionante que mostrar al mundo.

Esta necesidad de ser impecables es una máscara que usamos para satisfacer las expectativas invisibles de la gente y que alimenta nuestra ansiedad. Nos hace procrastinar porque tenemos miedo de quedarnos cortos y no estar a la altura de los estándares imposibles que nos hemos fijado.

Pero esta es la verdad que todos* necesitamos escuchar: ser bueno, inteligente, talentoso o increíble no son etiquetas fijas. Es un viaje de aprendizaje y crecimiento. Los errores no son fracasos, son parte del proceso, que muestra que nos estamos esforzando más allá de lo que nos resulta cómodo.

¿Y lo mejor de todo? Nuestro valor no está ligado a los logros ni a los elogios, y si lo está, tal vez deberíamos cortar ese cordón antes de que se convierta en una cadena. No podemos medir nuestro valor en medallas de oro o en cumplidos, y **perseguir la validación externa nos impide desarrollar un verdadero respeto por nosotros mismos.**

Cómo lo enfrentamos

Ahora mismo, inconscientemente nos decimos que mientras sigamos ganando, estaremos bien, y que hay algo atractivo en sobresalir. A la sociedad le encanta que seamos máquinas de productividad y la cultura del ajetreo nos dice que "dormiremos cuando estemos muertos". Creemos que toda nuestra ansiedad desaparecerá una vez que superemos el próximo obstáculo, pero estos obstáculos se basan en las historias que creamos. Sigo diciéndome a mí mismo que la vida será más fácil una vez que termine el primer borrador de este libro, pero este no es la primera exhibición de mis talentos. Todavía hay un millón de cosas que hacer después de que el libro esté terminado.

* Empezando por mí.

Cómo podríamos enfrentarlo mejor

Debemos darnos cuenta* de que el viaje es todo lo que tenemos y perseguir constantemente los logros no tiene ningún valor real. Esto comienza con una toma de conciencia. Percátate de los patrones, del crítico interno que susurra dudas y del peso asfixiante de tratar de ser perfecto todo el tiempo. *Dejemos de lado lo que creemos que deberíamos ser y aceptemos lo que somos en realidad.* Esto requiere autocompasión, reemplazar la autocrítica severa con amabilidad y comprensión.

- **Compitiendo (centrado en el destino):** Han pasado tres días y no has trabajado en el libro. Vas a incumplir el plazo y todo se irá al garete, además de que lo que ya has escrito es una basura. Nunca terminaremos este libro.
- **Yo, compasivo conmigo mismo (centrado en el viaje):** No hemos escrito en unos días. ¿Es porque estamos cansados o asustados de algo? Esto solía ser muy divertido. ¿Qué ha cambiado? ¿Cómo podemos aprovechar el tiempo libre para recargar las pilas? ¿Qué pequeñas cosas podemos hacer hoy para mantenernos en el camino y disfrutar de este viaje?

Todos estamos en proceso de crecimiento y eso está bien.

Todos tropezamos, fracasamos y necesitamos tomar descansos. Eso está bien.

El descanso y la relajación no son recompensas que obtenemos después de lograr algo; son esenciales para cuidarnos a nosotros mismos, mental, física y espiritualmente. Tomar descansos del trabajo constante nos permite recargar energías, mirar nuestras metas con nuevos ojos y recordar por qué nos gusta lo que hacemos.

No te pido que renuncies a tu ambición (me encanta esforzarme y alcanzar mi potencial), pero solo es sostenible cuando se hace por el *placer* de la aventura, no por *miedo* a fracasar. Céntrate en la diversión de aprender, crecer y convertirte en la mejor versión de ti mismo

* Sobre todo yo.

y aparta la idea de que tienes que ser una versión perfecta de alguien que nunca quisiste ser.

Todos experimentamos ansiedad, dudas y miedo al fracaso, pero también compartimos resiliencia, determinación y la capacidad de lograr grandes cosas. Así que respira hondo, amigo sobresaliente, y aparta las ansiedades que te impulsan. En su lugar, concéntrate en tu verdadero potencial. El mundo te necesita, con todos tus defectos, libre de las expectativas poco realistas que te impusiste hace mucho tiempo.

No seamos prisioneros de nuestras etiquetas pasadas; seamos exploradores de nuestras propias posibilidades. Pensar que podemos superar nuestras ansiedades solo nos dejará agotados y con una peor opinión de nosotros mismos. Diviértete un poco y verás lo que sale de ello.

En 2017, lancé otro álbum de música corto, un EP. Mi canción *H.A.I.R.* se convirtió en un amoroso trabajo orgánico que llegó a ser mi canción más popular y rebasó incluso el éxito de *Baagi Music*. Irónicamente, solo un mes después, mi primer libro, *UnLearn*, despegó y comenzaron mis aventuras como autor, dejando la música en un segundo plano una vez más. Cuando termine este libro, espero pasar más tiempo en el estudio, no para mantener mi faceta musical, sino para seguir disfrutando de esa parte de mi creatividad y divertirme.

NO SEAMOS PRISIONEROS DE NUESTRAS ETIQUETAS PASADAS; SEAMOS EXPLORADORES DE NUESTRAS PROPIAS POSIBILIDADES.

15.

PENSAMIENTOS

NO TE SOBRECARGUES DE "YO DEBERÍA"

- "Debería ser más productivo".
- "Debería ser más feliz".
- "Ya debería haberlo entendido".
- "Debería verme de cierta manera".
- "Debería estar más avanzado en la vida".
- "Debería poder manejar esto por mi cuenta".
- "Debería estar siempre a la orden para todos".
- "Nunca debería cometer errores".
- "Ya debería tener una relación estable".
- "Debería estar siempre tranquilo y sereno".
- "Debería saber qué quiero hacer con mi vida".
- "Debería ser siempre positivo".

Nos estamos cubriendo de excesivos "yo debería".

Cada vez que usamos la palabra *debería*, creamos expectativas poco realistas que alimentan nuestra ansiedad. Estos "debería" nos hacen sentir presionados, no lo suficientemente buenos y constantemente juzgados. Si quieres sentirte menos ansioso, tienes que eliminar la palabra *debería* de tu vocabulario. Las redes sociales están llenas de gente que nos dice lo que deberíamos hacer. La sociedad está llena de expectativas sobre quiénes "deberíamos" ser. La cultura, la religión y la tradición nos cubren de cualquier clase de "deberías", que disparan nuestra ansiedad a niveles insoportables.

Yo, como tú, me impongo deberes todo el tiempo. Me quedo atrapado pensando en hitos invisibles y expectativas externas, estresándome, siempre centrándome en lo que DEBERÍA estar haciendo. Tengo 40 años y no estoy casado y no tengo hijos.* A veces me siento liberado; otras veces siento que debería vivir mi vida de otra manera. A veces siento que debería ir más al gimnasio. Debería invertir más. Debería cepillarme mejor la barba. Es un ciclo interminable que no hace sino aumentar mis sentimientos de ansiedad.

Los "yo debería" son los últimos mandamientos de la tierra del "nunca es suficientemente bueno".

— **MARIANNE WILLIAMSON**

El uso de la palabra *debería* engaña a nuestro cerebro de supervivencia, la amígdala cerebral, haciéndole creer que las expectativas poco realistas son amenazas y peligros. Los estudios del doctor Rick Hanson, neuropsicólogo, explican cómo ciertos patrones de pensamiento, como el pensamiento crónico de "debería", pueden mantenernos en un estado perpetuo de ansiedad, como si estuviéramos constantemente bajo amenaza. Esto nos pone en un estado constante de lucha o huida, haciendo de la ansiedad una compañera constante.

Aunque la palabra en sí parece y suena inofensiva, es una granada cargada de ideas ansiosas que está a punto de explotar. Usar la palabra *debería* y pensar en ella, provoca sentimientos de ansiedad de varias maneras.

- **Expectativas poco realistas:** Los "deberías" nos comparan con una versión ideal, pero no realista, de nosotros mismos; eso nos predispone a la comparación, el fracaso y la decepción. Nuestra amígdala cerebral interpreta esto como una amenaza y activa la alarma de ansiedad.

* Que yo sepa.

- **Culpa y vergüenza:** Las hormonas de estrés liberadas por no cumplir con nuestras expectativas poco realistas alimentan el ciclo culpa-vergüenza. Estamos ansiosos y eso nos hace sentir culpables y avergonzados, lo que empeora aún más los sentimientos de ansiedad.
- **Centrarse en lo negativo:** Cuando usamos la palabra *debería*, nos estamos centrando en lo que nos falta, robándonos la capacidad de estar presentes y disfrutar del momento. Esto nos hace estar ansiosos por el futuro.

Por desgracia, la solución no consiste simplemente en eliminar la palabra de tu vocabulario. Seguiremos teniendo pensamientos y estímulos constantes a nuestro alrededor sobre cómo deberíamos ser nosotros y los demás. En su lugar, aquí tienes algunas estrategias para cuando nos encontremos en una vorágine de *deberías*:

- **Desafiar el *debería*:** Preguntémonos: ¿Es realmente útil este "debería" o solo me está poniendo ansioso? Cuestionar el "debería" interrumpe su capacidad de activar nuestra amígdala cerebral y reduce la cantidad de alarmas de ansiedad que se activan.
- **Replantéatelo con un *puedo/podría*:** Ese simple cambio puede marcar la diferencia. En lugar de "debería", prueba con "puedo" o "podría". Esto nos da poder y abre posibilidades. Tener posibilidades reduce la desesperación y nos hace sentir menos provocados.

Por ejemplo, "Debería ser más productivo" se convierte en "Podría concentrarme en una tarea a la vez". "Debería ser más feliz" se convierte en "Podría hacer más cosas que me den alegría".

Incluso cuando nos atormentemos con los "podría", sigámoslos con "y no pasa nada". Por ejemplo, "En lugar de jugar a videojuegos, PODRÍA estar terminando este libro. Y no pasa nada".

- **Centrarse en los valores:** Saber lo que realmente nos importa elimina un montón de "deberías" de nuestras vidas.

Conocer nuestros valores fundamentales nos permite alinear nuestras acciones con ellos en lugar de ceder a las expectativas sociales.

- **Autocompasión:** Todo el mundo comete errores. Seamos amables con nosotros mismos en lugar de añadir culpa al asunto. La autocompasión permite que la amígdala cerebral descanse y eleva la sensación de calma.

El debería es pariente cercano del perfeccionismo, que en sí mismo es una idea inventada porque nadie es perfecto.

El perfeccionismo no consiste en hacer las cosas a la perfección, sino en encontrar defectos fácilmente.

El perfeccionismo es autodestructivo
sencillamente porque la perfección no existe.
Es un objetivo inalcanzable.

— BRENE BROWN

Darnos tregua y ser más amables con nosotros mismos no es solo hacer algo bueno; está directamente relacionado con mantener nuestro sistema nervioso más preparado y regulado. Cuanto menos nos sobresaltan las amenazas imaginarias, mejor preparados estamos para las reales y más tranquilos nos sentimos a lo largo del día.

Dejar de lado los "debería" significa centrarnos en nuestro propio progreso en lugar de intentar parecer perfectos para los demás. Es un recordatorio de que no estamos aquí para competir o ser comparados con los demás y que cada quien tiene su propio viaje. Haciendo esto y centrándonos en lo que realmente importa, podemos reducir nuestras sensaciones de ansiedad y vivir una vida más agradable.

Ahora yo... *podría* irme a acostar, ya que es más de medianoche, pero jugaré otra partida de Fifa antes. Y no pasa nada.*

* :)

Por último, quiero agradecer a mi amigo Phil Norsworthy por inspirar este capítulo y por concederme su valioso tiempo todos los meses para darme energía, inspirarme y ayudarme a ser una mejor persona.

EL PERFECCIONISMO NO TIENE QUE VER CON HACER LAS COSAS PERFECTAMENTE; SINO CON CONSEGUIR DEFECTOS FÁCILMENTE.

HUMBLE THE POET

16.

REACCIONES

ESE MAL GENIO ESCONDE ANSIEDAD

Desde el día en que llegó, mi perrita ha sido mi sombra y me sigue a todas partes. La paseo sin correa por la ciudad, pero empezamos poco a poco y fuimos aprendiendo, de parques vacíos a aceras sin cruces de calles. No tardé mucho en enseñarle a mantenerse alejada del borde de la acera. Ahora es una profesional. Paseamos juntos por Nueva York y llamamos la atención y provocamos la admiración tanto de los dueños de perros como de los turistas.

Un día, un hombre mayor que paseaba a su perro se le ocurrió decirme: "En Estados Unidos, paseamos a nuestros perros con correa; es ley".* El comentario de la correa era una cosa, pero sacar a relucir a Estados Unidos estaba fuera de lugar. Como dirían los *zoomers*: "Era sacar su racismo". Tenía dos opciones: ignorarlo o divertirme haciendo un drama. Elegí lo segundo y le pedí que repitiera lo que había dicho, pero él simplemente aceleró el paso con nerviosismo y se alejó.

Más tarde esa semana, un amigo me dijo: "Hermano, ponle la correa a tu perro. Me pone ansioso", e hice una conexión. ¿Ambos comentarios estaban inspirados por la misma ansiedad?

Otra verdad incómoda que aprendí mientras escribía este libro es cuánta empatía debemos mostrar a las personas que actúan como

* Curiosamente, una vez me libré de una multa de tráfico en Los Ángeles porque me encogí de hombros ante el agente de policía y le dije: "Lo siento, soy canadiense".

tontos. Suelen ser las personas más ansiosas y con los mecanismos de defensa menos sanos.

Ahora no puedo dejar de verlo. Cada vez que me encuentro con alguien grosero, agresivo o estirado, veo en él a un niño asustado y ansioso. Eso me ayuda a entender al niño asustado y ansioso que también hay en mí.

Hacemos lo mismo que los animales que atacan cuando se sienten amenazados. **La ira es a menudo una máscara de la ansiedad,** desencadenada cuando nuestro cerebro de supervivencia detecta un peligro. Estas amenazas pueden ir desde algo tan aleatorio como una ardilla voladora hasta alguien que nos trata con rudeza. Nuestro cerebro responde inundándonos de cortisol y adrenalina, sustancias químicas que nos preparan para luchar o huir. Pero en lugar de correr o luchar, a veces le caemos a gritos a un desafortunado empleado de atención al cliente.

Comprender esto no excusa el mal comportamiento, pero nos ayuda a responder con empatía en lugar de empeorar las cosas. Expresar ira puede aliviar temporalmente la ansiedad, por lo que arremetemos en lugar de abordar los problemas subyacentes. Esto crea un ciclo en el cual la ansiedad alimenta la ira y la ira alimenta la ansiedad, dejándonos estancados y frustrados.

La ansiedad puede conducir a la ira cuando la preocupación se vuelve excesiva y nos irrita, mientras que la ira puede conducir a la ansiedad cuando nos preocupan las consecuencias de nuestros arrebatos.

Comprender qué desencadena nuestra ira puede revelar la raíz de parte de nuestra ansiedad. Cada persona tiene diferentes detonantes que pueden provocar ira y ansiedad:

- **Estrés:** Los altos niveles de estrés nos hacen más propensos tanto a la ansiedad como a la ira. Cuando estamos estresados, es más fácil reaccionar con ira ante cosas sin importancia.

- **Frustración:** Cuando las cosas no salen según lo planeado o nos enfrentamos a obstáculos, nos sentimos frustrados, lo que puede convertirse rápidamente en ira.
- **Miedo e inseguridad:** Sentir miedo o inseguridad nos hace más propensos a descargar nuestra ira como una forma de protegernos.
- **Experiencias pasadas:** Las experiencias pasadas de dolor o traición nos hacen más sensibles a situaciones similares. Eso desencadena ira y ansiedad.

Muchas de las emociones vinculadas a nuestros detonantes son difíciles de identificar o expresar, por lo que las reprimimos y utilizamos la ira como válvula de escape. Podemos enfadarnos con nuestra pareja porque nos sentimos inseguros en la relación, o discutir con un amigo porque secretamente tenemos miedo de estar equivocados. Si no afrontamos estos sentimientos más profundos, nuestra ira seguirá brotando.

Cuando nos sentimos provocados, la ira suele aparecer automáticamente porque nuestro cerebro de supervivencia reacciona al instante. Esto ocurre antes de que nuestro cerebro lógico tenga la oportunidad de tomar el control.

Saberlo nos ayuda a entender por qué podemos perder los estribos y nos da la oportunidad de controlar nuestras reacciones.

La ira desenfrenada tiene un gran impacto en nuestras vidas. Daña las relaciones, perjudica nuestra salud y puede incluso dañar nuestras carreras. Los estudios han demostrado una relación entre la ira crónica y la hipertensión arterial, las enfermedades cardíacas e incluso la depresión.

No somos impotentes ante la ira, pero eso no significa que podamos simplemente dejar de reaccionar. En cambio, tenemos que ver la ira como una primera *reacción* que debemos controlar y reemplazarla por una *respuesta útil* que pueda mejorar la situación.

Responder > Reaccionar

Además de cuidarnos mejor, aquí tienes más estrategias que te ayudarán a gestionar la ira sanamente:

- **Identifica tus detonantes:** ¿Qué situaciones o personas suelen hacerte enojar? ¿Qué te recuerdan esas situaciones de tu pasado? Saber lo que provoca tu ira es una ventana a un punto doloroso de tu vida. Préstale atención a ese dolor, examínalo y deja que comience la mejoría.
- **Tómate un descanso:** Cuando sentimos que se dispara la ira, respirar profundamente unas cuantas veces y tomarnos un descanso es muy valioso. Aléjate de la situación, cuenta hasta diez, treinta o un millón, con tal de darle tiempo a tu cerebro para que se calme antes de reaccionar.
- **Expresar las emociones subyacentes:** Esto es importante. **Es mejor explicar cómo nos sentimos que mostrarlo.** No reprimas el hecho de que estás enfadado; en su lugar, exprésalo. Podemos hacerlo con calma y seguir siendo asertivos: "Me siento herido cuando..." o "Me siento frustrado porque..." es un enfoque más productivo que simplemente gritar.
- **Practica el perdón:** Aferrarse a la ira es como beber veneno y esperar que sea otra persona quien se envenene. Perdonar no significa estar de acuerdo con el comportamiento de alguien; significa dejar de lado el resentimiento y la ira que te están haciendo daño.
- **Busca ayuda profesional:** Si te cuesta controlar la ira, considera la posibilidad de buscar ayuda profesional. Un terapeuta puede enseñarte otros mecanismos de defensa eficaces y ayudarte a identificar las causas profundas de tu ira.

Recuerda que la ira es una emoción normal; **lo más probable es que no tengas un problema de ira, sino que necesitas recurrir a mejores formas de responder cuando te sientes abrumado.** El objetivo es expresar la ira de una manera sana para que no te domine. Al comprender tus detonantes, lidiar con las emociones subyacentes y practicar estrategias de defensa útiles, puedes convertir el volcán interior en un suave hervor. Eso te permitirá vivir con más claridad y calma.

Boogie sigue paseando sin correa y, meses después, no ha habido ningún comentario desagradable. La reacción más popular que recibo es: “Qué bien se porta; mi perro nunca podría hacer eso”.

LA ANSIEDAD
ALIMENTA LA IRA
Y LA IRA ALIMENTA
LA ANSIEDAD.

HUMBLE THE POET

17.

PENSAMIENTOS

TRAICIONARSE A SÍ MISMO ENGENDRA ANSIEDAD

Quién soy, qué me gusta, qué me encanta, qué me obsesiona, cuán difícil de tratar soy, qué es lo mío y qué me amarga tanto. Aunque estas preguntas son importantes para mí, suelo evitarlas, porque el acto de definirme mejor me asusta y me hace sentir ansioso. Por eso mismo debo y debemos hacérnoslas.

¿Soy un autor creativo y artístico que se sumerge en las profundidades de su alma y escribe desde la oscuridad que descubre o simplemente un tipo que escribe ideas pegadizas de una manera digerible y se gana la vida haciéndolo? ¿Debería olvidar las cosas que han tenido éxito, pero que siento que se repiten, y dedicarme a algo creativo que me asusta mucho, pero que también enciende un fuego que rara vez siento? ¿Es ese estilo de vida impulsado por la pasión algo a lo que los seres humanos deberíamos tener derecho? Me obsesiono y le doy demasiadas vueltas a estas preguntas, con la ilusión de que estoy haciendo algo, cuando en realidad no he hecho nada. Luego me doy cuenta de que es más fácil ser quien soy y estar donde estoy porque es seguro y cómodo, y cualquier cosa nueva es aterradora.

Está claro que las máscaras que llevamos son sofocantes y alimentan nuestra ansiedad, pero *no podemos ser nosotros mismos si no nos conocemos a nosotros mismos*. A menudo podemos culpar al mundo exterior por robarnos la oportunidad de ser más auténticos, pero en realidad somos nosotros los que nos ponemos las máscaras y nos damos cuenta de que estaríamos perdidos sin ellas. Cuando somos jóvenes, empezamos a escalar una montaña en la vida y la idea de que podemos haber elegido la pendiente equivocada es aterradora, porque eso significa que tenemos que volver a bajar, encontrar una nueva montaña y empezar de nuevo.

Estas montañas no tienen que ver tan solo con la carrera profesional. Claro que puedo dejar de escribir libros y dedicar el resto de mi vida a desarrollar una nueva forma de arte que llamo Ballet Barbudo,* pero ¿qué pasa con etiquetas como "madre" o "marido"? No son etiquetas subjetivas que podamos simplemente tirar y empezar de cero, como sustituir una etiqueta con el nombre Kanwer Singh por otra que diga Humble the Poet. Es algo que acarrea mucha ansiedad.

Nuestras identidades desempeñan un papel importante en la seguridad o la vergüenza que sentimos y en cómo eso afecta nuestra salud mental, específicamente a la ansiedad.

A ninguno de nosotros nos gusta traicionar nuestro verdadero ser. **La vida siempre nos hace negociar entre quiénes somos de verdad y quiénes nos sentimos a salvo de ser.** No tanto seguridad en el sentido físico, sino más bien seguridad emocional y psicológica, en especial en un mundo en el que se usa la vergüenza para mantenernos a raya. La forma en que nos presentamos se convierte en una actuación muy elaborada destinada a evitar los juicios y las confrontaciones.

No somos débiles por tener que actuar estas representaciones; es normal que tratemos los pensamientos y sentimientos de los demás como el espejo a través del cual nos vemos a nosotros mismos. Eso nos lleva a perseguir la aprobación sin cesar. Pero debemos tener presente que *esta búsqueda interminable de aprobación nos mantiene dedicados a complacer a la gente, en un ciclo en el que nuestro*

* Acepto elogios por la ingeniosa imagen.

propio valor siempre queda fuera de nuestro alcance, como la zanahoria en la punta del palo.

La mejor manera de romper ese ciclo es definirte a ti en tus propios términos. Eso no significa que tengas que saber ahora mismo quién eres, pero ya es algo tener una orientación o una idea vaga de quién piensas que eres de verdad. Conocernos mejor nos ayuda a mejorar nuestra estabilidad y claridad mental. Recuerda que la ansiedad se nutre de nuestra falta de foco, así que saber quiénes somos puede servirnos de guía en todas las decisiones que tengamos que tomar. Al entender quiénes somos —y quiénes no somos, cosa igual de importante— las complejidades de la vida se vuelven elecciones conformes con uno.

Lucho con eso cuando salgo con alguien, en mi carrera y hasta cuando intercambio con mi familia. Siempre estoy atrapado entre quién soy y quién siento que necesito ser. Al escribir este libro, me di cuenta de que "quién siento que necesito ser" es en realidad "quién me siento a salvo de ser cuando estoy con otros". Solo sé que algo es seguro porque lo he experimentado antes y no ha pasado nada malo.

Por ejemplo, ¿qué pasaría si me afeitara la barba? ¿En quién me convertiría? No lo sé y esa incertidumbre me genera mucha ansiedad. En realidad, no se trata de la barba, sino de mi necesidad de controlar y predecir lo que sucederá. Por eso, a menudo nos aferramos al *status quo* en lugar de probar algo nuevo. Como la vida es impredecible y terrible, nos aferramos a lo que conocemos, aunque sepamos que progresar exige adentrarse en lo desconocido.

Cuando dedicamos más esfuerzo a definir el meollo de lo que somos, nos damos cuenta de que **la verdadera seguridad no nos la da la aprobación de los demás, sino que proviene de reducir al mínimo las veces en que nos traicionamos a nosotros mismos.** Aunque obtengamos las recompensas que justifican que vayamos en contra de nuestros valores fundamentales, tenemos que lidiar de todos modos con los sentimientos negativos que eso acarrea. Lo sé muy bien por los amigos que ganan mucho dinero haciendo algo que odian y a menudo despilfarran el dinero para justificar esa traición. Al contrario, los amigos que viven en consonancia con su verdadero yo parecen necesitar menos y presumir menos.

Cuando dejamos que nuestra verdadera identidad nos guíe, cualquier decisión resulta un poco más fácil y nos sentimos menos perdidos y abrumados. Saber quiénes somos nos ayuda a no obsesionarnos y nos da un rumbo hacia el cual avanzar, aunque no esté perfectamente claro.

¿Cómo llegamos a conocernos a nosotros mismos?

El autoconocimiento y la autoconciencia implican separar quiénes somos realmente del ruido de las expectativas de los demás y de las normas sociales, y luego organizar lo que queda.

- ¿Quiénes somos cuando nadie nos está viendo?
- ¿Cuánto de eso nos sentimos a salvo de mostrarle al mundo?
- ¿Qué queda y qué revela de nosotros?

No tengo ningún deseo de afeitarme la barba, pero tampoco quiero que me vean como un gurú de la autoayuda o un *influencer* de las redes sociales. Dejar de lado estas etiquetas me parece arriesgado porque he trabajado duro para llegar hasta aquí, pero ¿qué sentido tiene vivir detrás de una máscara que no refleja lo que somos realmente?

Mi terapeuta me dijo que busco validación externa para remediar el hecho de que no existo de acuerdo con mis valores fundamentales, de modo que empecé a hacer pruebas en línea para descubrir quién soy realmente. El resultado más importante que eso arrojó fue darme cuenta de que solo me siento inseguro siendo yo mismo porque la definición de "yo mismo" es un trabajo en curso. Estoy haciendo las paces con el hecho de que es un proceso interminable y, en realidad, mi éxito llega y mi ansiedad se desvanece cuando me alineo con los valores fundamentales de los cuales estoy consciente.*

* Como la acción militante que desarrollo para que se prohíba el helado de menta con chispas de chocolate en el planeta.

Minimicemos la frecuencia con la que nos traicionamos a nosotros mismos y veamos cómo eso se relaciona con la forma en que nos obsesionamos y tenemos sentimientos de ansiedad.

ESTE CÓDIGO QR CONDUCE A LA PÁGINA WEB DE HUMBLE THE POET, DONDE ENCONTRARÁS CAPÍTULOS EXTRA, EN INGLÉS.

"QUIÉN SIENTO QUE DEBO SER" ES, EN REALIDAD, "QUIÉN ME SIENTO SEGURO DE SER ANTE LOS DEMÁS".

18.

PENSAMIENTOS

CONVERTIR EL FOMO EN JOMO

En mi pausa para el almuerzo cuando era profesor —Beyoncé todavía era una de las Destiny's Child—, me detuve una vez en la gasolinera para tomar café.* Recuerdo que me llamó la atención el ajetreo de la gasolinera (los camioneros, la gente que echaba gasolina, un tipo que compraba un billete de lotería) y se me hundió el pecho. Iba a regresar a mi aula sin ventanas y afuera el mundo iba a seguir sin mí.

Me estaba dando un ataque intenso de FOMO.

El FOMO, *Fear of Missing Out*, es el miedo a perderse algo.

El FOMO proviene de nuestra necesidad humana básica de conexión y pertenencia. Todos queremos sentirnos incluidos y valorados. Cuando no es así, sentimos miedo a quedarnos fuera. Esa sensación de FOMO es como una señal de dolor social, que nos empuja a reconectar con los demás.

En esa gasolinera no estaba pasando nada especial, pero la idea de que la gente iba a estar allí afuera mientras yo iba a estar encerrado hizo que sintiera que me habían dejado plantado.

Cuando experimentamos FOMO, nuestro cerebro libera cortisol** y otras hormonas de estrés como si estuviera transmitiendo un maratón

* Mis amigos canadienses conocen las cafeterías Timmie's de las gasolineras.

** El estrés crónico y los altos niveles de cortisol dañan las células responsables de la pigmentación del cabello, así que ahora cuando pienso en cortisol, pienso en canas, o en pelo blanco, lo que menos te guste.

de ansiedad las 24 horas del día, los 7 días de la semana, con publicidades comerciales de todos tus peores miedos. El cortisol está destinado a ayudarnos a manejar amenazas reales dándonos un impulso de energía. Pero con FOMO, la amenaza está más en nuestras cabezas que en la vida real, por lo que esa energía se siente como estrés. Este estrés psicológico constante puede provocar una ansiedad crónica y hacernos sentir siempre nerviosos e infelices.

Escogí un ejemplo sencillo como el de estar en una gasolinera y sentir envidia de que los camioneros puedan salir a recorrer las carreteras, o de que un tipo tenga tiempo de jugar a la lotería en pleno día.* Pero ahora, nuestro FOMO y la ansiedad que lo acompaña se desencadenan con mucha más frecuencia debido a... se oye un redoble de tambores... las redes sociales.

El FOMO está relacionado con la comparación social, en la que medimos nuestra valía con la de los demás. Las redes sociales amplifican esto, ya que todos presentan una versión editada y destacada de su vida. **Cuanto más tiempo pasamos en las redes sociales, más probable es que experimentemos FOMO** y nos angustiemos por nuestra propia vida.

Un estudio de la Universidad de Essex descubrió que las personas con niveles más altos de FOMO son también las que más tiempo pasan en las redes sociales y las que tienen mayores sentimientos de estrés y ansiedad. Irónicamente, a menudo consultamos las redes sociales para distraernos de los sentimientos de ansiedad, sin darnos cuenta de que aumenta nuestro FOMO, lo cual empeora nuestra ansiedad.

Si viviera en Nueva York, estaría muerto de FOMO. Siempre está pasando algo, ya sea una fiesta en una azotea, una exposición de arte *underground* o un tipo que toca cucharas en el metro, y puedes estar seguro de que cualquiera de esas cosas es mucho más atractiva que lo que uno esté haciendo.

* Debe de haber necesitado ganar un premio gordo.

La verdad es que probablemente me esté perdiendo algo mágico, pero siempre habrá algo más. Lo que tiene que cambiar no son mis acciones, sino mi mentalidad. Estoy pensando desde el punto de vista de la escasez cuando debería reconocer y aceptar la abundancia.

Un amigo lo expresó muy bien: "En Nueva York, di no al 99 por ciento de las cosas a las que te invitan y te darás cuenta de que el 1 por ciento restante es todavía más divertido que lo que cualquiera esté haciendo en cualquier parte del mundo".

Quedarse en casa no es un castigo; sino que es esencial para tener una vida plena. La mayoría de las personas que deambulan por las calles de la ciudad lo hacen para encontrar a alguien con quien volver a casa. Todo se reduce a la conexión. Y una de las mejores formas de abordar los sentimientos de ansiedad que acompañan al FOMO es conectar con nosotros mismos.

Recordemos que nuestro *software* de supervivencia necesita que nos centremos en lo que NO tenemos y en lo que se sale de lo habitual. Eso, desde luego, empeora nuestra ansiedad por el FOMO, por lo que depende de nosotros centrarnos a próposito en lo que SÍ tenemos y en lo maravilloso que nos hace sentir. Es decir, en practicar el agradecimiento.

El *marketing* moderno está diseñado para hacernos sentir excluidos si no vemos el último espectáculo, si no comemos en el nuevo restaurante, si no compramos el producto más novedoso o si no nos sumamos a la nueva tendencia viral. Comprender nuestros valores y saber lo que realmente nos importa ayuda a dejar de estar pendientes de lo que hacen los demás. Cuando hacemos cosas que están en consonancia con nuestros valores, no hay nada más que perderse. Es famosa la anécdota de que Eminem no asistió a los Óscar de 2003, donde ganó por *Lose Yourself*, porque estaba viendo dibujos animados con su hija. Ese es un hombre que sabe cuáles son sus prioridades.

A ninguno de nosotros nos gusta sentirnos excluidos y el FOMO hace que parezca que si nos perdemos algo sentimos que no encajamos o que somos poca cosa, pero a uno no lo excluyen de la raza humana porque se pierda un *brunch*. Es solo un pensamiento de poca ayuda en un mundo en el que siempre hay algo que perderse. Aunque ya no soy profesor y puedo darme el lujo de sentarme en una playa a escribir este libro,* el duende del FOMO sigue susurrándome al oído pensamientos ansiosos como: "Sigues perdiéndote cosas, viejo".

Cuando uno sigue a la multitud se siente a salvo, igual que si uno se come una tostada sin nada: no te hará daño, pero ¿vale la pena? Seguir tu propio camino provoca ansiedad, pero es emocionante. Si vives una vida auténtica, forjada por lo que eres y por lo que quieres, no habrá nada que te puedas perder.

Años después, Beyoncé ya no es una de las Destiny's Child y yo ya no trabajo en un aula sin ventanas, pero sigo experimentando FOMO. Si antes soñaba con la libertad de vivir donde quisiera y trabajar cuando quisiera, ahora me sorprendo envidiando a personas con vidas más estructuradas y trabajos que no tienen que llevarse a casa. Nuestras vidas externas resaltan el FOMO, pero el trabajo interno que hacemos es el que nos permite ser felices donde estamos, e incluso experimentar un poco de JOMO** de vez en cuando.

* En realidad el cero por ciento de este libro fue escrito en una playa. Para ser sincero, no recuerdo la última vez que estuve cerca de una playa, a menos que ver las fotos de las vacaciones de alguien en Instagram cuente.

** *Joy of missing out,* la alegría de perderse algo.

ESTAMOS TAN OCUPADOS BUSCANDO LO QUE CREEMOS QUE NOS FALTA, QUE OLVIDAMOS APRECIAR LO QUE YA TENEMOS.

PARTE 4:

REPLANTEAR LA ANSIEDAD

19.

PENSAMIENTOS

LA ANSIEDAD NOS DICE LO QUE NECESITAMOS, NO LO QUE SOMOS

Tuve un breve romance con una linda persona que cambiaba al español cuando no encontraba las palabras adecuadas en inglés. En medio de sus monólogos, decía en español, "¿Cómo se dice?", porque no encontraba las palabras.

No duramos mucho, pero la quise más de lo que yo creía.

Unos meses después, un amigo estaba hablando por teléfono con un repartidor de comida, tratando de explicarle dónde estaba la puerta principal del edificio. El repartidor no hablaba inglés y mi amigo hacía todo lo posible por hablar español. En un momento dado, le oí decir "¿Cómo se dice?" y me estremecí.

Esas cinco sílabas me partieron el corazón como yo no sabía que aún me podía pasar y me dio mucha tristeza. Recordemos que los detonantes son recordatorios de experiencias pasadas, felices y tristes.

Después de un tiempo, tuve la oportunidad de reflexionar sobre esa experiencia: sobre el detonante, sobre cómo me hizo sentir y lo que me hizo pensar; sobre el alcance de todo ello.

Me di cuenta de que tres cosas distintas estaban en juego: una sensación, un sentimiento y una emoción.

Una **sensación** es la información básica que nuestro cuerpo recibe del mundo exterior y se relaciona con nuestros cinco sentidos.

Un **sentimiento** es nuestra experiencia personal, el significado que le damos a esa sensación (por ejemplo, la excitación y el nerviosismo pueden dar la misma sensación, pero los interpretamos como dos sentimientos diferentes).

La **emoción** es la respuesta completa, constituida por una serie de capas y basada en lo que hemos vivido en el pasado. Es la experiencia entera, que puede incluir sentimientos, pensamientos e incluso acciones.

Es importante recordar, tratándose de ansiedad, que experimentar sentimientos de ansiedad no significa que uno sea una persona ansiosa.

Nuestras emociones son ecos de nuestro pasado, que dan forma a cómo vemos y respondemos al mundo. A veces, sin que nos demos cuenta, algo a nuestro alrededor puede desencadenar una reacción emocional porque se asocia con una experiencia pasada y reaccionamos de la misma manera.

Si alguien ha sufrido un trauma, puede sentirse ansioso en situaciones que le recuerdan ese momento (detonante). Nuestro cerebro de supervivencia siempre se pregunta, "¿Con qué se asocia esto?", para saber si algo representa una amenaza. Por eso las cosas nuevas pueden dar miedo, mientras que las cosas viejas y familiares que son perjudiciales, como un mal hábito o un ex, no disparan las alarmas.

Hace más de una década, me robaron y me atacaron en la calle a altas horas de la noche. Como mis atacantes eran adolescentes, durante mucho tiempo me resultó difícil sentirme cómodo en medio de grupos de jóvenes. También empezaba a sentirme ansioso cuando estaba solo por la noche en la calle.

Para otros, pueden ser los ruidos fuertes o ir en un automóvil. Estos sentimientos y detonantes no son un reflejo de quiénes somos, sino más bien de lo que hemos vivido.

Nuestros sentimientos son como los amigos habladores que siempre tienen algo que decir. No es que nos quieran dar órdenes, quieren que les prestemos atención: "¡Oye!", dicen. Así que, cuando la soledad, la vergüenza o las inseguridades montan una fiesta en nuestro cerebro, no tenemos por qué inquietarnos. No debemos temer una crisis de identidad o un colapso futuro. Podemos saludar a estos sentimientos con un cálido y curioso "¡hola!". Como si le preguntáramos a un amigo: "¿Epa, qué pasa? ¿Y eso que te apareciste hoy? ¿Necesitas algo?". Se trata de explorar nuestro mundo interior con un poco de cariño y mucha curiosidad. ¡A lo mejor descubrimos algo nuevo sobre nosotros!

Es importante recordar que **nuestras emociones, aunque nos dan pistas sobre nuestro pasado, no nos definen.** Siempre cambiamos y evolucionamos y somos más que nuestros sentimientos. Somos complejos, con nuestras propias creencias y valores, nuestras metas y sueños. Las emociones son temporales. Se ven afectadas por lo que sucede a nuestro alrededor, pero no deciden quiénes somos.

Identificarnos con nuestras emociones nos vuelve severos con nosotros mismos y entorpece nuestro desarrollo. En cambio, si vemos nuestras emociones como fotos instantáneas del pasado, podemos observarlas con curiosidad y aprender de ellas en lugar de juzgarlas.

Los sentimientos son para sentirlos y si los ignoramos, vuelven con más fuerza, como las malas tendencias de moda.* Permítete sentir las emociones a medida que surgen. Puede ser doloroso y si es así, respira profundo mientras lo haces. Los sentimientos, en especial los angustiosos, casi siempre nos quieren decir algo.

Incluso cuando mi cerebro de supervivencia saca conclusiones precipitadas —como suponer que cualquier grupo de adolescentes es una pandilla—, he practicado observar esas sensaciones de ansiedad en

* Imagínate con unos jeans de cintura alta como los que se usaban antes.

lugar de huir. Esto ayuda a entrenar el cerebro para que entienda que cuando algo desencadena el recuerdo de un trauma, eso no significa que sea una amenaza real en ese momento.

Tuve que hacerlo cuando me enfrenté al público. Incluso volví al lugar exacto donde me atacaron, con el corazón acelerado, y me permití sentirlo todo. Me quedé allí durante un buen rato, dejando que esos sentimientos de ansiedad se explayaran y, con el tiempo, se fueron desvaneciendo. Dependiendo del trauma, es posible que tengamos que volver a visitar la "escena del crimen" más de una vez, ya sea volviendo físicamente a un lugar o procesándolo a través de un diario o una terapia. Sanamos permitiéndonos sentir lo que necesitamos sentir.

Cuando me siento estresado o abrumado, a menudo es una señal de que necesito un descanso o una nueva perspectiva. Pero no lo sabré hasta que reconozca y exprese esos sentimientos para ver a dónde me llevan. Está bien no estar bien. No estarlo no significa que haya algo malo en uno. Nuestras emociones son una parte normal del hecho de ser humano y cambian constantemente. Nos recuerdan por dónde hemos pasado, pero no definen quiénes somos ni hacia dónde vamos.

Abordemos nuestras emociones con curiosidad, gracia y benevolencia, no con etiquetas ni juicios. **Los detonantes no nos detonan a nosotros, detonan nuestros sentimientos.** No eres una persona triste; eres una persona que se siente triste y eso es normal. Poner una distancia entre uno y sus emociones ayuda a verlas como lo que realmente son: estados temporales forjados por experiencias pasadas.

La emoción que sientes no es quién eres. Es solo un visitante.
Dale la bienvenida y déjala ir.

— ECKHART TOLLE

¿Voy a evitar a todas las mujeres bellas que hablan español para no volver a sentir el estremecimiento que sentí? Es probable que sí, pero para dejar claro el asunto, mentiré y diré que no. Ese estremecimiento de tristeza no me define, pero sí pone de manifiesto el trabajo que queda por hacer. Ponerme en esas situaciones a propósito es una forma estupenda de empezar a desarrollar resiliencia, a la vez que me permito sentirlo todo, no solo lo agradable.

Así que, la próxima vez que salga y oiga a alguien decir: "¿Cómo se dice?", en español, tendré que hacer una pausa, respirar hondo, observar dónde siento esa sensación en mi cuerpo y volver a respirar hondo. Recordaré que está bien sentirse feliz de que haya sucedido y triste de que haya terminado. Aceptaré ambos sentimientos. Pueden coexistir sin definirme.

ESTÁ BIEN NO SENTIRSE BIEN.

20.

PENSAMIENTOS

CAMBIA TU HISTORIA, CAMBIA TU ANSIEDAD

Nueve meses después de mudarme a la ciudad de Nueva York, me senté finalmente a comer solo en un restaurante. No estaba planeado. Después de dejar a Boogie en la peluquería canina, tenía bastante tiempo libre. Decidí que en vez de comerme una porción rápida de pizza, iba a ir a un restaurante de verdad con menú. Aunque Nueva York está llena de gente que come sola, la idea me asustaba. ¿Me iban a mirar fijamente, me iban a juzgar, iban a pensar que soy raro? ¿Me iba a aburrir tanto que empezaría a doblar mi servilleta en forma de cisne o fingiría leer mi teléfono como si estuviera recibiendo un mensaje urgente de Taylor Swift?*

Había acumulado tantas historias en mi cabeza sobre comer solo que lo evité durante demasiado tiempo. No me refiero a comer cualquier cosa en un local de comida rápida. Me refiero a sentarme en un restaurante de verdad, de los que tienen menús sin plastificar, camareros y camareras; donde uno tiene que masticar educadamente. Me sentí muy torpe cuando le pedí a la anfitriona una "mesa para uno", pero ella ni se inmutó. Me acompañó a mi mesa, se llevó el cubierto que sobraba y siguió con sus ocupaciones como si fuera un martes cualquiera.

Eché un vistazo a la sala, convencido de que la gente me estaba mirando. Es cierto que algunos miraron en mi dirección, pero no pude

* ... O de quienquiera que me enviara un correo electrónico desde shakinitoff@swiftmail.com.

saber si era porque estaba solo o porque era la última persona que había entrado a la sala. En cuanto entraron otras personas, desviaron la atención. Busqué en Google "consejos para comer solo" y vi "sentarse en el bar y charlar con el barman". Muy buena idea, solo que el bar ni siquiera había abierto todavía.

A mi lado había dos mujeres mayores conversando y, al otro lado, un par de mujeres con un niño disfrutando de su comida. Al cabo de un par de minutos, todo parecía... normal. Pedí mis espaguetis con broccolini, comí, pagué la cuenta y me fui sintiéndome bobamente orgulloso de mí mismo, como si hubiera logrado pasar a algún nivel secreto de la madurez.

Cuando iba saliendo, me pregunté: *¿Qué pensaría yo si viera a alguien comiendo solo?* ¿La verdad? He visto a mucha gente hacerlo y nunca he pensado nada. Unas noches antes, conocí a un chico en una fiesta que vino solo. Me comentó que la persona que lo había invitado no había llegado y eso fue el pretexto perfecto para sentirnos unidos porque ambos conocíamos a muy poca gente en ese lugar.

Es curioso cómo nos contamos historias que aumentan nuestra ansiedad, cuando en realidad las cosas no son tan malas como las imaginamos en nuestra cabeza. **El problema no son nuestros pensamientos, es nuestra forma de pensar.**

Todos nos contamos historias, no solo acerca del mundo que nos rodea, sino también acerca de nosotros mismos. Estas historias se convierten en nuestros guiones internos, que dan forma a cómo vemos las cosas, cómo actuamos y cuánto dejamos que la ansiedad se apodere de nosotros. Afectan a nuestra confianza y, a menudo, hacen que nos rindamos incluso antes de empezar. Como dije antes, nuestros cerebros actúan como guardaespaldas bien intencionados, que tratan de protegernos de cualquier cosa que vean como una amenaza. Esos guardaespaldas susurran cosas como: "Esto es demasiado difícil" o "No eres tan inteligente como...". Estas pequeñas afirmaciones pueden parecer inofensivas, pero mantienen los pensamientos ansiosos en primer plano.

Las historias que nos contamos a nosotros mismos pueden convertirse fácilmente en profecías que se cumplen porque obsesionarnos con nuestro dolor solo hace que crezca. Cuando decimos que algo es difícil, empieza a parecer aún más difícil, lo que nos hace más propensos a frustrarnos o rendirnos. Y cuando empezamos a compararnos, pensando: *No soy tan inteligente como...*, eso alimenta nuestros sentimientos de insuficiencia y nos impide aprovechar nuestras fortalezas únicas.

Aquí está la buena noticia: nuestro cerebro de supervivencia no tiene por qué seguir alimentándonos con historias llenas de ansiedad. Podemos reescribir el guion y convertirnos en mejores autores de nuestros propios pensamientos.

Nina Simone dijo la famosa frase: "La libertad es no tener miedo". Cuando nos creemos las historias negativas que crea nuestra mente, entregamos nuestra libertad al miedo. Pero cuando elegimos centrarnos en nuestros triunfos, nos sentimos más libres para seguir adelante.

Prueba esto: **imagínate a ti mismo como el héroe de tu propia historia.** Los villanos se ven a sí mismos como víctimas y difunden su dolor, pero los héroes ven los desafíos como aventuras, los fracasos como peldaños y las incertidumbres como oportunidades para crecer. No se trata de ignorar las cosas difíciles o de fingir que la vida siempre es justa, sino de replantearse las dificultades como oportunidades para desarrollar la resiliencia y el optimismo.

El mantra favorito del empresario Alex Harmozi es terminar todas sus quejas con "y no pasa nada".

"Esto es difícil... y no pasa nada".

"No soy tan inteligente como los demás... y no pasa nada".

"Estoy aquí sentado solo comiendo brócoli... y no pasa nada".*

Reconoce los desafíos, la incomodidad y el malestar. Está bien sentirse ansioso e inquieto, son sentimientos válidos. Simplemente no dejes que se conviertan en el foco principal de tu historia. Tú decides el resto.

* En realidad, tal vez yo necesite un poco más de práctica con eso.

Aquí tienes cómo reescribir tus historias para tener menos ansiedad:

- **Desafía la historia negativa:** no te creas tus pensamientos ansiosos. Pregúntate: "¿Es esto realmente cierto? ¿Está hablando el miedo?". Cuestionar estos pensamientos puede ayudarte a reducir tu ansiedad.
- **Cambia de perspectiva ante los "qué pasaría si...":** En lugar de centrarte en los malos resultados, intenta preguntarte: "¿Y si las cosas salen mejor de lo que espero?" o "¿Y si le caigo bien a la gente?". Este cambio de mentalidad aporta más esperanza y positividad.
- **Sé amable con tu voz ansiosa:** En lugar de luchar contra la ansiedad, trátala con amabilidad. Imagínala como un niño asustado, no como un monstruo. Consuélala, recuerda sus puntos fuertes y orienta suavemente tus pensamientos en una dirección mejor.

Recuerda que las historias de ansiedad que nos contamos a nosotros mismos no sucedieron de la noche a la mañana. Se han repetido una y otra vez, dando forma a nuestra manera de pensar. Reescribirlas requerirá el mismo tipo de esfuerzo: es un proceso. Algunos días, la ansiedad seguirá acaparando la atención, pero a medida que sigas desafiándola, te convertirás en un autor más fuerte y seguro de tu propia vida. Y eso podría incluso inspirar a otros a reescribir sus historias también.

Mi primera comida en solitario fue un gran hito. Para cuando leas esto, probablemente ya tenga mi propio puesto reservado favorito en el restaurante, tan cómodo comiendo solo que la gente se preguntará si estoy haciendo una reseña secreta del lugar para *The New York Times*. Esa es la historia que me estoy contando a mí mismo y me apoyo en ella.

¿Cuál es la historia que necesitas reescribir hoy?

PODEMOS CONVERTIRNOS EN MEJORES AUTORES DE NUESTROS PENSAMIENTOS.

21.

PENSAMIENTOS

ES IMPORTANTE SER UN IMPOSTOR

¿Qué es un verdadero escritor? ¿Alguien a quien le pagan por escribir? ¿Alguien cuyas citas acaban en carteles con un fondo cursi de atardecer? Tal vez sea alguien que haya firmado con una gran editorial o la persona que toma un café carísimo en una cafetería mientras "trabaja* en su novela". ¿Cuándo decidimos** que somos verdaderos escritores y no solo impostores que fingen hacerlo?

Pensé que me sentiría como un escritor de verdad cuando firmara mi primer contrato de publicación o cuando la gente empezara a citarme en las escuelas primarias. Pero, sinceramente, no sentí que era un escritor hasta que alguien me pidió que leyera su manuscrito y entré en pánico, buscando en Google "cómo dar una crítica educada cuando algo es terrible". Fue entonces cuando me di cuenta de que el síndrome del impostor no tiene que ver con lo que los demás piensan de nosotros, sino que es algo que llevamos dentro. Y tal vez no sea tan malo.

Todos hemos tenido momentos en los que sentimos que no encajamos en nuestras propias vidas, como si estuviéramos fingiendo ser quienes somos. Esa voz en nuestra cabeza dice que las cosas buenas que nos suceden son solo golpes de suerte y que muy pronto descubrirán que somos impostores.

* Y por "trabajar" me refiero a ver videos de cachorros para "investigar".

** Y por nosotros, me refiero a mí.

Eso es el síndrome del impostor.

Es como atravesar una casa de espejos, pero en lugar de reírte de los reflejos, empiezas a cuestionarte si mereces estar allí. Te hace sentir como si no fueras auténtico y, mientras los demás saben lo que hacen, tú simplemente improvisas. La verdad es que todo el mundo se siente así a veces, incluso las personas más inteligentes y exitosas.

Sentir que eres un impostor no significa que no seas bueno; solo demuestra que el asunto te importa. El primer paso es reconocer estos sentimientos y aceptarlos. Es hora de salir de detrás de los bastidores y pasar a ser el protagonista de tu propia historia.

En el mundo actual, nadie se siente totalmente calificado. Siempre nos están diciendo que apartemos la idea de que algo es "suficiente". Cada éxito puede parecer suerte y cada vez que logramos algo, es fácil sentir que es un fraude. Nos mantenemos ocupados para evitar enfrentarnos a las ansiedades que nos asaltan.

Esta cultura del ajetreo conduce al agotamiento, lo que alimenta aún más nuestro síndrome del impostor. Empezamos a preguntarnos por qué tenemos que luchar tanto cuando a todos los demás se les da fácil. Las inseguridades aumentan y ahogan cualquier cumplido o corroboración que nos den otros.

Pero el asunto es el siguiente: la sola idea de que hay que estar "calificado" para intentar hacer algo nuevo es una idea inservible. La vida es un enredo y siempre estamos desembrollándola sobre la marcha. Crecemos por ensayo y error.* **¿Cómo puedes estar calificado para algo que nunca se ha hecho antes?** No estar calificado significa que cruzaste un límite y te lanzaste a un nuevo territorio. Nos hacemos las alas mientras caemos por el precipicio.

No eres un impostor porque estés probando hacer algo nuevo, eres un pionero. ¿Quién está realmente "calificado" para ir a Marte, curar el cáncer o inventar una barquilla de helado de isla flotante con

* Hacer disparates y descubrir cómo son las cosas es una gran manera de vivir.

crema?* Todos fingimos hasta que lo conseguimos. Yo no era escritor hasta que me convertí en uno. Escuchar a John Green, mi héroe, admitir que todavía se siente un impostor después de múltiples *bestsellers* y películas me ayudó bastante con mi propio síndrome del impostor. Hasta los profesionales lo sienten y está bien.

Entonces, ¿cómo manejamos las ansiedades que vienen con el síndrome del impostor?

- **Redefine el éxito:** Olvídate de la idea de la fama o la fortuna. ¿Aprendiste algo? ¿Superaste el día? Felicidades, ya estás ganando. Celebra cada victoria, así sea un gran hito o simplemente el hecho de que hoy te pusiste los pantalones.** La jornada es la recompensa.
- **Acepta la imperfección**: Nadie es perfecto y los errores no son fracasos, son lecciones. En lugar de ver los errores como la prueba de que no eres lo suficientemente bueno, considéralos oportunidades para crecer. Que se pinche una rueda no significa que a las otras tres les pase lo mismo. No dejes que los pequeños baches se conviertan en enormes obstáculos.
- **Silencia a tu crítico interior:** ¿Conoces esa voz en tu cabeza? ¿La que siempre duda de ti? Es hora de desafiarla. Lucha con compasión y amabilidad. Usa afirmaciones y atención plena para calmar la negatividad.
- **Conéctate con los demás:** Eres un ser humano, no una máquina. Desconéctate del ruido de las redes sociales y concéntrate en las relaciones reales. El síndrome del impostor ama el aislamiento, así que habla de ello con amigos, con tus mentores o un terapeuta. Compartir tus sentimientos y escuchar los suyos puede ayudarte a ver que no estás solo.

* Ya sabes, una isla de helado que flota a tu lado y no tienes que sujetarla ni empegostarte las manos.

** Irónicamente, estoy escribiendo esto sin pantalones... Llevo pantalones cortos, ¡no seas malpensado!

- **Deja de compararte:** Todos pensamos que los demás lo tienen todo resuelto, pero atención: no es así. Todo el mundo finge hasta cierto punto. Compárate solo con quien eras ayer, no con los mejores momentos de otras personas. Estás creciendo a tu propio ritmo y eso es suficiente.

La autocompasión es la clave para lidiar con el síndrome del impostor y todas las dudas que acarrea. Sé amable contigo como lo serías con un amigo. Tu lugar está donde estás y lo que aportas es importante. El síndrome del impostor aparecerá, pero eso no significa que tengas que hacerle caso.

El mundo nos empuja a ser productivos, no necesariamente a sentirnos bien con nosotros mismos. Por lo tanto, depende de nosotros tomar el control de nuestra felicidad. Necesitamos construir conexiones sólidas y significativas con nuestro trabajo, nuestra creatividad y con nosotros mismos. Está bien reducir el ritmo, tomar un respiro y disfrutar del viaje sin perseguir constantemente una meta imaginaria. El solo hecho de estar aquí es una victoria.

No eres el único que siente que debería estar haciendo más, pero "más" es una meta inventada y tratar de alcanzarla solo te agotará. **No hay nada de malo en que sientas que algo va mal en ti**; es la naturaleza humana. El simple hecho de estar vivo y aparecer es un logro, aunque otros no lo vean.

¿Y la definición oficial de un verdadero escritor?

Cualquiera que escriba.* Punto.

* Puntos extra si de vez en cuando lloras sobre el teclado para añadir dramatismo.

SENTIR QUE ERES UN IMPOSTOR NO SIGNIFICA QUE NO ERES BUENO; SOLO DEMUESTRA QUE EL ASUNTO TE IMPORTA.

HUMBLE THE POET

22. REACCIONES

CUANDO TU ANSIEDAD SE ANGUSTIA

Era tarde en la noche, cuando *Friends* aún nos enseñaba que estar "de receso" tiene consecuencias para toda la vida, mientras emitían nuevos episodios. Yo estaba cargado de cafeína, estudiando para un examen de codificación que necesitaba aprobar para entrar en la Facultad de Magisterio. Como buen estudiante de C, este examen parecía mi última oportunidad. Sin una A, no habría título, ni admisión en la Facultad de Magisterio, ni trabajo de profesor.*

Mientras luchaba con la materia, de repente sentí un escalofrío. Mi corazón latía tan fuerte que parecía que el pecho me iba a estallar y me costaba respirar. Me invadió un sentimiento de adversidad y desventura. Todo parecía irreal. Sentí que la vida se me iba de las manos y estaba convencido de que iba a morir allí mismo, en aquella lúgubre sala de estudio.

Transcurrió una eternidad antes de que pudiera recuperar el aliento y calmarme, inhalando y exhalando lentamente hasta que las cosas volvieron a la normalidad. Me quedé allí sentado, secándome las lágrimas de los ojos, preguntándome qué acababa de pasar.

Fue mi primer ataque de pánico y, por desgracia, no fue el último.

* Al que iba a renunciar en algún momento, pero mucho estaba en juego entonces.

Los ataques de pánico son como maremotos que se abalanzan sobre uno, excepto que no hubo previo aviso y ni siquiera había una playa cerca. Los pueden desencadenar ciertas situaciones o pueden surgir de la nada, pero nos agarran desprevenidos. Por suerte, estas oleadas de ansiedad intensa declinan después de un rato y volvemos a sentirnos normales.

Los ataques de nervios, por otro lado, son como estar en mares agitados durante mucho tiempo. En lugar de una gran ola, es un período prolongado de aguas agitadas que hacen difícil pensar, concentrarse y manejar la vida diaria. Esta agitación constante nos deja agotados y abrumados, a diferencia del impacto agudo pero breve de un ataque de pánico.

Los ataques de pánico golpean fuerte y rápido, mientras que las crisis nerviosas nos hacen sentir atrapados en una tormenta interminable y nos agotan gradualmente. Conocer estas diferencias puede ayudarnos a manejar mejor nuestra salud mental y a obtener el tipo de ayuda adecuado para cada situación.

Una vez que hemos experimentado un episodio fuera de control, como un ataque de pánico o un ataque de nervios, es como estar constantemente esperando un susto en una película de terror, salvo que es nuestro cerebro el que provoca los sustos. Siempre estamos al borde, preparados para la próxima oleada de ansiedad, aunque no haya ningún peligro a la vista.

Los detonantes de los ataques de pánico y las crisis nerviosas pueden ser tanto externos como internos. A veces acumulamos estrés día tras día y, de repente, llegamos a un límite que hace que nuestro cerebro de supervivencia dispare la alarma. Otras veces, resurge un trauma latente en el peor momento. Las fobias, como a las arañas, a hablar en público, a los payasos y al aire fresco*, también pueden causar ataques de pánico y crisis nerviosas. Los cambios repentinos en la vida también pueden lanzarnos por el despeñadero.

* Sí, señor, la aerofobia existe.

Eso es lo que pasa con los ataques de pánico y las crisis nerviosas. Nuestro cerebro de supervivencia se dispara y nos inunda de adrenalina y cortisol como si estuviéramos a punto de luchar contra un monstruo. Pero la "amenaza" puede ser sencillamente una fecha límite, una bajada de azúcar o nada en absoluto. Sin una amenaza real contra la que luchar o de la que huir, la acumulación química nos hace sentir como un globo demasiado inflado. En lugar de reventar, simplemente flotamos, llenos de aire ansioso, esperando a que algo suceda.

Estos son episodios en los que vivimos el guión de una catástrofe que no ha sucedido y lo más probable es que nunca suceda. No nos podemos envolver en plástico de burbujas para protegernos de futuros ataques de nervios y de pánico, pero existen estrategias que ayudan a minimizar la frecuencia con la que ocurren y su intensidad.

Cuando elegimos formas poco útiles de afrontar la situación, como las distracciones, la evasión y la medicación para la ansiedad, solo estamos aplazando y retrasando lo inevitable. El objetivo es volverse más resistentes. **Cuanto mejor comamos, durmamos, socialicemos y procesemos las emociones que experimentamos, más preparados estaremos para lidiar con situaciones estresantes.**

Si te encuentras en medio de un ataque de pánico, recuerda, **CALMA**:

- **Calma tu respiración:** Respira lenta y profundamente. Imagina que estás llenando un globo respirando con el vientre. Inhala durante cuatro segundos, mantén la respiración durante siete y exhala durante ocho. Esto calma tu cuerpo y tu mente.
- **Acepta lo que sientes:** Está bien sentir pánico. Repítete: "Esto es un ataque de pánico, pero pasará". Saber que es temporal puede quitarle algo de poder.
- **Mira a tu alrededor:** Vuelve al presente. Prueba el truco 5-4-3-2-1: encuentra cinco cosas que ver, cuatro cosas que tocar, tres cosas que oír, dos cosas que oler y una cosa que saborear. Esto te distraerá del pánico.

- **Muévete o derrítete:** Haz algunos estiramientos ligeros, da un paseo o baila como si nadie te estuviera mirando* para liberarte de la tensión. También puedes intentar "fundir los músculos": aprieta diferentes grupos musculares durante unos segundos y luego suéltalos, empezando por la cabeza y bajando.

Si estás experimentando un ataque de nervios, recuerda, **DESCANSO**:

- **Reconoce las señales:** En primer lugar, reconoce que las cosas son difíciles. Está bien admitir que te sientes estresado o ansioso. Comprender lo que está pasando es el primer paso para sentirse mejor.
- **Cuídate:** Date la prioridad y haz cosas que te hagan sentir bien, como darte un baño largo, leer un libro divertido o escuchar tu música favorita.
- **Busca ayuda:** No te guardes las cosas. Acude a un amigo, un familiar o un terapeuta. Hablar de lo que te preocupa puede ayudarte a ver las cosas de otra manera y a sentirte menos solo. Recuerda que tienes gente que se preocupa por ti.
- **Tómate un tiempo:** A veces hay que decir que no y alejarse de la locura. Tómate un día de salud mental, olvídate de las tareas domésticas y date permiso para relajarte. Está bien hacer una pausa y recargar las pilas; en realidad, es esencial.

No estamos indefensos ante los ataques de pánico y los ataques de nervios. Eso no significa que podamos librarnos de ellos por completo. No he tenido un ataque de pánico en años, pero puede volver a suceder. Disfruto viviendo una vida de nuevas experiencias y desafíos. A veces, eso significa terminar con algo que me supera.

Hace unos veranos, creí que había perdido a mi perrita, Boogie, en el parque. Anocheció y, como ella es toda negra, prácticamente

* Y si alguien te está mirando, no rompas el contacto visual mientras bailas.

desapareció. Durante unos buenos 15 segundos, di vueltas gritando su nombre, pensando que la había perdido. Resultó que estaba sentada a un metro de mí, mirándome como si me hubiera vuelto loco.

Aunque fue una falsa alarma, el pánico fue muy real. Enseguida me llamó la atención mi monitor de frecuencia cardíaca: pasó muy rápido de 85 a 190 latidos por minuto.* Mi cerebro detectó una amenaza y mi cuerpo se preparó para manejarla, aunque no entiendo cómo la taquicardia me iba a ayudar a encontrar un perro invisible. Aun así, fue una gran lección para comprender lo rápido que me pongo nervioso y cómo reacciona mi cuerpo.

Al comprender qué nos detona, podemos empezar a apoyarnos en esos detonantes en lugar de huir como si estuviéramos en una cursi película de terror. Excepto que esta vez, nosotros escribimos el guión. Cuidar de nuestra salud mental es un signo de fortaleza y al hacernos cargo de nuestra ansiedad, podemos volver a sentirnos nosotros mismos.

* Si bebo dos tazas de café y corro lo más rápido que puedo en una máquina, apenas puedo llegar a 180 pulsaciones por minuto.

LOS ATAQUES DE PÁNICO Y LOS ATAQUES DE NERVIOS SIGNIFICAN QUE ESTÁS VIVIENDO UN GUION CATASTRÓFICO. NO ESTÁ OCURRIENDO Y TAL VEZ NUNCA SUCEDA.

23.

PENSAMIENTOS

¡LOS CONTROLADORES, UN PASO AL FRENTE, POR FAVOR!

Hay momentos en la vida en que uno siente que está haciendo malabarismos con cien platos a la vez. Unos platos tan valiosos que si alguien sugiriera dejar que uno o dos se estrellaran, le arrojaríamos otro plato por siquiera sugerir tal locura. Obviamente, si uno se cae, se caerán todos, así que seguimos corriendo, haciendo girar cada plato, atendiendo a los que exigen más atención e ignorando los que parecen estar en buen estado por ahora.

La ansiedad a menudo se siente como tratar de controlar lo que no se puede controlar. Lo controlamos todo —nuestra imagen en las redes sociales, nuestros horarios, nuestras dietas— solo para sentirnos seguros. Por eso queremos que todos nos quieran, por eso revisamos dos veces los planes y por eso llevamos al "trabajólico" como una medalla de honor. En cuanto algo se nos escapa de las manos, nuestro cerebro de supervivencia se asusta y hace sonar las alarmas de la ansiedad.

Acabamos persiguiendo la perfección, creyendo que si lo hacemos todo bien, por fin tendremos el control. Pero cuando las cosas no salen según lo planeado, nos castigamos por no ser "perfectos", lo que solo empeora la ansiedad.

El control está realmente ligado al miedo: miedo a no ser lo suficientemente bueno, a cometer errores o a ser visto por lo que realmente somos y no agradar. Nuestro cerebro de supervivencia usa el miedo para protegernos de lo que cree que es peligroso. Pero el asunto es el siguiente: esos miedos forman parte de la vida y van a suceder. De hecho, es probable que ya hayan sucedido, ¿y adivina qué? No hemos muerto. Está bien no sentirse siempre lo suficientemente bien. Los errores son normales. Y nadie cae bien a todo el mundo. Estos miedos muestran nuestra vulnerabilidad, que en realidad es lo que nos hace reales.

No te voy a decir que te olvides del control, porque, seamos realistas, para empezar nunca lo tuviste. Intentar controlar la vida es como arrear a un grupo de gatos para que se tomen una foto de grupo: es sencillamente imposible. Pero sí quiero ayudarte a que dejes de necesitar el control. El control es una ilusión, pero es una de las que alimenta la ansiedad. La ansiedad es experta en crear sus propias ilusiones, haciendo que todo parezca una amenaza. Un correo electrónico urgente puede hacer que tu cerebro reaccione como si te persiguiera un velociraptor como en *Jurassic Park*.*

La ilusión de control nos engaña haciéndonos creer que tenemos más poder del que realmente tenemos. No podemos predecir cómo reaccionaremos ante situaciones nuevas, y el hecho de que vivimos en una roca que flota en el espacio nos recuerda que hay muchas cosas que escapan de nuestro control. Apartar la necesidad de control puede aliviar nuestra ansiedad y liberarnos para vivir más plenamente.

Darnos cuenta de que no tenemos tanto control como pensábamos no debería espantarnos, sino ayudar a relajarnos. Así la presión baja, y dejamos que las cosas caigan donde caigan. ¿Qué pasa si dejamos caer algunos platos? Se romperán, y tal vez sea un

* Dato curioso: esas aves rapaces eran del tamaño de un pavo. Gracias por la ansiedad innecesaria, señor Spielberg.

desastre, pero la vida seguirá y lo más probable es que te des cuenta de que no necesitabas esos platos.

Nuestra necesidad de control proviene en gran parte de nuestra creencia de que, una vez superado el próximo obstáculo, las cosas irán de maravilla. Pero la vida no funciona así. Cuántas veces has pensado que tu ansiedad iba a desaparecer cuando terminaras ciertas cosas, solo para descubrir que justo después irrumpen un montón de nuevos factores estresantes.

He tenido mi parte de crisis existenciales —por dinero, salud, carrera— en las que la ansiedad persistió durante años porque no tenía control sobre esas cosas. Al final, salí de esas crisis y, aunque esos problemas específicos ya no me angustian, la ansiedad sigue encontrando nuevas cosas a las que aferrarse. Así es como funciona.

Cualquier cosa que me resulte incierta me pone ansioso, y la incertidumbre es básicamente todo lo que no puedo controlar. La clave no es aferrarse al control como un gato a una cornisa. Es aprender a sentir los sentimientos, incluso cuando gritan: "¿Qué estoy haciendo?", y seguir adelante de todos modos. **Superar la ansiedad no consiste en deshacerse de ella, sino en restarle poder cambiando la forma en que la vemos.**

A partir del momento en que aceptas lo que no puedes controlar, transformas tu instrumento de tortura en una herramienta de liberación.

— THICH NHAT HANH

Pero tal vez no se trate de hacer que todos los platos sigan dando vueltas.* Quizás el verdadero truco sea dejar de lado la necesidad de controlarlo todo. La verdad es que no todos los platos tienen que mantenerse en pie. A veces, dejar que algunos caigan** junto con nuestra constante necesidad de control es exactamente lo que

* ¿Quién dijo que nos teníamos que unir a este circo?

** ¿Y por qué no usar platos de papel?

necesitamos para encontrar un poco más de paz en el caos. Querer controlar no significa que estemos echados a perder, pero aferrarnos a la ilusión de que podemos controlarlo todo nos está haciendo daño de verdad.

Rendirse no significa claudicar; el asunto es dejar que las cosas se desarrollen y elegir la curiosidad en lugar del juicio o la culpa. Ser un "maniático del control" no te va a permitir conseguir un aumento de sueldo y ni siquiera un café gratis, pero añadirá un estrés innecesario a tu vida. La mayoría de las cosas están fuera de nuestro control y, a decir verdad, eso es algo bueno. Significa que tienes menos de qué preocuparte, no más.

¿Alguna vez te has preguntado qué tienen en común Darth Vader, la ansiedad y los fanáticos del control? Escanea el código QR para leer el capítulo extra titulado: OTRO CAPÍTULO PARA LOS FANÁTICOS DEL CONTROL Y LOS FANES DE STAR WARS.

ESTE CÓDIGO QR CONDUCE A LA PÁGINA WEB DE HUMBLE THE POET, DONDE ENCONTRARÁS CAPÍTULOS EXTRA, EN INGLÉS.

QUERER EL CONTROL NO SIGNIFICA QUE ESTEMOS DAÑADOS, PERO AFERRARNOS A LA ILUSIÓN DE QUE PODEMOS CONTROLARLO TODO SÍ NOS DAÑA.

24.

AMBIENTES

TU ZONA DE CONFORT TE PUEDE COSTAR TU RESILIENCIA

Piensa en la última vez que te quedaste sin wifi, tu teléfono perdió la señal o tu batería se agotó. ¿Te sentiste frustrado, entraste en pánico, te pusiste a cuestionar todas tus elecciones de vida? Lo entiendo; perder la conexión es como perder un brazo. En un mundo en el que ver series sin fin se considera un logro y la entrega de comida a domicilio nos permite quedarnos pegados al sofá, nos hemos envuelto en una burbuja de comodidad. El problema con esa burbuja es que cuanto más cómodos nos sentimos, peor enfrentamos los inevitables desafíos de la vida, y ahí es exactamente donde la ansiedad aprovecha para hacer de las suyas.

Nos volvemos locos por pequeños desajustes, no solo cuando nos quedamos sin wifi, sino cada vez que desaparece algo de lo que dependemos. En la época en que los teléfonos se discaban, las antenas eran de espiga y en la que había que esperar dos semanas para recibir los CD solicitados por correo, la resiliencia no era un lujo, sino una herramienta de supervivencia. Si se te acababan las pilas del Walkman, pues... caminabas y escuchabas tus propios pensamientos… y no, nadie entregaba pizza con solo pulsar un botón. O habías llamado con antelación o te comías unos cereales. Pero con todas estas comodidades modernas, perdemos lo que nos hace fuertes, y cuanto menos fuertes somos, más ansiedad sentimos.

Aunque constantemente hacemos la vida más segura —sobre todo para aquellos que tenemos la suerte de estar lejos de los grandes conflictos—, somos más sensibles a las amenazas. Nuestro sistema de alarma se dispara más a menudo, la ansiedad sube a niveles más altos y reaccionamos con más frecuencia ante peligros imaginarios.

Esto se debe a que estamos ante lo que el neurocientífico Alex Korb llama un **déficit de desafío**. Nuestros cerebros de supervivencia están siempre en alerta, tratando de detectar el siguiente peligro y cuando no lo encuentra, supone que está escondido debajo de la cama. Esto nos deja en un estado de paranoia e inquietud, en el que casi cualquier cosa nueva y desconocida se convierte en un detonante.

Estamos construyendo un mundo sin desafíos, pero son los desafíos los que nos hacen más fuertes. Son como papel de lija para nuestras mentes ansiosas: ásperos, corrosivos, pero necesarios para suavizar los bordes rugosos de nuestros miedos. **Sin desafíos, nos convertimos en malvaviscos emocionales que se ablandan en el tan conveniente microondas.**

Estamos diseñados para hacernos más fuertes enfrentándonos a un mundo duro y en vez de eso nos estamos volviendo frágiles viviendo en uno fácil. Por eso debemos tomar las riendas de nuestra resiliencia. Los desafíos y la incomodidad son los que desarrollan la fuerza interior y el respeto por uno mismo.

Los estudios demuestran que la exposición regular a situaciones de estrés controlado —como las duchas frías o hablar en público—, puede reconfigurar nuestro sistema nervioso, haciéndonos menos reactivos a las cosas que normalmente desencadenan la ansiedad. Incluso pequeños pasos fuera de nuestras zonas de confort pueden activar estos efectos positivos.

He aquí algunos pasos prácticos:

- **Acepta la incomodidad consciente:** Esfuérzate por enfrentar pequeños retos controlados. Prueba a tomarte una ducha fría, haz una excursión sin tu teléfono o encara una conversación difícil en lugar de evitarla. Empieza poco a poco, celebra las pequeñas victorias y observa cómo aumenta tu tolerancia a la incomodidad. Siempre termino la ducha con agua fría. Es desagradable cada vez, pero me siento orgulloso y, oye, sigo aquí.

- **Vuelve a aprender el arte del esfuerzo:** Elige actividades que requieran un verdadero esfuerzo mental o físico. Pasa un fin de semana libre de tecnología, cocina desde cero o aprende una nueva habilidad. Superar estos retos genera confianza y resiliencia. Cuando te topes con un obstáculo, no busques distracciones. Respira hondo, relájate y sigue adelante. Te sorprenderá lo lejos que puedes llegar.
- **Busca experiencias del mundo real:** Sal de tu burbuja de comodidad haciendo voluntariado, uniéndote a un club o entablando una conversación con desconocidos. Las conexiones sociales ayudan a aliviar la ansiedad al recordarnos que no estamos solos en esta gran roca giratoria.
- **Cambia tu perspectiva:** Ve los desafíos como invitaciones al crecimiento, no como amenazas. “Lo que no te mata te hace más fuerte” no es solo un cliché, es un mantra de resiliencia. Cada obstáculo que superas aumenta tu fuerza interior y tu autoestima. Y si te mata, bueno, estás muerto, así que ¿a quién le importa?

Recuerda, salir de tu zona de confort no es realmente opcional. Claro, uno se siente a salvo, pero la vida nos saca de ella cuando menos lo esperamos. Al salir de ella a propósito, desarrollamos la resiliencia que necesitamos para esos tiempos difíciles. Las zonas de confort solo se convierten en el enemigo de nuestro crecimiento cuando tratamos de convertirlas en nuestro hogar permanente. Es mejor verlas como paradas de descanso temporales, un lugar para reorganizarse, recargar energías y luego volver a salir para enfrentar los desafíos que se avecinan.

La resiliencia no consiste en ser duro para presumir, sino en disfrutar de la vida con menos ansiedad. *Busca el malestar antes de que te encuentre a ti.* Como dijo Rumi (probablemente): “Por la herida entra la luz en ti”. A través de nuestras grietas y vulnerabilidades crecemos y adquirimos la fuerza para manejar las tormentas de la vida.

Me encantan las comodidades modernas, pero tienen un precio: nuestra capacidad para manejar situaciones desconocidas sin ansiedad adicional. En un mundo que nos vende soluciones más importantes, más rápidas, más brillantes y nuevas para inconvenientes que no sabíamos que teníamos, tiene sentido elegir el camino difícil. Es el costo de volverse más fuerte, ser más resistente y pasar menos tiempo ansioso.

La próxima vez que te quedes sin wifi o se agote la batería del teléfono, no te enfades. Sonríe, respira hondo y saca lo mejor de la situación, porque ya has practicado pasar tiempo apartado de esas cosas. Quizá puedas aprovechar para disfrutar de un buen libro escrito por un barbudo medio buenmozo.*

* No digo esto buscando cumplidos, pero si quieres enviarme alguno, no te detengas.

ESTAMOS HECHOS PARA VOLVERNOS MÁS FUERTES EN UN MUNDO DURO, PERO NOS ESTAMOS VOLVIENDO DÉBILES EN UNO DEMASIADO FÁCIL.

REACCIONES

25. NUESTRO SUBIBAJA EMOCIONAL PUEDE CONVERTIR NUESTROS PUNTOS ALTOS EN BAJONES

Cuando empezó Facebook, a mediados de la década de 2000, hice lo que todo el mundo: busqué mi nombre, Kanwer. No por vanidad, claro, sino para asegurarme de que no había otros Kanwer por ahí robándome el protagonismo. Encontré a un tal KanwAr Singh, alias Sikh Knowledge, en Montreal, que también llevaba turbante y hacía música. Aparte del imperdonable error de escribir su nombre con *A* en lugar de *E,** nos llevamos bien. Resulta que compartíamos algo más que el nombre: nuestros cumpleaños solo estaban separados por un día. Yo nací el 12 de julio** y él el 13, y como yo nací a las 11.45 p. m., me gusta pensar que somos básicamente gemelos... solo que separados por 15 minutos y elecciones ortográficas cuestionables.***

* Deletrear nombres punjabíes en inglés siempre da resultados horribles.

** Apúntalo en tu calendario.

*** Además, es zurdo, pero lo aceptamos a pesar de eso.

Hicimos música juntos y nuestro mayor éxito fue una canción titulada *Baagi Music*.* Aunque el mundo nos conocía como Humble & Sikh, nosotros éramos KanwEr y KanwAr. Sikh se mudó a Toronto y nuestra amistad creció; con ello, nuestra productividad y colaboración disminuyeron. Una noche cualquiera de julio, Sikh me llamó y me dijo: "Oye, sé que es de última hora, pero organicemos una fiesta de cumpleaños conjunta". Naturalmente, porque ¿qué hay mejor que el caos de última hora?

En una semana, encontramos un lugar, invitamos a gente y organizamos toda una fiesta de cumpleaños. Sorprendentemente, apareció un montón de gente, mucho más de lo que pensaba. No fue una velada elegante al estilo Kardashian; fue más bien una reunión de amigos, familiares y exparejas.**

Con más de 100 personas y un sij que se comió por error una bolsa entera de galletas de marihuana y pinchó un set increíble, fue una noche perfecta.

Y llegó la mañana siguiente.

Sin resaca, sin sorpresivas peticiones de dinero por daños en el club y sin nadie perdiendo misteriosamente un zapato de cristal. Pero había algo peor: yo, sintiéndome como si el universo me hubiera abandonado. ¿Cómo podía pasar de una de las mejores noches de mi vida con la gente que me importa a sentirme atrapado en un oscuro agujero de melancolía, miedo existencial y ansiedad?

He oído a amigos hablar de esto también. Después de ganar premios, de alcanzar hitos increíbles en la vida o de pasar una gran noche de fiesta, el día siguiente se siente como un golpe de realidad del universo, una enorme sensación de pavor, mezclada con el recordatorio de que dejamos la ropa mojada en la lavadora durante la noche y nos olvidamos de meterla en la secadora.

Hace poco tuve una cita increíble que se prolongó hasta bien entrada la noche con una persona de la que estaba muy enamorado, pero

* Sigue en los servicios de *streaming*.

** Sí, también aparecieron.

unos días después ella rompió conmigo. Me dijo que la noche había sido increíble para ella, pero que a la mañana siguiente se había despertado superdeprimida y lo había tomado como una señal de que no debíamos seguir adelante.

Probablemente hayas sentido la necesidad de abandonar cuando algo parece *demasiado* bueno para ser verdad. No es porque algo esté mal en nosotros; es solo nuestro cerebro de supervivencia que detecta un desequilibrio y hace sonar la alarma.

Hay un concepto llamado *teoría del proceso oponente*, del psicólogo Richard Solomon, que lo explica. Dice que cada emoción tiene una emoción contraria para mantener las cosas equilibradas. Así que, cuando estás en un subidón, tu cerebro piensa: "Bueno, no te pongas demasiado cómodo, aquí viene el bajón para equilibrar las cosas". Las emociones son como un balancín: cuando sientes algo realmente positivo, hay un sentimiento negativo acechando en el fondo. Así que, cuando la alegría se desvanece, el cerebro retrocede, moviéndote del subidón al bajón para mantener el equilibrio.

No se trata de que nuestro cerebro intente arruinar nuestra felicidad, sino más bien de mantenernos en equilibrio. **Cuando sentimos una emoción o alegría intensa, nuestro cerebro de supervivencia piensa que nos está haciendo un favor al liberar algunas emociones negativas para devolvernos a un estado neutral.** Al principio, ese sentimiento negativo se esconde en un segundo plano, pero a medida que la emoción se desvanece, se va colando, a veces llevándonos incluso más abajo de donde empezamos.

Lo entiendo, estar en un estado constante de excitación no es práctico, así que agradezco que mi cerebro intente mantenerme tranquilo. Pero en lugar de simplemente pisar suavemente el freno, puede pisarlo con fuerza y eso es un asco, sobre todo cuando no sabemos por qué está pasando.

Empezamos a cuestionarlo todo: "¿Me lo estaba imaginando? ¿La gente se lo pasó realmente bien? ¿Será esta la última cosa divertida que haga en mi vida?". Y al intentar dar sentido a esos sentimientos negativos, acabamos empeorándolos.

La teoría del doctor Solomon es solo eso: una teoría. No significa que a todo lo bueno le siga algo malo, pero nos da una idea de por qué esos grandes subidones a veces conducen a grandes bajones. No es que estemos rotos; nuestro cerebro simplemente equilibra las emociones intensas de formas que no siempre son agradables. El problema es que nuestro cerebro no nos avisa, así que nos quedamos preguntándonos por qué de repente nos sentimos mal.

Saber esto nos ayuda a capear las olas emocionales, algo así como comprender que una noche de chupitos de tequila conduce a la inevitable pregunta de la mañana siguiente: "¿Por qué soy así?". Si hubiera conocido la teoría del proceso del oponente en aquel entonces, me habría dado más tiempo para lidiar con la tristeza posterior a la fiesta, como descansamos después de un entrenamiento intenso.

Como vivimos para esos recuerdos fundamentales, ser conscientes de este acto de equilibrio nos ayuda a prever las secuelas emocionales. Está bien saborear los momentos buenos, incluso si después surgen sentimientos negativos. Sentirse deprimido después de un buen rato no significa que seas malo para la felicidad o desagradecido. Es solo tu cerebro de supervivencia haciendo su cosa dramática, como, "Oh, ¿estás feliz? Genial, aquí tienes una crisis existencial para mantenerte con los pies en la tierra". Es solo parte de ser humano, como tener mocos en la nariz o un solo pelo en el pezón.* Puede que no sea lo ideal, pero es la existencia que tenemos.

Organizamos otra fiesta de cumpleaños unos años después, pero desde que me fui de Toronto, mis celebraciones de cumpleaños han sido tan emocionantes como ver cómo se seca la pintura. Pero ahora creo que estoy lista para volver a subirme a la montaña rusa emocional y planear otra noche épica, con suerte, esta vez con menos arrepentimientos y sin moretones misteriosos.**

* He dicho demasiado.

** He dicho demasiado otra vez.

SENTIRSE DESGANADO DESPUÉS DE HABER PASADO UN BUEN MOMENTO NO SIGNIFICA QUE NO SEPAS SER FELIZ O QUE SEAS INGRATO. ES PARTE DE SER HUMANO.

HUMBLE THE POET

26.

PENSAMIENTOS / HÁBITOS

ANSIEDAD Y CONFIANZA SE DAN LA MANO

Los niños pueden ser necios, es uno de los atributos de la niñez.* La empatía se desarrolla lentamente y no empieza a cobrar forma del todo hasta alrededor de los ocho años. Si además de eso el niño crece en un hogar emocional y físicamente inseguro, puede no desarrollar ninguna empatía.

Tengo que recordar esto cuando revivo las veces en que fui objeto de acoso. Siendo un niño pequeño con un moño en la cabeza, se metían conmigo con regularidad. No siempre tuve el pelo largo —fui un niño de cabello estilo hongo como todos los demás en los años 80— y solo en tercer grado fue que empecé a llevar una pequeña *patka*** a clase. Al instante sentí que no encajaba. Se metían conmigo a cada rato, me ponían apodos, se me quedaban mirando, me señalaban e incluso me agredían, solo porque me veía distinto. A los 10 años, ya anticipaba con temor las palabras burlonas y las crueles manifestaciones de desdén cada vez que entraba a un lugar desconocido. La gente se me podía quedar mirando interminablemente, o hacerme objeto de comentarios abiertamente racistas y de actos de violencia, tanto por parte de niños como de adultos.

* Dato curioso: el cien por ciento de los adultos necios fueron niños una vez.

** Una tela para cubrir la cabeza y recoger el moño.

No me di cuenta de lo mucho que me afectaron esos sucesos hasta que fui mayor y me tomé el tiempo para reflexionar. Todavía hoy me duelen las heridas de esas experiencias, especialmente cuando entro en nuevos espacios. Cuando establezco contacto visual con una persona extraña que me llama la atención, mi primer pensamiento suele ser que me ven como despreciable o como "ajeno". Aunque he tenido innumerables experiencias que demuestran lo contrario, las suposiciones vergonzosas y negativas todavía se cuelan.

A veces mis suposiciones no están muy lejos de la realidad. Una vez salí con una chica que me dijo que su madre pensaba que yo era guapo, pero quería que me afeitara la barba, una barba que es importante para mí tanto cultural como espiritualmente. La forma en que la gente nos ve, en especial aquellos que nos importan, puede perturbar bastante la forma en que nos sentimos con nosotros mismos.

Este tipo de situaciones minan mi confianza y me entorpecen. A cada rato me convenzo de no hacer cosas. Cuando empecé a publicar en internet como Humble the Poet, me negaba a mostrar mi cara. La verdad que estaba evitando —y que a veces sigo ignorando— es que en realidad no tengo ni idea de lo que la gente piensa o siente cuando me ve. Mis suposiciones son solo una forma de tratar de leer la mente de la gente, pero en realidad solo tienen que ver con cómo me siento conmigo mismo. Lo que piensen de mí dice más de la gente que de mí.

Esto vale para todos nosotros: está entretejido en nuestras historias. La forma en que nos vemos es lo que modela nuestro mundo, influyendo en los caminos que tomamos y en las puertas que elegimos abrir o cerrar. Cuando vemos la vida a través del filtro de nuestra autoestima y confianza (o falta de ella), eso afecta nuestra ansiedad, dando forma no solo a cómo manejamos el estrés, sino también a cómo enfrentamos las oportunidades y los desafíos.

Cómo nos vemos a nosotros mismos también afecta la manera en que interactuamos con el mundo que nos rodea y le damos sentido.

Robert Kleck, de la Universidad de Dartmouth, llevó a cabo un estudio conocido como el experimento de la cicatriz. Tomó a una serie de personas que estaban solicitando trabajo y les hizo una cicatriz falsa y visible en la cara. Les dijo que era para otra investigación. Antes de la entrevista de trabajo, a la mitad de los participantes se les dijo que la cicatriz falsa había sido retirada, mientras que el resto creyó que todavía la tenía. La verdad es que a *todos ellos* se les había eliminado la cicatriz.

Los resultados: las personas que pensaban que todavía tenían una cicatriz se mostraron menos seguras que las que creían que no. Algunos incluso informaron que la persona que los había entrevistado para el trabajo había sido grosera, desagradable y se había quedado mirando la "cicatriz".

Este experimento muestra cómo la forma en que nos vemos a nosotros mismos —nuestras cicatrices internas— decide nuestro éxito e interacciones en el exterior.

Nuestra autoestima es puede ser nuestra mayor limitación. Limitamos inconscientemente nuestro potencial, nuestros éxitos y nuestra felicidad para que coincidan con lo que pensamos merecer. Este tope invisible afecta a todas las áreas de nuestras vidas: cuánto ganamos, las relaciones con las que nos conformamos y hasta las decisiones que tomamos, como qué compramos o dónde compramos.

La forma en que nos vemos a nosotros mismos también afecta cómo nos ven los demás. La gente capta las señales que enviamos y nos tratará como nos tratamos a nosotros. Si dudamos de nuestro valor, los demás harán lo mismo. Si tememos el rechazo, nos retraemos y mantenemos relaciones poco saludables. No practicar el amor propio nos puede llevar a comer emocionalmente, a abusar de sustancias o a descuidar nuestra salud creyendo de alguna manera que es lo único que merecemos.

¿La buena noticia? Nuestra autoestima no es inamovible, puede aumentar. Para mejorar la calidad de nuestras vidas, debe mejorar la relación que tenemos con nosotros mismos.

Esto implica:

- **Celebrarte a ti mismo:** Piensa en cómo Apple promociona cada producto como si fuera revolucionario, incluso si ya existe algo similar. Haz lo mismo contigo. Ponte delante del espejo y hazte cumplidos sinceros con el mismo nivel de entusiasmo.
- **Elige una parte de ti que te encante:** Aunque no te sientas muy bien con tu cuerpo en general, encuentra al menos una parte que te guste. Quizá sean tus ojos, tu sonrisa o incluso algo peculiar como tu nariz torcida o una barba despareja. Concéntrate en ese rasgo y valóralo por lo que lo hace único.
- **Percibe lo malo:** Presta atención a las cosas o personas que te hacen sentir inseguro o inferior. Estos desencadenantes resaltan las áreas en las que debes trabajar y pueden ayudarte a comprender por qué ciertas cosas afectan tu autoestima.
- **Enfréntate a lo que te asusta**: No evites lo que te produce miedo o tristeza. Enfrentarse a estas emociones, en lugar de huir de ellas, es un paso esencial para construir una versión de ti mismo más fuerte y segura.
- **Desarrolla una mejor manera de verte:** Háblate con amabilidad. El diálogo interno positivo puede ayudarte a cambiar la forma en que te ves a ti mismo y a mejorar gradualmente tu autoestima.

Las voces ansiosas que alimentan tus inseguridades no son enemigas, son amigas que se equivocan porque tratan de mantenerte a salvo. Su objetivo es protegerte manteniéndote en tu zona de confort, pero eso solo reduce tu mundo y te impide vivir plenamente. Eres más valioso y digno de lo que crees. Esas voces que te dicen lo contrario solo están asustadas. Las personas hirientes de tu pasado pueden haber dejado cicatrices, pero esas cicatrices no son permanentes, son como tatuajes temporales que puedes lavar.

Paso a paso, he recorrido un largo camino: hablar con más desconocidos, dar saltos sin saber dónde voy a aterrizar y sentir miedo pero hacerlo de todos modos. Mi turbante se ha vuelto más alto, mi barba se ha vuelto más larga y siempre le guiño un ojo y le sonrío al tipo del espejo. Aceptarme y celebrarme a mí mismo, al mismo tiempo que descubro mis inseguridades, será un proceso que durará toda la vida y estoy bien con eso. Mientras, me emociona ver hasta dónde llegarás tú en tu propio viaje.

Amarse a sí mismo es el comienzo
de un romance de toda la vida.

— OSCAR WILDE

LA GENTE LO TRATA A UNO COMO UNO SE TRATA A SÍ MISMO. SI DUDAS DE TU VALOR, LOS DEMÁS TAMBIÉN LO PONDRÁN EN DUDA.

PARTE 5:

LIDIAR CON LA ANSIEDAD DE LOS DEMÁS

27.

REACCIONES

NUESTRAS VIDAS AMOROSAS ESTÁN CARGADAS DE ANSIEDAD

En momentos de intensa ansiedad, lo único que quiero es llamar por FaceTime a alguien, apoyar la cabeza en su regazo virtual, que me acaricie la barba a través de la pantalla y me diga con suavidad: "Oye, no, no eres una basura, todo va a salir bien". Pero en lugar de eso, Siri me lee mi lista de la compra.* Acabo llamando a alguien que también busca el mismo consuelo y ahora somos dos niñitos ansiosos, desesperados por ser tranquilizados, frustrados y resentidos porque no logramos ayudarlo.

A menudo nos dicen que sigamos lo que nos dice el corazón, como si fuera una brújula mágica que nos conducirá a todo lo que necesitamos. Pero cuando estamos ansiosos y obsesionados, la brújula da vueltas sin rumbo. En vez de buscar el amor verdadero y la conexión, perseguimos cualquier cosa que alivie nuestros sentimientos de inadecuación.

Empezamos a ver el alivio de la ansiedad como amor. **Creemos que el amor nos va a arreglar, pero la verdad es que no estamos**

* Recuérdenme que tengo que comprar leche.

echados a perder. En realidad, el asunto es nuestra lucha con la autoestima.

La idea de una relación amorosa entusiasma porque aparece como un espacio seguro que va a curar como por magia nuestro sentimiento de no ser lo suficientemente valioso. Puede ser así por un tiempo, pero deja de serlo pronto. Las relaciones revelan nuestras heridas, no las curan. Es como si sostuvieran un espejo gigante para que uno se viera y gritan: "¿Ves? ¡Sigue ahí!". Comprender esto es el primer paso para darnos cuenta de por qué, especialmente cuando estamos ansiosos y pensamos obsesivamente, anhelamos conexiones que en realidad no nos ayudan a construir una autoestima genuina.

Nuestros problemas de autoestima, autovaloración y respeto por nosotros mismos comienzan en nuestro interior. Nadie más puede solucionarlos de verdad. Claro, recibir atención o elogios puede hacerte sentir bien por un tiempo, pero es como una curita que al rato se cae.

Las relaciones pueden ayudarnos a comprendernos mejor a nosotros mismos. No son una cura mágica para todos los males, pero pueden ser una máquina de rayos X increíble que nos muestra lo que en realidad ocurre en nuestro interior. No me gusta la idea de los "lenguajes de amor", pero son fáciles de entender. Podemos utilizarlos para ver cómo nuestros defectos pueden manifestarse en nuestras relaciones.

- **Actos de servicio:** Las personas que valoran los actos de servicio suelen tener dificultades para pedir ayuda, lo que demuestra una lucha con la vulnerabilidad.
- **Tiempo de calidad:** Querer tiempo de calidad, pero temer la intimidad real puede llevarnos a distanciarnos de nuestra pareja.
- **Contacto físico:** Puede que nos encante el contacto físico, pero lo evitamos para protegernos de la amenaza que representa la cercanía.
- **Regalos:** Regalar puede estar relacionado con las compras compulsivas, lo cual sugiere una búsqueda de satisfacción a través de las cosas en lugar de la conexión emocional.

- **Palabras de afirmación:** Al ansiar palabras de afirmación, podemos quedarnos callados, buscando en silencio atención y validación.
- **Comer juntos:** Este lo inventé para mostrar lo fácil que es crear lenguajes de amor.

Nuestra ansiedad en las relaciones puede decirnos mucho sobre nosotros mismos. Por ejemplo, yo tengo miedo de sentirme "conforme" en el amor. Tengo ese miedo porque me siento inseguro, porque siento que no soy lo suficientemente bueno. Es como si intentara protegerme no acercándome demasiado.

Solía sentir que me conformaba con mi trabajo como maestro. Pero cuando me convertí en artista, me sentí más entusiasta y vivo. Me prometí a mí mismo que nunca volvería a conformarme, ni siquiera en mi vida amorosa. El problema es que empecé a centrarme más en encontrar algo nuevo que en construir relaciones sólidas y conexiones profundas.

Todos buscamos a alguien interesante, pero el problema es que a menudo perseguimos lo que nos emociona en lugar de lo que realmente nos conecta. Esta búsqueda de entretenimiento emocional nunca termina. Puede convertirse en una adicción, en una búsqueda constante de la emoción que proporcionan las nuevas experiencias y se confunde eso con una conexión real. Este ciclo, impulsado por el miedo a quedarnos estancados, nos aleja de la profundidad y la autenticidad a la cual aspiramos en realidad. Por eso debemos tener cuidado cuando buscamos una "chispa".

La chispa no es real.

La chispa es solo una emoción desencadenada, como una carnada para el corazón. Capta nuestra atención, pero no nos mantiene interesados. En lugar de buscar una chispa, concéntrate en crear conexiones reales y en encender tú mismo la mecha, y quizá traigas algunos malvaviscos para la inevitable hoguera de emociones.

A veces ponemos a nuestras parejas en un pedestal, pensando que pueden solucionar nuestros problemas. Esto crea un desequilibrio poco sano en el que las vemos como superiores que nosotros, casi como si fueran una madre o un padre, y dependemos de su aprobación para sentirnos bien con nosotros mismos. Cuando no obtenemos suficiente aprobación, caemos en una vorágine de ansiedad y pensamientos obsesivos. Esta forma de ver el amor no solo desequilibra las relaciones, sino que nos atrapa en una búsqueda de validación por parte de gente que consideramos mejor que nosotros.

Debemos recordar que nuestras parejas también son humanas, con sus propias peculiaridades, defectos y olores raros. Están, igual que nosotros, en un viaje de crecimiento y cometen errores en el camino. La jerarquía en el amor es una ilusión. Para fomentar relaciones más sanas y equilibradas, necesitamos vernos como iguales, merecedores de amor y respeto.

He tenido que aprender a dejar de ver a las mujeres de mi vida como princesas en lo alto de una torre. No necesitan que las adore ni que las salve. Son personas, como yo.* Ambos somos una maravilla y un desastre. Estar en una relación significa querer ser una maravilla y un desastre juntos.

Lo más parecido a una píldora mágica para el amor y la ansiedad es la comunicación. La comunicación clara es lo que allana el camino hacia las relaciones sanas. Mi terapeuta me dijo sin rodeos que era imprescindible que mi pareja fuera una comunicadora de primera.** Expresarse puede ayudar a reducir la ansiedad. Es importante estar con alguien que valore la comunicación abierta. Hablar de tus pensamientos y sentimientos puede crear un vínculo más fuerte y ayudarte a dejar de darle vueltas obsesivamente a las cosas.

Cuando estamos ansiosos, podemos buscar relaciones rápidas, aunque solo sean un parche. Y eso puede impedir que construyamos

* Simplemente tienen mejores rutinas de cuidado de la piel y un extraño deseo de cubrir la cama con millones de almohadas.

** Es un buen consejo, pero siempre se me olvida.

relaciones significativas. Siempre estamos* corriendo detrás de la próxima mujer atractiva, con la esperanza de que nos sane, pero las relaciones no están hechas para eso. Las relaciones solo pueden enseñarnos las heridas, no sanarlas; sanarlas es tarea nuestra.

Un amigo me contaba sus problemas con su nueva novia. Me describió el problema y me explicó la rareza peculiar de la personalidad de ella, pero luego dijo con madurez: "Y eso es algo con lo que voy a tener que crecer y aprender a lidiar". Él entiende que *las relaciones son vehículos para nuestro crecimiento, no un estacionamiento para nuestras inseguridades*; y eso es algo que todos** deberíamos recordar.

Bajemos a la gente de los pedestales, expresémonos más y utilicemos nuestras interacciones para aprender de nosotros y cambiar. Démonos cuenta de que la brújula de nuestro corazón solo dejará de girar sin rumbo cuando vayamos despacio, respiremos hondo y nos concentremos en encontrar el amor en nosotros mismos, en lugar de andar cazándolo a nuestro alrededor.

Enamorarse no arreglará tu vida,
sanar tu historia emocional sí lo hará.

— YUNG PUEBLO

Si quieres explorar la ansiedad ligada a tus estilos de relaciones y afectos, escanea el código QR para leer el capítulo extra: DRAMA Y ANSIEDAD EN LAS RELACIONES.

---

* Y cuando digo "estamos", me refiero a MÍ.

** Sobre todo yo.

LAS RELACIONES REVELAN NUESTRAS HERIDAS, NO LAS SANAN.

28.

REACCIONES

NUNCA SE ES DEMASIADO NECESITADO

Recuerdo las muchas veces en que intenté compartir algo con mi familia y me sentí completamente rechazado. Podía ser cualquier cosa, desde compartir buenas noticias, malas noticias o simplemente recomendar una película. ¿Sabes? Publicas un meme en el chat familiar, esperas aunque sea un "jajaja" y, en lugar de eso, silencio. Así es como me sentía en mis interacciones familiares: ni siquiera era silencio. Simplemente... nada.

Rápidamente me di cuenta de que esos silencios no eran una manera de decirme que me callara, sino que más bien ni siquiera se daban cuenta de que había dicho algo. No tenía por qué ser algo serio o profundo. Podía ser simplemente compartir lo que había pasado durante el día o pedirles que dejaran algo puesto mientras cambiaban de canal, pero me ignoraraban.

De niño, aprendes pronto a dejar de expresar tus necesidades cuando eso ocurre. ¿Qué sentido tiene, verdad? De adultos, esa estrategia se mantiene. Cuando no se satisfacen nuestras necesidades, en lugar de expresarlas, nos volvemos pasivo-agresivos o resentidos, deseando que alguien pueda leernos la mente y darnos lo que queremos, incluso si ni siquiera sabemos lo que necesitamos.

Añádele los psicólogos de redes sociales que dicen cualquier cosa por conseguir los "me gusta",* y de repente, nuestro mal humor se debe a que Mercurio está retrógrado. Nos ponemos a idealizar el hecho de darle la primacía a los demás y nos llamamos "personas desinteresadas", cuando en realidad es solo una falta de cuidado personal. No le hacemos ningún favor a nadie descuidando nuestras propias necesidades.

Sentimos que somos demasiado: demasiado necesitados, demasiado sensibles. No queremos parecer unos pegajosos que buscan afecto con desesperación. Así que, tapamos lo que necesitamos y lo sobrellevamos con distracciones, pensando que es mejor que decir lo que queremos y no conseguirlo. Pero considera lo siguiente: *no existe tal cosa como ser "demasiado necesitado" o "demasiado sensible".* Sentir estas cosas es lo mismo que sentir hambre cuando no comemos lo suficiente.

Necesitar amor y conexión no es ser necesitado; es ser humano. Al igual que necesitamos aire, agua y una caja de galletas en mitad de la noche, nuestro cerebro está programado para desear alimento emocional; es un asunto de supervivencia. Cuando tenemos pocas conexiones emocionales, sentimos ansiedad, nuestra alarma interna se vuelve loca y grita: "¡Aliméntame!".

Ese profundo anhelo de conexión, de que alguien realmente nos vea y llene el vacío interno que sentimos, no es algo que se pueda descartar con un "deja de ser tan necesitado". Este anhelo no es un defecto, es una señal a la que debemos prestar atención. Somos como nómadas en un desierto emocional, desesperados por una gota de afecto. No es que estemos demasiado necesitados, es que nos ha hecho falta durante demasiado tiempo.

Esta desesperación nos lleva a escribir mensajes a cada rato, buscando consuelo. Nuestra inseguridad se intensifica y pensamos que el silencio o las respuestas tardías significan rechazo. Hasta podemos volvernos controladores, nos aferramos con fuerza al amor que

* El diablo bendiga estos horribles algoritmos.

anhelamos y olvidamos que el amor, como el agua, fluye mejor cuando fluye libre.

> *Pienso que a lo mejor todo radica*
> *en no querer estar solo.*
> *En no querer ser olvidado.*
> *En no querer ser apartado.*
>
> — CHUCK PALAHNIUK

La soledad no es la falta de personas, es la falta de conexión, con los demás y con nosotros mismos. Conozco este sentimiento de primera mano, pues vivo en una de las ciudades más pobladas del mundo y, aun así, a veces me siento solo. Aun en fiestas o reuniones, puedo sentirme aislado si no conecto con nadie. Mi miedo a molestar a las personas con las que me siento cercano me impide llamarlas, pero rara vez pienso que quizá ellas sienten lo mismo y que una llamada podría ser justo lo que necesitan.

No nos ocupamos de nuestra soledad hundiéndonos en la desesperación u ocultándola tras la indiferencia. Debemos responder al vacío interior con amor propio y comprensión. No debemos lidiar con la necesidad de conexión a través de una validación externa temporal, sino por medio de cosas que realmente nos satisfacen, como la autocompasión, los límites sanos y las relaciones significativas.

La autocompasión es como cultivar un huerto en el desierto emocional. La atención plena a nuestras necesidades emocionales y la conciencia de nuestros detonantes son las semillas que hay que regar. Las actividades que nos aportan alegría son como el abono para las plantas. Los límites que nos protegen de la manipulación emocional y de las situaciones poco sanas son las cercas que rodean el huerto.

Con el huerto floreciente, buscaremos la conexión con los demás. Pero ahora, desde un lugar de fortaleza y amor propio, podremos buscar personas sanas y mostrarnos tal como somos. Recuerda, no puedes ser tú mismo si no te conoces. Podremos abrirnos a amistades genuinas, en las cuales el apoyo importa más que la competencia. Podremos construir relaciones basadas en el respeto mutuo y la vulnerabilidad compartida, no en la dependencia desesperada.

Cuantas más conexiones genuinas construyamos, menos ansiosos y necesitados nos sentiremos. Es como crear un oasis en el desierto emocional. Cuanto más amor recibimos y más fuertes se vuelven nuestras relaciones, menos agobiados nos sentimos. Cuando nuestras necesidades están cubiertas, nos sentimos más seguros, menos ansiosos y con más deseos de compartir lo que tenemos en lugar de buscar lo que nos falta.

La terapeuta e investigadora doctora Sue Johnson* nos dice que estamos hechos para la "resonancia del apego". Nuestro cerebro se ilumina cuando nos sentimos vistos, escuchados y cuidados por nuestros seres queridos. La oxitocina, la "hormona del amor", inunda nuestro sistema, reduciendo el estrés y aumentando nuestro bienestar. No se trata de una idea abstracta, sino de algo inscrito en nuestra programación biológica.

Recuerda, **necesitar conexión no te convierte en una carga. No depende solo de los demás proporcionarte conexión.** Construir conexiones sólidas requiere que todos seamos más intencionales, vulnerables, abiertos y confiados. Debemos comprender que los sentimientos de ansiedad que tenemos cuando anhelamos más conexión son solo señales de lo que nos hace falta.

Es difícil cuando nuestras necesidades no han sido satisfechas, en especial en la infancia, pero podemos cambiar la historia. Y el nuevo relato nos da el poder de encargarnos de nuestro bienestar emocional tomando decisiones sanas para satisfacer esas necesidades.

Mi familia no es un montón de gente mala; son personas normales, maravillosas que, como muchos de nosotros, a veces quedan atrapados en sus propios pensamientos. No tiene sentido tenerles resentimiento porque son imperfectos o porque no pudieron satisfacer

* Que no debe confundirse con la educadora sexual favorita de Canadá, la doctora Sue JohAnson.

todas mis necesidades emocionales. Como adulto, puedo cuidar de mí mismo, buscar las conexiones que deseo y esforzarme por mantener las relaciones maravillosas que ya tengo.

ESTE CÓDIGO QR CONDUCE A LA PÁGINA WEB DE HUMBLE THE POET, DONDE ENCONTRARÁS CAPÍTULOS EXTRA, EN INGLÉS.

NO ERES DEMASIADO SENSIBLE O NECESITADO. ERES HUMANO Y ESTÁS PROGRAMADO PARA LA CONEXIÓN EMOCIONAL.

29.

HÁBITOS

BUSCAR QUE LO TRANQUILICEN A UNO ¡ES UNA TRAMPA!

Hace poco tuve una intoxicación alimenticia. ¿Cómo? Probablemente por la ruleta rusa de malas elecciones que hice ese día en los restaurantes de comida rápida. Supongo que fue el sándwich de pollo que tuvo una vida secreta como sushi. Sea cual fuera el culpable, la paliza doble * fue dura. Pasé la noche creando un profundo vínculo emocional con el inodoro, unimos nuestros destinos a través de una profunda experiencia "recíproca". Entre ronda y ronda, bebía agua como si fuera un elixir que me iba a salvar la vida, convencido de que estaba a un paso de la deshidratación y de convertirme en un caso de estudio en WebMD.

La deshidratación es algo real, pero ¿de verdad iba a *morir* después de este doble puñetazo en el estómago? Google me aseguró que sí. Sí, busqué mis síntomas en Google y enseguida me hundí en el agujero negro de todas las horribles posibilidades de mi condición.** Cuando no estaba vomitando, investigaba qué alimentos no me terminarían matando. Como vivía en Estados Unidos sin seguro médico,*** necesitaba desesperadamente la seguridad de que no iba a morir.

* No lo busques en Google.

** Google nunca exagera, ¿verdad?

*** Eso es otra historia.

El problema no era solo que busqué mis síntomas en Google una vez, sino que me convertí en un adicto a tiempo completo a ser confortado. Actualizaba los mismos resultados de búsqueda como si fueran cotizaciones bursátiles, con la esperanza de ver por fin: "Estás bien, deja de dramatizar". Pero en lugar de calmar mi ansiedad, cada búsqueda la aumentaba un poco más, haciéndome sentir aún más frenético y fuera de control.

Mi amígdala cerebral vio la fiesta que yo estaba celebrando en el baño y entró directamente en modo pánico, inundándome con pensamientos catastróficos. Para silenciar esas alarmas, hice lo que todos hacemos: me puse a buscar desesperadamente respuestas en línea y a tratar de predecir cuánto duraría el sufrimiento.

Cuando nos sentimos ansiosos, nuestra reacción instintiva es calmar la ansiedad buscando ser tranquilizados. Al principio, nos contentamos con un remiendo, ya sean palabras amables de amigos o consejos médicos en línea que nos guíen a través de la niebla de la incertidumbre. Pero ¿qué pasa cuando esa búsqueda de consuelo se convierte en un laberinto? En lugar de aliviar la ansiedad, quedamos atrapados en nuestra propia mente, empeorando la ansiedad.

Buscar cómo tranquilizarnos puede empezar de forma inocente, como cuando le envías a tu jefe un mensaje de texto que estaba destinado a tu mejor amigo. De repente, se te hace un nudo en el estómago, te sonrojas y te preparas mentalmente para entregar tu renuncia, después de una combinación ingeniosa, pero muy inapropiada de emoticones. Tienes derecho a sentirte ansioso y preocupado. La idea de que tu jefe vea algo personal o fuera de contexto hace que tu corazón se acelere y tu mente se llene de los peores escenarios posibles.

Sientes una oleada de pánico y empiezas a enviar mensajes de texto a tus amigos para que te tranquilicen, con la esperanza de que te digan: "No pasa nada" o "¡Ni siquiera se darán cuenta!". Pero incluso después de que te tranquilizan, la ansiedad suele persistir. La verdad es que **buscar que a uno lo tranquilicen es como beber agua salada cuando se tiene sed.** Sienta bien al principio, pero después solo da más sed.

En lugar de preguntar con calma "¿Qué está pasando?", es más bien algo así como "¿Qué cosa terrible de mi pasado me recuerda vagamente esto, para que pueda asustarme de verdad?". Cuando nos tranquilizan —cuando alguien, por ejemplo, nos recuerda que ya enviamos un mensaje similar y todo salió bien—, nos sentimos mejor durante un minuto. Pero el problema es que nuestro cerebro de supervivencia se acostumbra a depender de esa tranquilidad para calmarse y pronto la pide todo el tiempo.

Cada vez que buscamos que nos tranquilicen, debilitamos nuestra capacidad para manejar los sentimientos de ansiedad por nuestra cuenta. Esto debilita nuestra resiliencia y, a la larga, nos hace más sensibles a la ansiedad.

Ahora bien, tal vez una intoxicación alimenticia no sea tu detonante de ansiedad. Quizás sea comprobar tu cuenta bancaria cada 15 minutos para confirmar que sigues quebrado o enviar cuatro mensajes seguidos porque alguien no te ha respondido en 18 segundos y, obviamente, ahora te odia. Puede ser pedirle a tu hermana que vuelva a revisar tu libro en busca de errores ortográficos* cuando en realidad solo quieres saber si es una basura. O tal vez sea tan simple como volver a abrir el teléfono 25 segundos después de publicar una foto para ver si ya han llegado los "me gusta" y los abrazos digitales.

Sea cual sea tu tipo de ansiedad, la búsqueda de tranquilización puede parecer diferente, pero es el mismo juego.

¿Qué daño hace la trampa de la tranquilización? No es solo pedir que a uno lo tranquilicen —es convertirse en un adicto a ser tranquilizado—.** De repente, te vuelves dependiente de la validación externa,*** la necesitas para calmarte. Esa adicción moldea la forma en que interactuamos con los demás y nos hace más vulnerables cuando no obtenemos ese parche. Cuando no podemos calmarnos

* A pesar de que trabajo con el mejor editor del mundo.

** Los efectos secundarios incluyen pensar demasiado, buscar excesivamente en Google, y convencerse a uno mismo de que su perro le juzga en secreto.

*** Como si fuera la última caja de Thin Mints durante la temporada de galletas de las Girl Scouts.

enseguida, surgen nuevas preocupaciones y terminamos con aún más ansiedad, entrando en un remolino fuera de control. Es un círculo vicioso que debilita nuestra capacidad para calmarnos y confiar en nosotros mismos.

Entonces, *buscar ser tranquilizado se convierte en una cura temporal que conduce a una enfermedad a largo plazo.* Cuanto más dependemos de la tranquilización, más perdemos la capacidad de manejar la ansiedad por nosotros mismos. Se convierte tanto en un consuelo como en una muleta.

Me di cuenta de que había caído en la trampa de la tranquilización cuando en un ascensor perdí la señal del teléfono y entré en pánico porque no podía buscar en Google si mi plátano iba a ser el mejor amigo de mi estómago o su peor enemigo.

Entonces, ¿cómo podemos salir de esta trampa de la necesidad de ser tranquilizado?

- **Reconoce la trampa:** Reconocer el ciclo es el primer paso. Comprende que la búsqueda constante de tranquilidad, por muy tentador que sea, debilita nuestra resiliencia y refuerza los sentimientos de ansiedad.
- **Desafía los pensamientos:** No tenemos que creer todo lo que pensamos. Pregúntate: "¿Este pensamiento es útil?" y "¿Se basa en pruebas o en el miedo?".
- **Desarrollar habilidades de enfrentamiento:** Hay infinitas formas de abordar los pensamientos ansiosos y aprender a manejarlos.
- **Practicar la autosuficiencia:** El objetivo no es que las cosas sean más fáciles, sino ser más fuertes para tener la resiliencia necesaria para abrirnos paso a través de las dificultades. Cuanto más podamos contar con nosotros mismos, menos poder tendrá la ansiedad sobre nosotros. Tuve que recordarme a mí mismo que yo había estado mucho más enfermo que esta vez y que, con el tiempo, esto

también mejoraría y que es muy raro que se dé el peor de los casos.*

En vez de preguntarme si tomo siempre decisiones equivocadas y buscar que los demás me tranquilicen y me validen, tengo que asumir que a veces me equivocaré y que soy lo suficientemente fuerte para enfrentar las consecuencias de la equivocación.

Mi amigo Ed Mylett dijo algo que me impactó mucho: "¿Y qué tal si todas las decisiones son la mejor opción?". Esa sencilla idea me inspiró a buscar lo positivo en cualquier decisión que tomara, sin importar cómo salieran las cosas.

No pasa nada si como una comida equivocada y me vuelvo a enfermar. Estar expuesto a la posibilidad del malestar me ayuda a reeducar mi cerebro para que encuentre la tranquilidad en mí mismo sin esperar la validación externa.

Todos experimentamos las consecuencias de la trampa de necesitar que nos tranquilicen y la ansiedad que la acompaña. En cuanto reconocemos que estamos atrapado en esa trampa, estamos a un paso de salirnos de ella. Al cambiar nuestra dependencia de fuentes externas de consuelo por nuestra fuerza interior, no solo aumentamos nuestra resiliencia, sino que también sentimos que tenemos el poder necesario para ampliar nuestras vidas más allá de los límites que nos imponemos para evitar la ansiedad.

La punzada que siento ahora cada vez que paso por delante de un restaurante de comida rápida muestra muy bien cómo la ansiedad trabaja para que no vuelva a cometer el mismo error. A menudo olvidamos que **la ansiedad surge para protegernos** y, cuando funciona correctamente,** es como un guardaespaldas personal. Adiós, sándwiches de pollo de dudosa calidad; bienvenidas, ensaladas de 20 dólares con lechuga ecológica y una guarnición digna.

* Que es vomitar hasta que me revuelvo las tripas.

** Funciona correctamente con la misma frecuencia con la que el autocorrector de tu teléfono pone la palabra que en realidad querías escribir.

BUSCAR SIEMPRE QUE A UNO LO TRANQUILICEN ES COMO BEBER AGUA SALADA CUANDO SE TIENE SED.

30.

PENSAMIENTOS

CUANDO UNO DA ALGO POR SENTADO, QUEDA COMO UN IDIOTA

Imagina lo siguiente: estoy en un concierto en Brooklyn y me siento un poco incómodo porque noto que alguien me está mirando. Echo un vistazo y veo a un chico pelirrojo, con una cerveza en la mano, que me mira como si estuviera tratando de averiguar algo. "Quizás solo está borracho", pienso. Intento ignorarlo, pero se acerca y empiezo a ponerme tenso. Mi amigo se fue al baño y me dejó solo.

Mi ansiedad se dispara. Meto las manos en los bolsillos y aprieto las llaves entre los dedos como si fueran unos nudillos de acero improvisados. "¿Este tipo está intentando empezar algo?", me pregunto. Me invaden recuerdos de cuando me acosaba un niño pelirrojo y racista en la escuela primaria. Me siento provocado, en estado de alerta máxima, como si estuviera a punto de enfrentarme a un villano pelirrojo en una película de acción de bajo presupuesto y no tuviera doble.

Entonces se pone a mi lado.

"¿Eres punjabi?", me pregunta sonriendo.

Desconcertado, doy un paso atrás y respondo: "Sí".

Sus ojos se iluminan. "Dios mío, acabo de volver de Chandigarh. Pasé cuatro meses allí viviendo con una familia. Estaba muy deprimido porque los echo mucho de menos. Vine al concierto para animarme, y verte me hace sentir como si hubiera encontrado un pedazo de mi hogar aquí".

Mis hombros se relajan. De todas las situaciones descabelladas que imaginé para explicar por qué ese chico se me quedaba mirando, desde un asesino en serie en práctica hasta un reclutador de una secta, nunca imaginé que fuera porque que le recordaba a "su hogar".

Actué como si pudiera leer mentes, daba por sentado lo peor y eso solo alimentaba mi ansiedad.

Todos hemos entrado en una habitación y hemos sentido que todo el mundo nos miraba, juzgando cada uno de nuestros movimientos. O tal vez hemos enviado un mensaje a alguien y, cuando no ha respondido en tres o cuatro segundos, estamos convencidos de que nos odia.

Eso es leer la mente. Es un patrón de pensamiento que a la vez fomenta nuestras ansiedades y es fomentado por ellas. Leer la mente es como jugar al detective sin tener ninguna pista, lo cual deja mucho margen de error. Nuestro cerebro lo hace para detectar y predecir posibles amenazas, pero no es muy preciso. Esto significa que, más que descubrir amenazas reales, creamos amenazas imaginarias que provocan una ansiedad muy intensa.

Nuestro cerebro está programado para dar sentido al mundo que nos rodea y sentirmos seguros. Nos guiamos por indicios y recopilamos toda la información posible.

Esto puede ser útil e inofensivo en situaciones sociales. Por ejemplo, cuando vemos a alguien sonreír, damos por sentado que está feliz. Pero **cuando estamos ansiosos, tendemos a ver las cosas de forma negativa.** Podemos pensar que alguien nos sonríe no sencillamente para saludarnos, sino para ocultar otra emoción o porque se va a burlar de nosotros.

Las personas con ansiedad tienden a ser muy sensibles a las señales sociales y las interpretan como negativas.

— DR. EDMUND J. BOURNE

Nuestro cerebro está diseñado para darle mucha importancia a lo que piensan los demás. Queremos ser aceptados y queridos por los demás. Queremos encajar y que nos vean con buenos ojos. Cuando no recibimos una respuesta clara de los demás, nuestra mente ansiosa suele llenar los espacios en blanco con ideas negativas.

Se trata de una **distorsión cognitiva**, un atajo mental que toma nuestro cerebro y que no es muy preciso. En lugar de preguntar o averiguar lo que piensan los demás, sacamos rápidamente conclusiones, dando por sentado casi siempre lo peor.

Esto libera adrenalina y cortisol, las sustancias químicas que nos hacen sentir en vilo porque están diseñadas para ayudarnos a lidiar con las amenazas físicas, y desencadena la respuesta de estrés de nuestro cuerpo. Nos mantiene en un estado de alerta agotador y nos lleva a una ansiedad crónica. En lugar de simplemente ser cautelosos, caemos en un torbellino de hipervigilancia y paranoia.

Es un bucle de pensamientos catastróficos del que es mejor ser conscientes y no existe un interruptor mágico para apagarlo.

Leer la mente, cuando se hace correctamente, no es leer la mente en absoluto. Se trata de captar las señales sociales y eso puede ser útil. Por ejemplo, darse cuenta en un bar del lenguaje corporal agresivo de alguien o de su forma de hablar confusa, te indica que es hora de marcharte. O si ves que tu interlocutor está inquieto, mira a su alrededor o revisa su teléfono, puedes darte cuenta de que está perdiendo interés y que deberías concluir la conversación.* Sin embargo,

* Como aquella vez que creíste ver un jerbo gigante, pero solo era un cachorro con la cara hinchada por una picadura de abeja. El giro inesperado no fue tan impactante como pensabas.

no podemos confiar únicamente en las señales sociales y necesitamos obtener más información a través de la comunicación directa.

Es mejor pedir aclaraciones que hacer suposiciones, porque cuando llenamos los espacios vacíos, tendemos a volver las cosas más negativas de lo que realmente son. Lo hacemos porque nos da una sensación de control, que parece más segura que cuando nos mostramos vulnerables haciendo preguntas, pero es una forma equivocada de protegernos.

Tenemos que cuestionar a nuestro pretendido adivino interior y recordar que no podemos saber lo que piensan los demás si no se lo preguntamos. La comunicación directa es la mejor manera de comprender a los demás y de aliviar la ansiedad que proviene de hacer suposiciones negativas. Así que, la próxima vez que sientas la tentación de llenar los vacíos, haz una pausa, respira y pide la aclaración que necesitas.

Es más fácil decirlo que hacerlo y, tal vez, en mi caso, hace tantos años en Brooklyn, no tenía por qué preguntarle al amable pelirrojo por qué se me quedaba mirando. Hubiera podido dedicarle una sonrisa acogedora y dejar que leyera entre líneas una invitación a que se acercara a disfrutar un poco de “hogar”.

NO PODEMOS SABER LO QUE PIENSAN LOS DEMÁS A MENOS QUE LES PREGUNTEMOS.

31.

HÁBITOS

AYUDAR A OTROS A LIDIAR CON SU ANSIEDAD LE PUEDE PROVOCAR ANSIEDAD A UNO

Mis amigos me pedían ayuda y eso me provocaba ansiedad. Les daba mis mejores consejos, pero los ignoraban como si fueran un manual de instrucciones de IKEA y —sorpresa, sorpresa— sus problemas seguían por ahí, como aquella gaveta que nunca logré entender cómo montar. Eso me dejaba agotado y desconectado de las personas que me importaban. Ayudar a otros a lidiar con sus sentimientos de ansiedad no debía significar que yo también tuviera que sentirme ansioso. Entonces me di cuenta de que quizá el problema era mi forma de ayudarles.

Soy culpable de intentar siempre ser un solucionador. Cada vez que alguien a quien aprecio parece ansioso, saco mi interminable repertorio de soluciones y consejos. A veces les digo en tono jocoso: "¿Te importa si te doy muy rápido una explicación viril condescendiente?", solo para descubrir luego que acababa de echar un galón de gasolina sobre el fuego de su ansiedad.

"Esto es lo que deberías hacer...". Es mucho más fácil dar consejos que seguirlos (dice el tipo que escribe este libro). La razón es que no somos nosotros los que hacemos el trabajo y no tenemos que lidiar con el resultado. Lo admito, vuelvo a leer mis propios libros y pienso: "Es un consejo muy bueno. Debería probarlo alguna vez... No hoy, pero algún día".

Todos queremos ayudar y algunos creemos que nuestra necesidad de hacerlo se debe a que somos muy empáticos y sensibles a las necesidades de los demás. Pero a veces no es así; a veces, queremos ayudar y elegimos formas equivocadas de hacerlo porque *escuchar los sentimientos de alguien puede hacernos sentir responsables de esos sentimientos*. Por supuesto, es maravilloso ayudar a alguien con sus necesidades, pero no siempre puede ser a costa de las de uno. Eso es una forma de autoabandono y un ingrediente potente en la receta de las relaciones ansiosas y codependientes.

Ayudar a alguien con sentimientos de ansiedad vale la pena, pero debemos recordar que se trata de un delicado equilibrio entre ofrecer apoyo y ofrecer soluciones (no siempre son lo mismo), sin generarnos más ansiedad a nosotros mismos. El objetivo es ayudarles a manejar sus emociones para que se sientan menos ansiosos y rara vez ayuda acaparar la conversación con una lista de opiniones y soluciones.

Aquí tienes algunos consejos para ayudar a otras personas con ansiedad sin aumentar la propia:

Haz más preguntas

La mejor manera de ayudar a alguien que nos comenta sus sentimientos de ansiedad es preguntarle primero: "¿Buscas soluciones o solo quieres que alguien te escuche?".* Esta sencilla pregunta aclara el tipo de apoyo que necesita tu amigo. No siempre se trata de arreglar las cosas. La ansiedad no significa que algo esté mal, significa que una alarma está sonando y hay que prestarle atención.

* Dicho de otra manera, asentir con simpatía y decir "Qué mal" durante la siguiente hora.

A veces, tu amigo puede necesitar un espacio seguro para desahogarse sin ser juzgado, lo que le ayudará a obtener perspectiva y claridad. Otras veces, puede que quiera un hombro en el que llorar para liberar sus emociones. O puede que esté buscando un plan detallado con soluciones prácticas. Solo lo sabremos si se lo preguntamos, y cuando preguntemos y obtengamos una respuesta, debemos creerla.

La empatía no requiere que comprendas los sentimientos de una persona, sino que los creas. La verdadera empatía implica creer en su experiencia, aunque no puedas identificarte con ella o no la hayas experimentado.

La empatía y la simpatía son dos cosas distintas.

La simpatía es ver el problema de otra persona desde *tu* perspectiva. **La empatía** es intentar ver sus problemas de forma auténtica desde *su* perspectiva. Cuando alguien se cae y se raspa la rodilla: **La simpatía** dice: "Oh, lo siento, imagino que debe de ser horrible". **La empatía** dice: "Oh, no puedo ni imaginar cómo te sientes. Lesionarse es duro. ¿Quieres hablar de ello? ¿Hay algo que pueda hacer para ayudarte?".

Es importante recordar que la forma en que las personas expresan sus ansiedades y buscan apoyo puede variar en función de quiénes sean. Algunas pueden buscar principalmente que se las escuche y se las comprenda, mientras que otras pueden estar más orientadas a encontrar soluciones. Yo rara vez quiero desahogarme. Si te cuento mis problemas, es porque quiero otras perspectivas, soluciones, puntos de vista y opiniones.

Si mi amigo está molesto porque su última publicación en las redes sociales no ha recibido suficientes "me gusta", aunque a mí no me importe, eso no hace que sus sentimientos de ansiedad sean menos válidos. No tengo que entender por qué es importante; solo tengo que creer que es importante para él y estar ahí en todo lo que necesite.

Piénsalo así: si tu amigo se está ahogando en un mar de preocupaciones, preferirá que le alcances un salvavida (apoyo) a que tú te lances al agua con un plan de rescate de 12 puntos (soluciones). La elección es suya, no tuya. Llegar con un plan de rescate puede abrumarlo, mientras que el apoyo puede ayudarlo a aclarar sus ideas, calmarlo y darle fuerzas para mejorar su situación por sí mismo.

Escuchar

Escuchar es difícil. Es difícil mantenerse concentrado, identificarse y no tomar el control de la conversación. ¿Mi regla para escuchar de forma eficaz? Solo puedo decir las palabras mágicas: "Cuéntame más".

Estas palabras pueden ayudar a desbloquear emociones y ansiedades más profundas. Le muestran a la otra persona que realmente quieres entenderla y que estás dispuesto a escuchar sin juzgar. "Cuéntame más" puede sacar a la luz sentimientos ocultos que necesitan ser escuchados y crear un espacio seguro para el desahogo que libere el estrés acumulado. Con solo escuchar, ofreces el raro regalo de demostrar que realmente te importa.

Ser un buen oyente no consiste solo en permanecer en silencio y asentir con la cabeza. Hay que estar emocionalmente disponible y plenamente presente. Si estás distraído o no estás emocionalmente involucrado, no puedes proporcionar el apoyo que tu amigo necesita. No planifiques tu fin de semana, no sueñes despierto con tu amor platónico, ni mires a tu alrededor. Mantente presente. Si tienes que pensar en algo, concéntrate en ayudar a tu amigo a nombrar sus sentimientos.

Tranquilizar

Una vez que hayas escuchado todo lo que tu amigo tiene que decir y no quede nada más, es el momento de tranquilizarlo. Recuérdale que los sentimientos de ansiedad son normales y que no hay nada de malo en sentirse así.

Poner palabras a las emociones es mágico. Las investigaciones demuestran que nombrar nuestros sentimientos puede activar partes calmantes de nuestro cerebro y ayudar a reducir la ansiedad.

Piénsalo así: si tu amigo está abrumado por una montaña de trabajo, su estrés está subiendo a las alturas del Everest. Al ayudarle a nombrar su sentimiento como "estresado" o "abrumado", le ayudas a comprender lo que está pasando dentro de él, lo que puede ser sorprendentemente tranquilizador.

Se siente bien ser necesario, pero debemos evitar caer en la codependencia. La codependencia es como quedarse atrapado en las arenas movedizas emocionales de otra persona: ambos terminan hundiéndose.

Es importante creer en los sentimientos de tu amigo, pero asumir sus emociones como propias no ayuda. Puede que te haga sentir bien en ese momento, pero no ayuda a tu amigo a aprender a enfrentar sus propios retos. En lugar de intentar ser un mártir o un héroe, ofrécele apoyo de forma sana y duradera.

La ansiedad no es solo un problema personal, es algo con lo que todos lidiamos como sociedad. Cuanto más hablemos de ella y nos apoyemos mutuamente, mejor podremos gestionar la ansiedad, tanto a nivel individual como colectivo.

La ansiedad se alimenta del aislamiento.
Para vencerla, necesitamos
crear una comunidad de apoyo.

— BRENÉ BROWN

TENER EMPATÍA NO SIGNIFICA QUE UNO TENGA QUE ENTENDER LOS SENTIMIENTOS DE ALGUIEN; UNO SOLO TIENE QUE CREER QUE SON REALES.

32. HÁBITOS

¿POR QUÉ TRATAR DE ENCAJAR CUANDO NACISTE PARA DESTACARTE?

Mira la parte trasera de este libro donde aparece la foto en la que "me agarraron totalmente desprevenido". Ya sabes, una foto en la que finjo reírme como si acabara de escuchar el chiste más gracioso del mundo, pero en realidad estoy pensando en lo que voy a comer más tarde. Tómate unos segundos para admirar mi hermosa barba,* y luego repite: "Este tipo encaja en cualquier sitio".

Piensa en lo casi imposible que es para alguien como yo encajar en cualquier sitio, a menos que estemos hablando del "Club de los controlados al azar en el aeropuerto". No solo soy miembro, sino que tengo millas de viajero frecuente, un pase VIP y probablemente sea el presidente del club.

Todos queremos pertenecer, todos queremos encajar y ese deseo puede crear mucha ansiedad. Esta necesidad de encajar está inscrita en nuestra programación humana. Durante miles de años, hemos tenido una necesidad biológica de pertenecer a tribus para sobrevivir y eso sigue impulsando nuestro deseo de encajar hoy en día.

* Dice el poeta no tan humilde.

Los seres humanos no hemos evolucionado tanto como nos gustaría creer… seguimos siendo primates sociales en el fondo.

— ROBERT SAPOLSKY

En la época tribal, permanecer unidos significaba sobrevivir. Si te sacaban de la tribu, te quedabas solo enfrentándote al hambre, a los depredadores y a un montón de situaciones peligrosas. El rechazo era básicamente una sentencia de muerte. Hoy en día, no es tan extremo, pero ser expulsado de un grupo de chat puede seguir siendo igual de devastador. Aunque el rechazo ya no equivale a la muerte, nuestro cerebro primitivo no ha evolucionado y todavía nos duele. Anhelamos la aceptación y, cuando nos rechazan, podemos sentirlo como un defecto personal, algo irreparable. Este miedo a menudo nos empuja a encajar tanto que perdemos de vista nuestro auténtico yo.

Este miedo nos lleva a confundir "encajar" con "pertenecer". Piensa en ti mismo como una pieza de un rompecabezas gigante. Encajar significa obligarte a cambiar de forma solo para encajar en algún lugar, mientras que pertenecer es encontrar el lugar donde encajas de forma natural, sin tener que torcer ni fracturar tu ser.

La verdadera pertenencia no nos pide que cambiemos lo que somos; nos pide que seamos lo que somos.

Cuando le damos prioridad a la pertenencia sobre el encajar, gran parte de la ansiedad desaparece.

Me esforcé mucho por encajar con personas con las que no conectaba de forma natural. Me reía de chistes que no me parecían graciosos y ocultaba mis verdaderos pensamientos para no ofender a nadie. Para ser sincero, probablemente dejaba que la mayoría de la gente me llamara Humble para que no les costara pronunciar mi nombre real, Kanwer. Pensaba que esas conexiones eran necesarias para conseguir lo que quería o para sentir que importaba. Todos lo hemos hecho de alguna manera.

Aunque encajar me ayudaba a alcanzar mis objetivos, no me daba cuenta de que me alejaba de quien yo era de verdad. Ese tipo de traición personal acarrea sus propias ansiedades y ningún premio ni reconocimiento externo puede hacer que valga la pena.

Encajar significa llevar un disfraz —literal y metafóricamente— y ese disfraz cambia a cada rato en función de con quién estamos. Las máscaras que llevamos para encajar son sofocantes y, al cabo de un tiempo, olvidamos quién somos de verdad. Encajar es temporal, pero pertenecer es permanente. Cuando nos centramos en encontrar nuestro lugar, la única expectativa que tenemos que cumplir es ser lo más auténticos que podamos ser.

La ansiedad y la tensión provienen de intentar ser quienes creemos que debemos ser, mientras que el solaz proviene de dedicarnos a lo que realmente somos.

De repente se me ocurrió que el odio hacia uno mismo podía ser en realidad nuestro verdadero ser que busca despojarse de todas las máscaras que llevamos. No es que odiemos lo que somos en el fondo, sino que odiamos lo que creemos que *tenemos* que ser para encajar en el mundo. Odiamos tener que ser siempre educados, tener que evitar conflictos o fingir que nos gustan cosas que no nos gustan. No sé si es completamente cierto, pero es algo que vale la pena tener presente la próxima vez que te sorprendas sintiendo que el odio hacia ti mismo se apodera de ti. A la mayoría de nosotros no nos gusta reprimir lo que realmente somos y esa frustración a menudo alimenta nuestro crítico interior.

El objetivo no es despojarse de todos los disfraces* y correr por las calles con nada más que una sonrisa. El asunto es más bien hallar formas de ser uno mismo más a menudo y aliviar parte de la ansiedad que proviene de intentar encajar. Para eso primero hay que rodearse de personas que te aceptan tal como eres, pero eso solo funciona si realmente les muestras quién eres.

* ... y de la ropa.

Todos nos encontramos en situaciones en las que tenemos que ponernos una máscara, ya sea en el trabajo o en eventos sociales, donde ser totalmente auténtico no siempre es posible. Y eso está bien. A veces hay que seguir el juego por el bien común. No es porque esos lugares sean malos, sino porque en grupos más grandes, las necesidades individuales suelen quedar en un segundo plano para que todo fluya sin tropiezos.

> *La multitud necesita conformidad para sentirse a salvo; el individuo necesita inconformidad para [que] pueda sentirse libre.*
>
> — SOREN KIERKEGAARD

Ser uno mismo significa explorar continuamente lo que uno es y proteger lo que encuentra. Eso conlleva autocompasión, autorreflexión y establecer límites que enseñen a los demás cómo tratarte. Y si buscas una comunidad que acepte tu yo auténtico, la mejor manera de encontrarla es crearla. Crea un espacio donde las personas se sientan libres de ser quienes son.

Está muy de moda hablar de diversidad e inclusión, pero la verdadera inclusión no consiste solo en tolerar las diferencias, sino en celebrarlas. Celebra a las personas que piensan, aman, rezan, votan, comen y viven distinto de ti.

Todos ansiamos ser aceptados y ello en gran parte proviene de no aceptarnos plenamente a nosotros mismos. Así que empecemos por ahí. Cuanto más comprendamos que somos una pieza única en el rompecabezas, más fácil será encontrar nuestro verdadero lugar en vez de forzarnos a encajar.* Y cuando damos prioridad a nuestra verdadera pertenencia, podemos crear espacios donde los demás también se sientan seguros siendo ellos mismos, sin necesidad de controles de seguridad adicionales.

* Es como encontrar la última pieza de un rompecabezas de mil piezas. ¡Por fin todo cobra sentido!

LA ÚNICA FORMA EN QUE LA GENTE PUEDE ACEPTAR TU VERDADERO SER ES QUE SE LOS MUESTRES.

33.

AMBIENTES

TODO EL MUNDO ES UN PEZ EN EL AGUA SOCIAL... EN LA PISCINA ADECUADA

Imagina esto: estás en una fiesta donde todo el mundo se ríe, baila y disfruta al máximo. Mientras tanto, tú estás pegado a una pared, sosteniendo un vaso medio vacío de quién sabe qué, preguntándote cuánto tiempo falta para poder largarte y acurrucarte con tu mascota en el sofá.* Si esto te suena familiar, antes de etiquetarte de "ansioso social", considera la idea de que *eres en realidad un pez en el agua social, pero estás en la laguna equivocada*.

Cuando nos sentimos perdidos, la conciencia de nosotros mismos es nuestra mejor guía. ¿Quiénes somos realmente? ¿Somos introvertidos que fingen ser fiesteros o extrovertidos que evitan las relaciones auténticas? Hace poco descubrí la existencia de los ambivertidos, personas que son ambas cosas, dependiendo de la situación. Pero antes de etiquetarnos, deberíamos preguntarnos: ¿Qué es lo que realmente nos importa? ¿Cuáles son nuestros valores y pasiones? ¿Qué nos emociona? Reflexionando sobre estas preguntas, podemos navegar mejor las interacciones sociales.

* O tu pareja, lo que te haga feliz.

Decir que no somos buenos en ambientes sociales aumenta nuestra ansiedad. En lugar de eso, descubramos qué ambientes nos hacen sentir como pez en el agua y cuáles nos ahogan. Saber esto nos ayuda a tomar decisiones que se alineen con quiénes somos, reduciendo la ansiedad y haciendo que las interacciones sociales sean más agradables y auténticas.

Encontrar a tu gente

Cada interacción te recarga como un buen café o te deja con la sensación de haber vivido el lunes más largo del mundo, con ganas de deslizarte por un desagüe como un charco de dibujos animados. Todo depende de qué estamos hablando. Por ejemplo, no soy fan de Harry Potter, me quedé dormido durante la primera película. A mi encantadora editora, Allison, no le gustan mis referencias deliberadamente incorrectas para molestar a la gente.* Pero si eres fan, imagina estar en una habitación con otras personas que comparten esa pasión en lugar de tener que explicar qué es un Gryffindor a alguien como yo.**

Es más gratificante estar rodeado de personas con las que conectamos a un nivel profundo que de aquellas que no comparten nuestros intereses. Para encontrar a nuestra gente, a aquellos que nos iluminan en lugar de agotarnos, primero tenemos que conocernos a nosotros mismos. Cuando sabemos de nuestros propios valores y pasiones, podemos buscar ambientes sociales y conexiones que realmente nos den energía.

Pero, Humble, me gusta leer libros, ver reality shows, *montar bicicleta, encantar serpientes, salir de fiesta los miércoles y coleccionar cerámica antigua. ¿Cómo voy a encontrar un grupo de personas a las que les gusten todas esas cosas?*

Pues bien, querido amigo, no pasa nada con tener diferentes amigos para diferentes cosas. Al igual que tienes ropa diferente para diferentes ocasiones, puedes tener diferentes amigos para diferentes

* Dumbledore es el tipo peludo que se junta con Han Solo ¿no es así?

** Supongo que es algún dispositivo para conectar el teléfono a la computadora ¿no?

actividades.* Yo tengo un grupo de amigos con perros, otro grupo de artistas, otro de emprendedores, e incluso una banda de chicos solteros para salir de noche. No es necesario mezclar todos los grupos.** El asunto no es encontrar el grupo perfecto, sino entender que nos sentiremos menos ansiosos con personas que comparten algunos de nuestros valores. Es mucho más fácil ser uno mismo en los espacios en los que realmente quieres estar, que intentar encajar en espacios en los que ni siquiera hubieras querido entrar.

Formar parte de diferentes grupos de amigos es una forma estupenda de evitar el tribalismo, en el cual toda nuestra identidad queda ligada a un grupo y hace que nos desagrade todo aquel que consideremos "otro". Así que disfruta de tus diversos intereses con diferentes círculos y comprueba cómo se alivian tus ansiedades sociales.

Cuidado con las trampas mentales

Nuestro cerebro está programado para mantenernos con vida, no para ganar concursos de popularidad. Esto significa que a menudo caemos en trampas mentales, como pensar que todo el mundo juzga cada uno de nuestros movimientos o que su silencio significa que nos odian. Son solo trucos que nos juega nuestro cerebro para mantenernos alejados de situaciones nuevas, pensando que así estaremos a salvo. Pero estos trucos en realidad nos hacen sentir más ansiedad. Es como ver el mundo a través de una lente distorsionada, lo cual acarrea malentendidos y dificultades en las situaciones sociales.

Para algunas personas, en particular las que sufren de déficit de atención (TDAH), existe algo llamado **disforia sensible al rechazo** (RSD, por sus siglas en inglés). El miedo al rechazo es tan intenso que lo sentimos aunque no haya habido rechazo. Un pequeño comentario, una broma o un gesto disparan las alarmas de la RSD y nos hacen pensar que todo el mundo nos odia.

---

* Incluida la sudadera con capucha que usas para esconderte cuando estás harto de todo.

** Me da ansiedad la idea de que los amigos se intercontaminen.

Observa con qué frecuencia juzgas a los demás en una fiesta. Aun cuando lo haces, no es por mucho tiempo. Casi siempre todos compartimos las mismas inseguridades y estamos demasiado ocupados preguntándonos si los demás nos están juzgando como para juzgar a alguien más.

El aislamiento social puede alimentar la ansiedad social

Nuestras habilidades sociales son como un músculo: si no las usamos, las perdemos. ¿Recuerdas la primera gran reunión después del COVID? Te debes de haber sentido incómodo. Para la ansiedad social la mejor solución es quedarse en la casa. Es como estar atrapado en una isla donde los únicos vecinos son tus propias inseguridades y, antes de que te des cuenta, han construido toda una ciudad de "qué pasaría si" y "por qué a mí".

Cuanto menos interactuamos con la gente en la VIDA REAL,* más difícil nos resulta socializar, y nuestro instinto de supervivencia empieza a susurrarnos cuentos de terror sobre los monstruos horribles que se esconden en cada rincón social, esperando para devorarnos o rechazarnos, lo que nos parezca más aterrador.

Las distintas variedades de ansiedad social

La ansiedad social no es un interruptor que se encienda y se apague, sino más bien un espectro. Algunas personas se sienten mejor en grupos pequeños y evitan las grandes reuniones, mientras otras se sienten cómodas entre multitudes, pero se ponen nerviosas en situaciones individuales. Comprender en qué parte del espectro nos colocamos nos ayuda a descubrir cómo podemos brillar en sociedad. Al reconocer las personas y los ambientes que más nos convienen, podemos socializar con mayor comodidad y establecer conexiones significativas.

* El teléfono no cuenta.

No hay socializadores perfectos; algunos simplemente tenemos más práctica que otros. Todos tenemos momentos incómodos en el ámbito social. Es una experiencia humana universal, como tropezar en la calle delante de todo el mundo u olvidar el nombre de alguien. La diferencia está entre quien decide sacudirse el polvo y seguir adelante, y quien deja que eso defina toda su vida social. La interacción humana real es confusa, pero eso es también lo que puede hacerla divertida y agradable.

Aquí tienes algunas estrategias para sentirte menos incómodo socialmente y disipar la ansiedad social:

- **Auditoría social:** Lleva un diario social y anota las interacciones en las que te sientes animado y las que te agotan. Empezarás a notar patrones.
- **Virtual:** Recuerda que socializar no siempre tiene que ser cara a cara. Los grupos en línea pueden ser un buen **punto de partida**,* sobre todo cuando salir te resulta abrumador.
- **El poder de la pasión**: Unirse a grupos o clubes que coincidan con los intereses de uno es una contraseña social. Es más fácil hablar sobre lo que te gusta con gente a la que también le gusta.
- **Pequeñas reuniones**: Si el gentío te abruma, empieza lentamente. Las noches de juegos, los clubes de lectura o las reuniones de café pueden ser menos intimidantes.

Recuerda, **lo más valiente es ser auténtico,** incluyendo nuestras incomodidades. Al fin y al cabo, el mundo necesita tu chispa única, ¡así que no apagues tu luz!

Por último, lo que me ha ayudado mucho en grupos grandes es ubicar a alguien que parece incómodo y tratar de que se sienta más a gusto, así dejo de enfocarme en mí y en cómo me siento. Me di cuenta muy pronto de que, de verdad, todos estamos en el mismo barco y saber que no era el único que se sentía ansioso en una reunión hizo maravillas para disipar mi ansiedad.

* La clave es empezar. No convirtamos las interacciones virtuales en una muleta.

ES MUY POSIBLE QUE SEAS EN REALIDAD UN PEZ EN EL AGUA SOCIAL, SOLO QUE EN LA PISCINA EQUIVOCADA.

PARTE 6:

NAVEGAR EN TEMPESTADES DE ANSIEDAD

HÁBITOS

34. NO PODEMOS ESCAPAR DE LO QUE NO ENFRENTAMOS

Este es un espacio libre de juicios. No estoy aquí para juzgar tus decisiones de vida; yo tampoco siempre tomo las mejores decisiones.* El objetivo de este capítulo es hacer que te des cuenta de cómo algunas decisiones pueden ayudarnos o perjudicarnos en nuestro camino hacia una vida sin tanta ansiedad.

Soy punjabi y, al igual que muchas otras culturas, tenemos una relación única con el alcohol. Muchos de nosotros crecimos viendo a nuestros padres beber, y acceder al armario de las bebidas alcohólicas era tan fácil como abrir una puerta sin hacer ruido cuando no hay nadie en casa.

Ahora tengo amigos y familiares de unos 30 años que sienten que el alcohol se ha apoderado de sus vidas. El denominador común entre ellos es que nunca se detuvieron a pensar si beber era beneficioso o perjudicial; simplemente era parte de la norma.

Pero el asunto no es solo el alcohol. Cuando estamos ansiosos, las sustancias pueden parecer la forma más rápida de apagar la alarma que suena en nuestra cabeza. El alivio es real, pero efímero, y a menudo la ansiedad vuelve con más fuerza una vez que desaparece el

* No puedo negar que he comido torta en el desayuno y lo he justificado diciendo que "hay que empezar el día con algo dulce".

efecto de la sustancia. Sin embargo, seguimos buscando ese alivio temporal.

El asunto no es solo el alcohol, sino también la cafeína, la marihuana, los cigarrillos, los medicamentos que requieren receta e incluso sustancias que siguen siendo ilegales.

No estoy aquí para juzgar cómo lidias con esas cosas. Solo quiero que te sientas mejor durante más tiempo.

Los sentimientos de ansiedad pueden ser difíciles de manejar y, a menudo, hacemos lo que sea para escapar de ellos. Ya sea que nos sintamos tristes, solos o estresados, buscamos soluciones rápidas para adormecer el malestar. A veces la presión social nos hace sentir que necesitamos sustancias para encajar o ser aceptados. Luego están las tensiones cotidianas de la vida que nos llevan a consumir sustancias para obtener un alivio rápido.

Pero **una vez que empezamos a usar una sustancia, cualquiera que sea, su abstinencia acarrea ansiedad.** Cuando pasa su efecto, quedamos muchas veces en peor situación que antes y necesitamos otra dosis solo para escapar del ciclo. La adicción hace que lo que nos da placer se venga a menos.

El intento de escapar del dolor
es lo que crea más dolor.
— GABOR MATÉ

Hace unos años, sufrí una lesión en la espalda. Fue el peor dolor que he sentido en mi vida y, tras tres visitas al médico, me recetaron Percocet, un opioide. Era la primera vez que tomaba un opioide y, cuando lo probé, comprendí enseguida por qué los raperos le escribían canciones. El Percocet le bajó el volumen, literalmente, a todo lo que me dolía en la vida, no solo la espalda.

Otras personas me preguntaban si tenía de más. Veían el Percocet como algo divertido y no las culpo. Se sentía increíble y ni siquiera es el opioide más fuerte que existe. Unos años más tarde, me volví a encontrar con el Percocet porque me sacaron las cordales y puedo decir en confianza que no culpo a nadie por querer sentirse tan bien todo el tiempo.

Mi hermana tuvo una cesárea de urgencia en su primer parto y recuerda con alegría cuando la llenaron de morfina. Los analgésicos bajo prescripción se justifican, pero a veces, cuando les agarramos el gusto, no queremos soltarlos.

Según el Instituto Nacional de Abuso de Drogas, cuatro de cada cinco nuevos consumidores de heroína comenzaron por abuso de analgésicos bajo prescripción. No culpo a nadie por volverse adicto a estas sustancias que proporcionan alivio.

El asunto no es clasificar sustancias ni determinar cuáles son peores. Este capítulo trata de darse cuenta de que las llamadas píldoras "mágicas" o soluciones rápidas que utilizamos para la ansiedad no siempre funcionan como se espera. La dependencia puede conducir a la adicción, y la adicción consiste en nunca poder tener suficiente de algo que casi funciona. Eso puede alterar nuestras vidas de manera significativa. Y cuando no tenemos acceso a nuestra sustancia preferida, la abstinencia ataca, dejándonos a menudo más ansiosos que antes.

Me encanta la hierba, pero tengo presente que le puede pasar factura a una persona.* El objetivo aquí no es convertirlos a todos en personas sobrias que solo beben agua, no tienen vida social y gritan mentiras obvias como "¡la vida es la que me da nota!" El objetivo es tan solo ayudarnos a todos a estar más enterados y empoderados a la hora de lidiar con nuestros sentimientos de ansiedad.

Las sustancias son como pulsar el botón de pausa de la ansiedad: silencian la alarma por un rato, pero no la quitan. Para apagar de verdad la alarma, tenemos que permitirnos sentir lo que está pasando dentro de nosotros. Nuestro cerebro puede ansiar ese escape temporal,

* Solo pregúntale a cualquier marihuanero que se haya pasado siglos intentando recordar por qué entró a la cocina.

pero depender de sustancias nos impide desarrollar la resiliencia y el crecimiento que necesitamos para afrontar los retos de la vida.

Si lidiamos con la ansiedad dándonos premios poco saludables, como los estimulantes, nuestro cerebro se enterará de que consigue esos premios por su ansiedad. Con el tiempo, vamos a querer estar ansiosos solo para disfrutar de ese alivio rápido.

En vez de solo usar sustancias para lidiar con la ansiedad, nos sentiremos mejor entrenando a nuestro cerebro a manejarla de formas más sanas. Eso significa practicar elecciones reales y cotidianas, como mover el cuerpo, comer mejor y dormir lo suficiente, para ayudarnos a sentirnos bien en general. Prácticas sencillas como respirar profundamente y volver al presente con ejercicios de atención plena también te ayudarán mucho con el estrés y la ansiedad. También es importante crear vínculos sociales que no giren en torno a las sustancias. Y recuerda que hablar de tus sentimientos con personas de confianza —como un amigo, un familiar o un terapeuta— es muy útil para lidiar con la ansiedad de una forma sana.

Antes de correr a tirar todo el alcohol y las pastillas por el inodoro, tomémonos un tiempo. La abstinencia repentina suele llevarnos a quedarnos viendo una botella vacía y buscando en Google "cómo sacar cosas del excusado". En lugar de eso, centrémonos en controlar la ansiedad que nos provocan las sustancias que ingerimos y demos pequeños pasos a partir de ahí. Hay que reducir gradualmente la dependencia de esas muletas, mientras desarrollamos nuestra propia resiliencia y mecanismos de defensa.

Mantener hábitos sanos significa conocer tus propios detonantes. He averiguado qué situaciones hacen que mi ansiedad se dispare y qué reuniones de amigos suelen acabar con una mala decisión de sobra. Si quiero tomar decisiones sanas, tengo que limitar la frecuencia con la que me encuentro en esas situaciones. Debo prepararme para el éxito. Para tomar decisiones positivas, necesito ponerle límites a la frecuencia con la que nos reunimos.*

* Los quiero un montón, pero en pequeñas dosis.

También tengo un grupo de amigos sobrios. Las actividades con ellos giran en torno a cenas sabrosas, sesiones de estiramiento y conversaciones de terapia en la sauna y hasta fiestas de baile a primera hora de la mañana.*

Siempre es fácil medicarse, distraer y evitar los sentimientos de ansiedad, pero solo podemos hacerlo por un tiempo antes que todo se derrumbe. Hemos visto cómo le ocurría a nuestros seres queridos, y a algunos de nosotros ya nos ha ocurrido. Recordemos que no se trata de escapar de la ansiedad, sino de escucharla, enterarnos de lo que nos está tratando de decir y lidiar con eso para poder seguir creciendo y viviendo nuevas experiencias, que es lo que hace que la vida merezca la pena. No podemos hacerlo si vivimos siempre sumidos en una neblina, distrayéndonos y medicándonos para no escuchar todos los mensajes que nos envía la vida.**

* Un saludo a los madrugadores.

** Por ejemplo: "llama a tu mamá" o "no te deberías comer ese tercer plato de nachos".

NO ESTAMOS AQUÍ PARA EVITAR LA ANSIEDAD; ESTAMOS AQUÍ PARA ESCUCHARLA, ENTENDER Y LIDIAR CON LO QUE TRATA DE DECIRNOS.

HUMBLE THE POET

35.

REACCIONES

UN CORAZÓN ROTO PUEDE HACERTE MÁS FUERTE

A dos manzanas de mi casa hay un bar-restaurante con el que di por casualidad una noche. El ambiente era increíble para un día de semana. Había gente de todo tipo, todos eran muy amistosos y se convirtió en el lugar al cual tenía que ir después de una larga noche de aventuras.

Entonces, un día me asomé y la mujer de la recepción me soltó: "Hay dos horas de espera". Mi privilegio de vecino se disparó mientras intentaba averiguar qué demonios había pasado. Resultó que un periódico importante había publicado una reseña del lugar y ahora eran el segundo mejor bar de toda Norteamérica. El sitio estaba abarrotado y, de repente, yo estaba afuera y miraba hacia dentro.

Ese fue mi desengaño amoroso más reciente.*

Cuando repaso mis recuerdos de desengaños amorosos, no tengo ni idea de cómo los superé. No podía darme a mí mismo el consuelo de que esas experiencias me harían más fuerte, porque décadas después de mi primer desengaño amoroso, sigo experimentándolos y aún duelen.

---

* Por alguna razón, "tendrás que esperar dos horas" me dolió más que un mensaje que dijera "tenemos que hablar".

El desengaño suele parecer una grieta limpia y triste cuando hablamos de ello más tarde, pero en el momento se siente como un puñetazo brutal en el corazón que lo hace pedazos. El dolor es crudo y apabullante, como si te aplastaran el pecho y te dejaran sin aliento.

Bien sea una ruptura con un novio o una novia, una pelea con un amigo cercano o el percatarte de que tu bar de la esquina ahora es demasiado genial para ti, el dolor emocional es intenso y abrumador.* Se siente como si nuestro corazón se quebrara literalmente y la ansiedad concomitante hace que sea difícil pensar, respirar o tan solo existir. No puedo hacer que esos sentimientos desaparezcan, pero puedo ayudar a explicar lo que está pasando de modo que puedas observarlos y, finalmente, rendirte a ellos cuando se produzcan.

Un estudio de la Universidad de Michigan utilizó imágenes cerebrales para descubrir que las áreas del cerebro que se activan cuando sufrimos dolor físico son las mismas que se activan cuando experimentamos dolor emocional. Helen Fisher, antropóloga biológica, realizó una investigación que demostró que, cuando nos rechazan en el amor, aumenta la actividad de nuestro sistema de dopamina. **En realidad estás más enamorado cuando no puedes conquistar a alguien que cuando puedes.** El desengaño pone a toda marcha nuestra amígdala cerebral, que dispara la alarma y nos dice que estamos en peligro. Es el momento en que todas las sustancias químicas que provocan ansiedad nos inundan y nos hacen sentir miedo y pánico. Mientras tanto, nuestro cerebro lógico —la corteza prefrontal— pierde el control de la situación y nos empuja a tomar decisiones impulsivas solo para callar la alarma. Quizás eso signifique comerte un bote entero de helado mientras ves *Friends* con odio porque, de alguna manera, todo te recuerda a tu ex, o salir a beber hasta olvidar tu propia contraseña de Netflix.

El desengaño nos hace preocuparnos por el futuro, sentirnos inseguros y obsesionarnos con lo que salió mal.** Gran parte de la

* Solo que el bar no dejó tras de sí un suéter con capucha o una liga de pelo para olerlos cuando lo echo de menos.

** Te hace preguntarte si borraste todas las fotos de tu ex en Instagram demasiado pronto o demasiado tarde.

ansiedad es miedo a lo desconocido. Después de una ruptura, nos sentimos ansiosos por lo que vendrá después y la incertidumbre sobre nuestro futuro es sobrecogedora. El desengaño hace tambalear nuestra autoestima. Empezamos a cuestionar nuestro valor y nos preguntamos si alguna vez volveremos a encontrar el amor, la amistad o un nuevo bar.* Y por si fuera poco, perder a alguien importante nos hace sentir aislados y solos, lo cual incrementa los sentimientos de ansiedad.

Observar lo que ocurre en nuestro cerebro y en nuestro cuerpo sin juicio previo es mi definición favorita de la entrega. Dejar que estos sentimientos sigan su curso nos ayuda a manejar el dolor y la ansiedad que acompañan a un desengaño. Cuanto más intentamos ignorar esos sentimientos desagradables, más fuertes se vuelven. Así que, en lugar de rechazarlos, reconozcámoslos. Acepta y valida lo que sientes. Está bien, y es necesario sentirse triste, enfadado o ansioso sin juzgarse por ello. Sentir tus emociones es parte del proceso de curación.

En resumen, **deja de saltarte las canciones tristes de tu lista de reproducción emocional. Deja que suenen.**

> *Independientemente de lo que te esté pasando, trátalo como si fuera una decisión activa tuya.*
>
> — ECKHART TOLLE

Haz como si todo formara parte de tu plan maestro. Pregúntate: si no me hubieran roto el corazón, ¿existía una razón para yo dejar esa relación?

Explorar esta pregunta nos da el control y hace que nuestro punto de vista pase del desamparo a una nueva perspectiva. Nos reta a que examinemos si la relación se ajustaba a nuestros valores o necesidades y nos ayuda a darnos cuenta de que tal vez esa ruptura era un mal que por bien venía. Este cambio en la forma de pensar la ruptura

* Lo siento, ¡pero sus tapas eran tan buenas!

nos permite verla como una oportunidad para crecer y no solo como una pérdida.

No es una píldora mágica que haga desaparecer el dolor, pero ayuda a seguir el rumbo correcto.

Compartir nuestros sentimientos con amigos,* familiares o un terapeuta también nos proporcionará alivio y nos ayudará a procesar nuestras emociones. El simple hecho de hablar o escribirlo marcará una gran diferencia. Y, por supuesto, cuidar de nuestro cuerpo por medio de la alimentación, el sueño y la calidad de vida también mejorará nuestra salud mental.

Es importante llorar la pérdida de una relación —las relaciones hacen que la vida valga la pena—, pero eso no significa que no podamos crear una nueva durante el proceso. Aislarnos cuando tenemos el corazón roto es como echar sal en una herida abierta. Prioricemos la búsqueda de nuevas formas de conectar con los demás. Únete a un club, empieza una nueva afición o ponte en contacto con otros amigos.**

Además, demos tiempo al tiempo antes de tomar decisiones importantes. Nuestro cerebro está procesando muchas cosas y dar un paso atrás puede ayudarnos a pensar con más claridad. Recuerda: *está bien y es normal sentirse desconsolado y ansioso*. Experimentando nuestras emociones, cuidándonos y buscando apoyo externo podemos vadear la tormenta y salir más fuertes del túnel.

Personalmente, y no lo tomes como palabra de Dios o de la ciencia, lo que me ayuda es recordar que un corazón roto es un corazón abierto. Cuando sentimos dolor, es una suerte poder compartir los pedazos rotos con la gente. Claro, a veces esto puede explicar ciertos comportamientos de despecho que no ayudan, pero el lado positivo es que esa energía la podemos usar para contribuir, ayudar a los demás

* Siempre y cuando los amigos no sean de los que responden con un "ya me lo esperaba", porque entonces necesitarás nuevos amigos y un pote de helado más grande.

** Incluso con los amigos que dejaste entendiéndose cuando empezaste esa relación.

y dedicarnos en ser valiosos para las personas que nos rodean. El asunto es convertir el dolor en algo que nos vincule a los demás.

Como alguien que ha acumulado suficientes desengaños amorosos como para que el próximo venga con un 50 % de descuento, puedo dar fe de que, aún con descuento,* duelen igual. Pero también he comprobado que desviar la atención de mí y dedicarla a ayudar a los demás hace que el proceso de alivio sea más suave. Ayudar a los demás aparta el foco de nuestro propio dolor y nos proporciona un nuevo sentido de propósito y conexión. Reorienta nuestra energía, nos ayuda a encontrar sentido en lugares inesperados y evita que nos hundamos en nuestro desengaño.

En cuanto al bar, volví al cabo de unas semanas, temiendo que me volverían a rechazar. Pero, para mi sorpresa, me reconocieron y se esforzaron por conseguirme un sitio. El ajetreo había disminuido y me di cuenta de que, después de todo, no eran tan buenos como me parecían. Supongo que no se trataba realmente de un desengaño amoroso, sino más bien de una relación tóxica intermitente con un bar del vecindario. De modo que quizá puedas ignorar este capítulo y solo esperar a que la persona que te partió el corazón deje de estar en la lista de gente genial y vuelva de repente a tener tiempo para ti.

* Utiliza mi código promocional: BrokenHeartedBeard143.

UN CORAZÓN ROTO ES UN CORAZÓN ABIERTO.

36.

HÁBITOS

MÁS DINERO ≠ MENOS ANSIEDAD

Cuando tenía 16 años, encontré un trabajo a tiempo parcial de comercio en línea que pagaba más que el salario mínimo, lo cual significaba que ganaba más dinero que mi hermana mayor que trabajaba sirviendo helados en el centro comercial. En mi mente adolescente, era prácticamente multimillonario. Durante los meses más fríos,* trabajaba todo lo que podía para ahorrar dinero. Cada vez que cobraba, destinaba una parte a gastos y guardaba el resto en una cuenta de ahorros. Pero, a medida que empezaba a hacer calor, trabajaba menos y gastaba más.

Entonces descubrí lo que era un CSF.

Extendí un cheque para pagar las fotos de mi graduación y, unas semanas después, me dijeron que había sido rechazado y que me cobrarían 25 dólares adicionales por cheque sin fondos o CSF.

Fue mi primera experiencia de ansiedad por el dinero. Sentía que nadaba en la abundancia y no era cierto en lo más mínimo. No llevaba control de mis gastos y se me fueron de las manos. Gastaba como si cada día fuera mi cumpleaños: ropa nueva, juguetes y gastos extra por lo que fuera. Por supuesto, todo se fue cuesta abajo.

Esto se convirtió en una constante en mi vida, en especial cuando ganaba más.

* Es decir, en Toronto, la mayor parte del tiempo.

Avancemos rápidamente a mi vida adulta: dejé mi trabajo y mi sueldo fijo como profesor de primaria para dedicarme a la creatividad a tiempo completo y me endeudé en casi seis cifras.

En esa época de mi vida estaba completamente arruinado y ya no podía permitirme evitar mis problemas económicos. Antes de conseguir la forma de ganar dinero, tenía que revisar mis gastos. Me deshice de mi coche, dejé de comprar ropa y dejé de salir a comer fuera o de divertirme. Hasta corté mis tarjetas de crédito y pagaba todo en efectivo. Estos hábitos responsables con el dinero se mantuvieron cuando empecé a ganar más y me permitieron estar en una buena situación para no volver a meterme en un lío nunca más.

En la peor época, dejé de pagar impuestos durante seis años. Pensaba que el gobierno me iba a meter en la cárcel y obligarme a donar mi pelo para pagar las deudas. Luego empecé a trabajar con un contable, que me dijo que mi situación no era única y que mucha gente opta por la evasión cuando se siente aplastada financieramente.

El dinero es una fuente de estrés, ansiedad e impotencia para casi todo el mundo. Tanto si se tiene mucho como poco, es una relación compleja que a menudo simplificamos en exceso, pensando que la solución es "solo tengo que ganar más".

Muchos recurrimos a la "terapia de compras" para adormecer nuestras ansiedades. No voy a juzgar a nadie; yo siempre pago extra por el guacamole cuando voy a Chipotle. Solo hay que recordar que **gastar más dinero para aliviar el estrés de no tener suficiente es como mojar las curitas en salsa picante antes de ponérselas en las heridas.** Recuerda, cuando no compras nada ahorras el 100 %.

El dinero es importante, tanto desde el punto de vista filosófico como práctico. Da forma a nuestras opciones, influye en nuestras decisiones, dicta nuestra sensación de seguridad y, por desgracia, para muchos es una medida de su amor propio. Tenemos que respetar esta realidad antes de poder crear una relación sana con nuestras finanzas.

Muchos nos estresamos por el dinero, no solo porque no tenemos suficiente, sino también porque intentar entenderlo es como leer un libro de física al revés.

El dinero es como un idioma, su vocabulario y gramática pueden resultar confusos y abrumadores. A la mayoría de nosotros no nos enseñaron a hablarlo en la escuela, y hablar de dinero suele considerarse tabú en los ambientes sociales. Si a eso le sumamos una cultura que nos grita "compra cosas, sé feliz" y un mundo de transacciones sin efectivo,* es fácil ver cómo nos están preparando para el desastre.

Nadie empieza con las mismas cartas en el juego de la vida. Procedemos de ambientes económicos diferentes y nos enfrentamos a retos únicos, todo lo cual determina la forma en que experimentamos la ansiedad en torno al dinero.

El mundo es duro: la inseguridad laboral, el aumento del costo de la vida, la deuda estudiantil y todo tipo de dificultades financieras se suman naturalmente a nuestro estrés y ansiedad. Es completamente normal sentirse ansioso por los desafíos de la vida, pero si dejamos que esa ansiedad se salga de sus casillas, puede impedirnos mejorar nuestra situación.

Muchos de nosotros crecimos enfrentándonos a traumas y dificultades, y esas experiencias pasadas de inestabilidad financiera o pérdidas pueden dejar cicatrices emocionales. Las cicatrices desencadenan ansiedad en el presente y hacen que ignoremos nuestros gastos y dejemos que se descontrolen, o que acumulemos ahorros, sin gastar nunca en las cosas que realmente queremos, porque tememos que nunca sea suficiente.

Imponernos estándares financieros imposibles y comparar nuestras vidas con las de los demás solo aumenta la ansiedad de no sentirnos "suficientemente exitosos". Antes, solo veíamos cómo les iba a nuestros vecinos y, si vivíamos en la misma zona, todos teníamos una vida bastante similar. Pero ahora, con las redes sociales, vivimos viendo a gente que presume de sus automóviles costosos, de sus vacaciones

* Es más fácil gastar dinero cuando uno no ve cómo sale del bolsillo.

exóticas y de los cochecitos de lujo para sus niñitos no tan lindos. Existe una sutil presión por estar a la altura, que nos empuja a centrarnos más en **parecer** exitosos que en **serlo** de verdad.

Para las personas que ya sufren ansiedad o depresión, las preocupaciones económicas pueden resultar aún más agobiantes. Tengo un amigo con trastorno bipolar que tiene que esconder sus tarjetas de crédito durante los episodios maníacos para evitar compras impulsivas. Es un recordatorio de que los problemas de salud mental pueden dificultar aún más la gestión del dinero, creando un círculo vicioso de estrés y gasto.

Como crecí en una familia de inmigrantes, siempre me dijeron que ahorrara hasta el último centavo. Y aunque es un consejo sensato, solo funciona hasta cierto punto. Pasar una hora buscando cepillos de barba a buen precio solo para ahorrar 6 dólares no es en realidad ahorrar dinero, sino perder el tiempo. Tuve que trabajar con un terapeuta para reconocer y salir de esa mentalidad de escasez que heredé de mi familia de inmigrantes. El modo de supervivencia no es malo —es una respuesta natural—, pero se convierte en un problema si nos quedamos en él, estancados e incapaces de evolucionar mental o económicamente.

Para mí, el trabajo consistió en darme cuenta de que **el tiempo es más valioso que el dinero.** Siempre podemos recobrar el dinero perdido, pero no podemos recobrar el tiempo perdido. Cambiar de actitud ha hecho maravillas para aliviar mi ansiedad financiera.

¿Más dinero, menos problemas?

Es fácil pensar que ser rico significa angustiarse menos por el dinero, pero la verdad es que el estrés financiero afecta a todo el mundo, independientemente de cuanto tenga. Existe la presión de mantener un estilo de vida, el miedo a perder lo que se ha ganado y la ansiedad por el futuro, todo lo cual alimenta la preocupación financiera, incluso para las personas que parecen tenerlo todo.

El dinero habla, pero no cuenta toda la historia. Dar por sentado que quien tiene más dinero no tiene estrés solo alimenta nuestra propia sensación de desamparo. La ansiedad, especialmente la ansiedad financiera, es más complicada que eso.

Viviendo en la ciudad de Nueva York, veo a gente que se mata trabajando solo para mantenerse a flote. Creen que es una cuestión de supervivencia, pero a menudo se trata de mantener un determinado estilo de vida. El alquiler que pago en Nueva York daría para mucho más en una ciudad más pequeña o incluso en el extranjero. El simple hecho de saber que tengo opciones si las cosas se encarecen demasiado me ayuda a reducir la ansiedad.*

Conocimientos de finanzas

Cuanto más inteligentes somos con el dinero, más poderosos nos sentimos. Vivimos en un sistema capitalista que prospera por el hecho mismo de que no tenemos ni idea de las finanzas y gastamos sin parar. Nos bombardean con miles de anuncios cada día, aunque no nos demos cuenta. Esta presión constante por ganar más y comprar más nos da a entender por debajo de cuerda que si no tenemos más no nos daremos abasto.

Los conocimientos de finanzas consisten en saber lo básico: elaborar un presupuesto, administrar las deudas, ahorrar, invertir y planificar para el futuro. No son una panacea, sino una herramienta poderosa. Saber cómo manejar tu dinero te da control, reduce la ansiedad y genera seguridad. No es necesario convertirse en un genio de las finanzas ni predecir el curso de la bolsa; basta con tener las herramientas básicas para navegar con confianza por tus finanzas para calmar el caos.

El conocimiento da dominio, y en lo que respecta a la ansiedad por el dinero, los conocimientos financieros son la mejor arma.

* Sí, mudarse también es muy estresante, pero también es cavar tu propia tumba al trabajar 60 horas a la semana para llevar un estilo de vida imposible, solo para poder quedarte donde estás.

La palabra que empieza por D

Las deudas agobian, son como una ex pareja pegajosa que aparece en todas las reuniones familiares y que, por mucho que respires profundo, pienses en positivo o hagas yoga, no va a desaparecer. Nadie quiere tener deudas y cuando se acumulan las facturas, es aún más difícil hacerles frente. Pero tenemos más opciones que jugar a la lotería o escondernos esperando a que desaparezcan.*

Al igual que con cualquier cosa que nos provoque ansiedad, debemos encarar las deudas con resolución. Eso significa hacer una lista de todas las deudas, sus tipos de interés, los pagos mínimos y las fechas de vencimiento. No es divertido, pero sacarlas a la luz da mucho más dominio que esconderlas bajo la alfombra. La deuda es un miedo que debemos enfrentar.

Defenderse de las deudas no consiste solo en pagarlas, sino en evitar que se acumulen. Esto nos lleva de vuelta a que hay que elaborar un presupuesto como un profesional, seguir cada dólar que se gasta y evitar las compras impulsivas.** Cada dólar que uno ahorra es un ladrillo en la fortaleza que te protege del monstruo de la deuda y de la ansiedad que provoca.

La palabra por P

Uno de los mejores antídotos contra la ansiedad por el dinero es la estructura, y esa estructura se materializa en forma de presupuesto.

Como con cualquier cosa que nos causa ansiedad, debemos empezar por centrarnos en lo que está bajo nuestro dominio. Uno de los mejores consejos financieros que he recibido es: **El asunto no es cuánto ganas, sino cuánto gastas**. Es fácil gastar sin darse cuenta, en especial con los servicios de suscripción que nos sacan dinero de la cuenta sin que nos demos cuenta, ya sea por la televisión por series, los gimnasios

* He probado ambas cosas y, créeme, no funcionan.

** La terapia de compras no es una terapia de verdad. Tiene el mismo costo que una terapia, pero sin los beneficios.

o la comida a domicilio. Aun el uso de la tarjeta de crédito y el pago con el teléfono dificultan el control.

Hacer un presupuesto, por poco atractivo que parezca, es un superpoder que funciona de maravilla para reducir la ansiedad por el dinero. **Un presupuesto no es una cárcel, es una bitácora del futuro que ansiamos.** Nos ayuda a ver dónde va nuestro dinero, a recortar gastos donde es necesario y a planificar los gastos inesperados. Dado que la ansiedad suele provenir de la incertidumbre, un presupuesto nos devuelve el control, nos da menos motivos para preocuparnos y nos prepara para los momentos de "¿y si acaso...?".

Como pasa con muchas de las cosas que nos producen ansiedad, tendemos a pensar que somos los únicos que nos angustiamos y que deberíamos avergonzarnos. Créeme, no eres el único, es normal sentirse ansioso, sobre todo en lo que respecta al dinero.

Mi contable me salvó la vida ayudándome a ver que mis problemas financieros no eran monstruosos y que se podían solucionar. Las aplicaciones para elaborar presupuestos pueden ser de gran ayuda y también hay grupos de apoyo. Hablar de tus problemas económicos puede parecer como mostrarle a alguien tu historial de búsqueda en internet: incómodo y hasta aterrador. Pero una vez que los hayas sacado a la vista, te sentirás más ligero y los consejos que recibas pueden valer más que conseguir códigos de descuento para tu tienda favorita.

Muchas veces todo está en tener acceso sencillamente a la información adecuada. No todos hemos crecido en familias que sabían gestionar el dinero y eso está bien. Nunca es demasiado tarde para aprender y que los demás nos enseñen.

Lo más difícil de estar quebrado es fingir que no lo estás.

— **MARILYN MONROE**

No pretendo ser un experto en compra de acciones, ni actuar como un planificador de finanzas, pero apoyarse en conocimiento básicos de finanzas y dar los primeros pasos puede sentar las bases para el éxito futuro. Ahorrar algo siempre es mejor que no ahorrar nada y el simple hecho de ahorrar enseña disciplina y tiene sus propias recompensas. La cuenta es simple: ahorra dinero ahora y tendrás más dinero después. Ve poco a poco, con constancia. Nadie se hace rico de la noche a la mañana y eso está bien.

Un amigo me dijo una vez que la única forma de sentirte en abudancia es compartiendo y eso se me quedó grabado. Si tu dinero no te está comprando felicidad, tal vez no estás gastando lo suficiente en los demás. A medida que mejoraban mis finanzas, entré en nuevos círculos con personas que tenían más, y en lugar de sentirme ansioso por mantener el nivel, cambié de actitud y me puse a dar más. Ya sea dando dinero extra a alguien que lo necesita o invirtiendo en los sueños de otros, compartir lo que tenemos nos da una sensación de plenitud.

Al fin y al cabo, ¿qué sentido tienen los conocimientos financieros, los presupuestos y no tener deudas si no podemos devolver lo que recibimos?

¿Te encanta comprar cosas para lidiar con tu ansiedad? Si mentiste y dijiste que no, mientras tu carrito de la compra online está a punto de estallar, escanea este código QR y echa un vistazo a este capítulo extra titulado: COMPRA COSAS, SÉ ANSIOSO.

NUESTRO MUNDO NO ESTÁ CONCEBIDO PARA QUE UNO SE SIENTA A SALVO CON EL DINERO; NOS EMPUJA A GANAR MÁS, COMPRAR MÁS Y A SENTIR QUE NUNCA ES SUFICIENTE.

37.

HÁBITOS

¿CÓMO SENTIMOS NUESTROS SENTIMIENTOS?

Cuando me invaden sentimientos de ansiedad, tiendo a hacer como el avestruz: esconder la cabeza en la arena o, más exactamente, en mi teléfono, en la comida y en la obsesión por arreglar mi apartamento. Suele empezar en un día cualquiera, cuando me despierto con un extraño nudo en el estómago. Para ahogar la preocupación, lo primero que hago es comer algo. Y, por supuesto, no puedo comer sin ver televisión, así que pongo algo fácil de ver, como un programa superficial.* Al final, me harto tanto de las tonterías de Amy y Jake sobre si "lo harán o no lo harán" que cambio a la FIFA, donde al menos mi equipo de fútbol virtual es fiable... hasta que pierdo y, para convencerme a mí mismo de no tirar el mando al piso, vuelvo a mi teléfono.

Mientras me pongo a ver cosas sin fin en el teléfono, veo un video de un muchacho que una mujer bella intenta seducir y mi mente enloquece. ¿Por qué nunca me pasa a mí? ¿Será de verdad ese video? ¿Pero por qué hay una cámara? Salgo de mi ensimismamiento y ahora estoy harto de la televisión, del teléfono y de los refrigerios. ¿Y el nudo en el estómago? Sigue ahí tal cual.

Así que, para seguir olvidando al nudo, me meto en Amazon y compro más cosas inútiles para el apartamento, porque, por supuesto,

* Actualmente veo *Brooklyn 99* por cuarta vez.

siempre necesito más gavetas sueltas y cestas para organizar todas las cosas completamente superfluas sin las cuales de repente no puedo vivir. ¿Quizás ayude otro paseo con el perrito? Ya llevo cuatro paseos en el día y, sin embargo, la sensación de inquietud no desaparece.

Todas esas distracciones solo ponen en pausa mi nudo en el estómago, pero ¿por qué tengo un nudo en el estómago?

Todo el día estoy haciendo cosas diferentes para poner en pausa el nudo en el estómago, hasta que el asunto empeora. Pero en primer lugar ¿por qué está ahí?

Durante mucho tiempo pensé que mi ansiedad estaba destinada a atormentarme. Pero no es así. Está destinada a decirme algo y la razón por la que no desaparece es porque hago todo menos escucharla. La ansiedad es a menudo la reacción de nuestro cuerpo cuando no podemos conectar con emociones incómodas. Cuando evitamos sentimientos como la tristeza, el aburrimiento, el cansancio, la ira o la decepción, la ansiedad nos señala que algo dentro de nosotros necesita atención. La distracción y la evasión no son fallas; tan solo significan que no hemos aprendido a convivir con la incomodidad. Una vez que somos capaces de encarar esas emociones sin huir, pasamos de la distracción al progreso.

Supongamos que, en lugar de huir de la emoción, decidimos escucharla. ¿Cómo lo hacemos? ¿Cómo escuchamos una emoción?

Pues bien, la sentimos.

Suena sencillo, pero en realidad compartir con nuestros sentimientos no es fácil ni divertido. Seamos realistas: sentir nuestros sentimientos agobia. Por eso hemos creado industrias enteras para *no* lidiar con ellos. Desde las redes sociales hasta la infinidad de chucherías, las sustancias y las series de Netflix que fingimos ver *irónicamente*, siempre estamos tratando de escapar. Pagamos mucho dinero solo para evitar sentir lo que realmente está pasando dentro de nosotros.

Cuando evitamos nuestros sentimientos, crecen. El mundo está lleno de distracciones para —por un tiempo— enterrar, amortiguar y bajarle el volumen a los sentimientos de ansiedad y desasosiego. Pero embotellarlos, medicarlos y evitarlos solo funciona durante un tiempo. Estamos aplazando lo inevitable.

Lo menos que podemos hacer es sentir los sentimientos en nuestros propios términos, en vez de esperar a que se nos acaben las formas de aplazarlos temporalmente (es decir, esperar a llegar a un punto de ruptura).

Pero ¿cómo sentimos? ¿Cuáles son los pasos para sentir algo, especialmente algo que no nos gusta sentir?

Empecemos por el paso más fácil:

Identificar la sensación

Todos hemos tenido esa sensación de vacío en el estómago cuando estamos nerviosos o la sensación de estallido de energía cuando estamos emocionados. Son sensaciones que nuestro cuerpo capta. Pero cuando les damos un significado, como llamar a la sensación de vacío "ansiedad" o al estallido de energía "emoción", las sensaciones se convierten en sentimientos.

En los ochenta, cuando muchos de nosotros ni estábamos en el mapa, el psicólogo Robert Plutchik creó algo poderoso: La Rueda de las Emociones. Esta herramienta visual (sí, en forma de rueda) es como un espejo del alma que te muestra cómo ocho emociones básicas —alegría, tristeza, miedo, ira, sorpresa, aversión, confianza y anticipación— se mezclan y se transforman en un montón de sentimientos más profundos. Es decir, es como dar un paseo por ti mismo, explorando la intensidad de tus emociones, desde las más simples hasta las más complejas. Te invito a que la busques en internet, la revises (y obvio, la uses).

Ahora bien. Uno habla y habla de sentimientos, pero ¿alguna vez te has preguntado que son los sentimientos y si son diferentes de las emociones?

Los sentimientos son las etiquetas que le ponemos a las sensaciones, moldeadas por nuestros pensamientos, recuerdos y creencias. La misma sensación se siente de distintas maneras según la situación. ¿El cosquilleo en el pecho y la oleada de energía? Puede ser entusiasmo si uno espera algo bueno o ansiedad si uno teme algo. Todo radica en cómo lo interpretemos.

Nuestro cuerpo también juega un papel importante en todo esto, con hormonas como la adrenalina y el cortisol. La adrenalina nos da ese impulso de energía, mientras que el cortisol nos ayuda a lidiar con el estrés. Comprender cómo funcionan estas hormonas puede ayudarnos a entender mejor por qué nos sentimos así.

Profundiza cuando nombras los sentimientos

Descubrir la rueda de las emociones ha sido un punto de inflexión en mi vida. Ayuda a encontrar mejores palabras para explicar los sentimientos que tenemos.

Cuando podemos nombrar nuestros sentimientos, les quitamos parte de su poder. En lugar de decir "estoy ansioso" o "estoy abrumado", podemos decir "me siento ansioso" o "me siento abrumado". Este cambio nos permite recordar que estamos experimentando un sentimiento. Nombrarlo de la forma más específica posible ayuda a aclarar y reducir la intensidad de la emoción.

Sentir los sentimientos

Existe un ejercicio llamado "mapeo corporal". Consiste en tomarse un momento para escanear el cuerpo y prestar atención a cualquier sensación que se alinee con las emociones. ¿Sientes un nudo en el estómago, opresión en el pecho, hormigueo en las piernas? Todas estas son pistas sobre dónde uno mantiene las emociones.

Respirar

Aquí es donde la magia aparece. Esta antigua práctica que nuestros antepasados y otras criaturas han realizado durante millones de años puede mejorar tu estado de ánimo. Se llama RESPIRAR.

Respira lenta y profundamente, centrándote en inhalar y exhalar completamente mientras prestas atención a dónde sientes las sensaciones en tu cuerpo. Este sencillo acto puede ayudar a calmar tu sistema nervioso, reducir la intensidad de tus emociones y restablecer tu equilibrio. La respiración nos ayuda a reconectar con nuestro cuerpo y nuestros sentimientos y, a diferencia de la membresía del gimnasio cuyo costo nos da tanta ansiedad, es totalmente gratis y su eficacia es increíble.

Damos por sentado el hecho de respirar y nuestras respiraciones son poco profundas cuando estamos en piloto automático. Pero cuando respiramos profundo y conscientemente, pronto nos sentimos mejor.

Si respiramos profundo durante 90 segundos cuando sentimos una sensación incómoda, esta empezará a desvanecerse. Solo 90 segundos. Prueba ahora. Cierra los ojos, concéntrate en la respiración, localiza la sensación y deja que la respiración se la lleve.

Nuestros sentimientos van y vienen como olas, de modo que cuando bate una ola, es el momento de respirar profundo a propósito.

Respira profundo unas cuantas veces y permítete experimentar la emoción sin juzgarla.* Respira más profundo, aguanta la respiración más tiempo y exhala más lento; intenta exhalar lentamente durante 7 o 10 segundos.

Mientras lo haces, también puedes frotar la zona donde sientes la sensación, darte un masaje o un abrazo. Esto, combinado con la respiración y la atención, ayudará a que la ola de la sensación pase de largo.

* Recuerda: está bien no sentirse bien.

Acepta las emociones

A menudo juzgamos nuestros sentimientos "buenos" o "malos", pero en realidad son simplemente mensajes. La alegría nos ayuda a conectar con los demás, la tristeza nos permite llorar las pérdidas y la ira puede motivarnos a actuar. Ninguno de estos sentimientos es un enemigo, todos tienen un propósito y nos señalan cosas que requieren nuestra atención.

Reprimir los sentimientos es como intentar aguantar un estornudo: puede funcionar durante un momento, pero puede acabar estallando de la forma más embarazosa posible. Mostrar las emociones no es un signo de debilidad; expresar las emociones es un signo de fortaleza y conciencia de uno mismo. *Hay belleza en un llanto feo*.*

El objetivo no es cambiar nuestras emociones, sino observarlas. Observarlas no significa aprobarlas, sino reconocerlas y darles espacio sin juzgarlas. Me gusta pensar en las emociones como huéspedes de un hotel. Algunos huéspedes pueden destrozar la habitación, mientras que otros la dejan mejor de lo que la encontraron. Nuestra labor es dar la bienvenida a cada uno de ellos, hacer todo lo posible porque se sientan cómodos y limpiar después.

Cuando resistimos contra nuestras emociones, a menudo las hacemos más fuertes y se vuelven más duraderas. Apartarlas puede parecer una buena solución a corto plazo, pero acarrea consecuencias posteriores. Al dejar que nuestros sentimientos fluyan de forma natural, sin resistencia, construimos una relación más sana con todas las emociones que se nos presentan.

Reflexionar y responder a la emoción

Una vez que les hemos dado un espacio a nuestras emociones, podemos observarlas y reflexionar sobre ellas para elegir respuestas inteligentes y elegantes. Pregúntate:

* Me llevó mucho tiempo darme cuenta de eso.

- *¿Qué intenta decirme esta emoción*?
- *¿Cómo puedo responder a ella de una manera provechosa*?

Esta práctica también nos permite examinar cómo hemos lidiado con estos sentimientos y cómo los hemos evitado. ¿Con qué frecuencia huíamos de ellos? ¿A qué distracciones recurríamos?

Reconocer nuestros detonantes es otro paso crucial. Las emociones son registros de nuestras experiencias pasadas, así que cuando sientas un detonante, pregúntate: "¿Cómo se relaciona esto con mi pasado?". Por ejemplo, cada vez que veo un pastor alemán, me acuerdo de mi primer perro, Himmatt, que falleció después de 11 años fabulosos. Una vez, en un parque, vi un perro idéntico a Himmatt. Mi cuerpo se paralizó y no podía moverme. Me activó el trauma de perder a alguien especial y mi cuerpo reaccionó como si hubiera una amenaza, poniéndome en modo de congelación.

Comprender nuestros detonantes significa que también podemos cambiarlos para crear nuevas vías de conducta. Esto puede ser tan simple como cambiar el fondo de pantalla de tu teléfono, reorganizar tu espacio vital o romper los patrones de tu rutina diaria. Alterar los detonantes ayuda a reducir el dolor de las emociones desagradables, pero no sustituye el hecho de enfrentarse a ellas y sentirlas.

Suena básico, pero sentir nuestras emociones es el único secreto para tener una mejor relación con ellas. Tenemos que comprenderlas, nombrarlas, respirar a través de ellas, aceptarlas y aprender de ellas.

Dos respiraciones profundas por la nariz; una exhalación larga por la boca.

Aceptar tus emociones no significa que te gusten.
Significa que no les tienes miedo.

— SUSAN DAVID

Todavía me pesco metiendo la cabeza en la arena,* pero ahora me doy cuenta más rápido y empiezo el proceso de sentir los sentimientos. Algunos días es más fácil que otros; a veces, no quiero hablar del nudo en el estómago, pero cada vez que decido hacerlo, me doy cuenta de que necesito mucho menos distraerme, evitar y medicarme para seguir adelante. El progreso importa y lo único que importa es estar un poco mejor que antes.

ESTE CÓDIGO QR CONDUCE A LA PÁGINA WEB DE HUMBLE THE POET, DONDE ENCONTRARÁS CAPÍTULOS EXTRA, EN INGLÉS.

* Humble, el avestruz.

HAY BELLEZA EN UN LLANTO FEO.

38.

HÁBITOS

VENCE TU ANSIEDAD CON ABURRIMIENTO

En verano, mi madre solía llevarnos todas las noches al *gurdwara*, el lugar de culto sikh. En Toronto, algunos de estos *gurdwaras* estaban en antiguas tiendas por departamentos, otros en edificios de oficinas y uno estaba en una antigua aula portátil. La comunidad hacía lo posible para que se sintiera como un pedazo de Punjab. Los cánticos, la comida, la comunidad, las cháchara de las tías y la decoración te transportaban fuera de Canadá por un momento y yo entendía por qué mi madre quería ir allí tan a menudo.

Yo, en cambio, odiaba ir. No entendía lo que se decía, pero tenía que quedarme sentado y escuchar. Hubiera preferido jugar afuera con mis amigos a fingir que escuchaba a los adultos cantar himnos y discutir de filosofía en un idioma que apenas entendía. Esto era antes de los teléfonos, así que mis opciones eran sentarme en la sala *langar* (la cocina libre) y beber té lentamente, o sentarme al fondo de la sala principal y dejar que mi imaginación volara. Así fue como me di cuenta de que el aburrimiento podía ser mi mejor amigo.

De niño, casi todo me parecía aburrido, pero eso despertó algunos de mis momentos más creativos. Cuando no había mucho que hacer, dejaba volar mi mente y creaba mundos e historias imaginarios para llenar el tiempo. Así era como lidiaba con la monotonía y convertía esas horas interminables en algo divertido.

En la edad adulta, el aburrimiento es otra cosa. La vida moderna hace que mi instinto de supervivencia sienta que está en una *rave* a la que yo no quería ir.* Mi teléfono siempre está enviando notificaciones y salto de una cosa a otra. Estoy siempre tan estimulado que se ha convertido en una adicción. La ansío. La necesito apenas me despierto y la necesito para conciliar el sueño. Mis días son como una descarga de adrenalina sin fin. Es emocionante, pero en esta persecución interminable, me he convertido en prisionero de mi propia ansiedad.

La estimulación constante actual es una gran fuente de ansiedad. Siempre estamos tratando de entretenernos y mantenernos ocupados y dejamos poco espacio para la introspección y la paz. Nos hemos convertido en adictos a la dopamina y buscamos una emoción tras otra para adormecer los sentimientos en vez de prestarles atención. **La búsqueda interminable de estimulación está afectando nuestra salud mental.**

Pero ¿y si dejáramos de hacerlo? ¿Y si aceptáramos el aburrimiento como aceptamos los días de descanso en una dieta?** En lugar de ver el aburrimiento como un enemigo, podríamos verlo como un espacio para la introspección, la creatividad y, sobre todo, para el alivio de la ansiedad.

El tedio permite que nuestra mente divague y explore partes de nosotros mismos que normalmente ignoramos. En esos momentos de quietud, podemos conectar con nuestros deseos más profundos, elaborar los pensamientos ansiosos y recordar la mera alegría de estar vivos. El filósofo danés Søren Kierkegaard dijo: **La curiosidad cura el tedio.** Cuando el aburrimiento se vuelve una oportunidad para sentir curiosidad, puede ayudarnos de verdad a manejar la ansiedad. El asunto está en hallar paz en esos momentos tranquilos y silenciosos, lejos del ruido y las distracciones.

No pienses en el aburrimiento como no hacer nada o perderse algo. Es más como un lienzo en blanco en el que tu imaginación puede crear sus propias obras maestras en lugar de absorber constantemente

* Luces intermitentes, sonidos estruendosos y una vaga sensación de que debería haberme quedado en casa con ropa cómoda.

** Claro, no es emocionante, pero es extrañamente satisfactorio una vez que te acostumbras.

las de los demás. Como artista, el aburrimiento es mi mejor amigo. Convivir con él me ayuda a sintonizar los susurros de la inspiración. Así es como los escritores encuentran su voz, cómo los científicos dan con descubrimientos y cómo construimos una mejor relación con nosotros mismos. Si quieres llegar lejos en la vida, aprende a sentirte cómodo con el aburrimiento, el silencio y la soledad. Esos momentos de quietud procuran paciencia, concentración y fuerza interior.

No pido que te conviertas en un ermitaño, que tires tu teléfono al inodoro y que cortes todo contacto humano.* El asunto es más bien encontrar un equilibrio, momentos de quietud dentro del ajetreo. Empieza poco a poco: da un paseo sin el teléfono y escucha los sonidos de los alrededores. Siéntate en silencio durante unos minutos cada día y observa tus pensamientos sin juzgarlos. Para vivir una aventura más profunda en el universo que hay dentro de nosotros, necesitamos alejarnos del mundo digital. Al principio, tu cuerpo te pedirá a gritos una dosis de dopamina, pero si aguantas lo suficiente, esas ganas desaparecerán.

Últimamente he estado probando algo diferente: me tapo los ojos, respiro varias veces, dejo que se calmen los sentimientos de ansiedad y me siento sencillamente en silencio. Algunas sesiones son mejores que otras, pero una cosa está clara: aburrirse a propósito es mucho más enriquecedor de lo que pensaba.

Las mayores aventuras de mi vida no las viví en el caos del mundo exterior, las viví en los rincones quietos de mi propia mente.

El silencio es el lenguaje de Dios;
todo lo demás es una pobre traducción.

— RUMI

No te cuesta nada intentar aburrirte. Empieza de a poco: un minuto al día durante una semana y luego aumenta a dos. Al cabo de un

* Aunque si alguna vez se te ha caído allí por accidente, sabes que puede ser una bendición disfrazada.

mes, habrás llegado a cinco minutos de no hacer nada. Al cabo de un año, es posible que pases tranquilamente una hora de silencio. No hacer nada durante esa hora aliviará tu ansiedad y añadirá mucha más belleza a las 23 horas restantes del día.

Las historias que el pequeño Humble se contaba a sí mismo sentado en aquel rincón del *gurdwara*, observando a la gente mientras bebía lentamente su té, lo convirtieron en el hombre barbudo y curioso que es hoy. Su última curiosidad es la ansiedad, y espero que su trabajo te ayude a sentirte un poco menos ansioso.*

* A mí también me confunde ese paso entre primera persona/tercera persona, del Humble joven al Humble mayor. Sonriamos y asintamos con la cabeza.

EN LOS MOMENTOS DE QUIETUD, RECONECTAMOS CON NUESTROS DESEOS MÁS PROFUNDOS Y EMPEZAMOS A DESENREDAR LOS NUDOS DE LA ANSIEDAD.

39.

REACCIONES

¿ESA ANSIEDAD ESTÁ EN TUS GENES O ES QUE ESTÁS FELIZ DE VERME?

Como *sikh**, llevo conmigo una historia llena tanto de una increíble resiliencia como de un profundo trauma. El *sikhismo* comenzó en el siglo XVI con el Gurú** Nanak Dev Ji, quien se alzó contra los gobernantes de su época por sus abusos contra los derechos humanos. Fue encarcelado por ello, y su resistencia desencadenó un movimiento que animó a los *sikhs* a comprometerse con sus comunidades y desafiar a quienes ostentaban el poder. En el siglo XVIII, este movimiento se había convertido en una fuerza tanto espiritual como militar. A lo largo de los siglos, nuestro pueblo se enfrentó a repetidos intentos de exterminio, con masacres que forjaron nuestra identidad como luchadores y sobrevivientes.

Cuando crecía, vi pinturas y fotos de esos tiempos brutales, que mostraban a distintos gobernantes de diferentes religiones y naciones que compartían el objetivo de eliminar a nuestra comunidad. Solo cuando fui mayor me di cuenta de cómo muchas situaciones me provocaban

* Sikh = Discípulo o estudiante del Sijkismo o Sijismo, religión monoteísta de la región Punjab de India.

** GU = oscuro, RU = luz, un gurú es un iluminado o maestro. Yo tal vez no sea un gurú de "autoayuda", pero sí soy un gurú de "Cómo mantener tu barba brillante".

ansiedad haciéndose eco de esos traumas del pasado. Sí, la fuerza de esos guerreros y héroes está en mi sangre, pero también lo está su trauma.

No es necesario estar al tanto de los traumas para sentir la ansiedad que provocan. A menudo experimentamos ansiedad sin saber cuál es su origen. A veces, el trauma que desencadena nuestra ansiedad es tan profundo que no lo recordamos. Otras veces está oculto a plena vista, incrustado en nuestro ADN, influyendo silenciosamente en nosotros.

Es lo que llamamos trauma y ansiedad generacional.

Sí, nuestra ansiedad no solo se desencadena por cosas de nuestro pasado o preocupaciones sobre el futuro, sino que también puede ser provocada por experiencias que vivieron nuestros antepasados mucho antes de que naciéramos.

> *Hasta que no reconozcamos el dolor*
> *y el sufrimiento del pasado,*
> *no podremos sanar verdaderamente*
> *las heridas del presente*
>
> — IYANLA VANZANT

Piensa en ello como si heredaras una mochila vieja y gastada llena de cosas que no has metido tú y que quizá ni siquiera sabes que llevas. Cada objeto de la mochila representa el trauma que vivieron tus antepasados: el miedo que sintieron tus abuelos durante la guerra, la ansiedad a la que se enfrentaron tus padres como inmigrantes o el estrés de vivir en una sociedad hostil. Llevas esta mochila a todas partes, sin saber la carga que representa para ti, ni cómo afecta tu forma de vivir. Estas cargas no desaparecen sin más: determinan cómo enfrentas las situaciones cotidianas y cómo reaccionas ante el mundo que te rodea.

Las investigaciones demuestran que el trauma puede transmitirse no solo a través de las conductas, sino también biológicamente, un concepto denominado **epigenética**. Esto significa que el trauma puede dejar marcas químicas en nuestro ADN y afecta el funcionamiento de nuestros genes sin alterar el ADN en sí. Estas marcas pueden cambiar la forma en que manejamos el estrés, haciendo que nuestro cuerpo reaccione más intensamente a las cosas que percibimos como amenazantes.

En su investigación publicada en la revista *Biological Psychiatry*, la experta en epigenética Rachel Yehuda halló que los hijos de supervivientes de traumas —descendientes de supervivientes del Holocausto, por ejemplo—, suelen tener niveles diferentes de hormonas del estrés como el cortisol. Estos cambios en la respuesta al estrés sugieren que el trauma experimentado por una generación puede hacer que la siguiente sea más propensa a sufrir ansiedad y estrés. Por lo tanto, **parte de la ansiedad que sentimos hoy en día puede provenir en realidad del trauma que sufrieron nuestros antepasados,** haciéndonos más sensibles al estrés, incluso si no hemos experimentado ese trauma de primera mano.

El trauma generacional y la ansiedad se manifiestan de muchas formas: nuestros instintos de supervivencia se remontan a nuestros antepasados o hemos heredado de nuestra madre el hábito de ser muy tacaños.* Parte de esta ansiedad es simplemente parte del ser humano, mientras que otra parte está directamente relacionada con nuestros orígenes.

Pensemos en las comunidades que han sufrido grandes traumas históricos, como la esclavitud, el genocidio o la colonización. Las personas con estos antecedentes suelen cargar con el peso de las luchas de sus antepasados. Esto puede manifestarse en forma de ansiedad, depresión, abuso de sustancias o dificultad para establecer relaciones saludables. No es solo algo del pasado; el trauma sigue vivo en nosotros hoy en día.

Además, la discriminación continua y el sentimiento de marginación añaden aún más presión. Esto hace que las personas se sientan aisladas, impotentes y constantemente nerviosas, todo lo cual empeora la

* Yo lo heredé de mi madre.

ansiedad. En estas situaciones, el cerebro de supervivencia se queda en estado de alerta máxima, siempre viendo el peligro, incluso cuando no lo hay. Ese exceso de actividad nos hace más ansiosos, ya que vemos amenazas que en realidad no existen.

Charlamagne Tha God hace un gran trabajo acerca del trastorno de estrés postraumático cultural (TEPT cultural), en su libro *Shook One* [Un Pasmado] al mostrar cómo los miedos que heredamos de generaciones pasadas dan forma a nuestra vida cotidiana y a nuestras decisiones. Dice: "El TEPT cultural no tiene que ver solo con los acontecimientos traumáticos, sino con cómo esos acontecimientos modelan la forma en que nos vemos a nosotros mismos y vemos a los demás en el presente". Es un recordatorio de que gran parte de la ansiedad que sentimos ahora está ligada a traumas pasados. Podemos evitar cosas que nos traen recuerdos dolorosos o tener dificultades para relajarnos debido a pensamientos ansiosos constantes.

El punto no está en quedarnos estancados en el victimismo, sino en profundizar por qué sentimos la ansiedad. No se trata de culpar a nuestros antepasados,* sino de reconocer que sus experiencias aún nos afectan. Una vez que lo entendemos, podemos comprender mejor nuestros miedos, mostrarnos compasivos y encontrar formas de sanar. Al considerar estas luchas heredadas, podemos empezar a ocuparnos de ellas.

El trauma heredado no tiene por qué ser una condena de por vida. Enfrentar esos sentimientos incómodos, en lugar de huir de ellos, permite empezar a recuperar el dominio sobre ellos. Una forma poderosa de sanar es reformular nuestra historia, viendo esos rasgos heredados como fortalezas y no como cargas. Son rasgos que pueden permitirnos ser más empáticos, más atentos o más en sintonía con los demás.

Crear nuevos hábitos es clave. Así como el trauma se transmite, también lo hace la resiliencia. Céntrate en moldear tus pensamientos y

* Pero malditos sean quienes los marginaron, oprimieron y traumatizaron.

acciones basándote en lo que tú *quieres* ser, no en lo que otros dicen que deberías ser. Y recuerda, no estás solo en esto: la terapia, los grupos de apoyo o simplemente hablar con amigos y familiares pueden marcar una gran diferencia.

El TEPT cultural puede ser parte de nuestro pasado, pero no tiene por qué determinar nuestro futuro. Al enfrentarnos a estos miedos y ansiedades heredados, podemos sanar no solo a nosotros mismos, sino también a nuestras comunidades. La fuerza de nuestra mente es una de las herramientas más poderosas para el crecimiento.

Llevo el turbante alto y me dejo crecer la barba porque, durante mucho tiempo, parecerme a mí mismo era una sentencia de muerte. Muchas comunidades han sido oprimidas solo por ser diferentes y ese dolor no desaparece así como así. El objetivo de este capítulo no es que nos compadezcamos de nosotros mismos, sino reconocer que llevamos esto en los huesos y celebrar lo lejos que hemos llegado. Se trata de transmitir nuestra resiliencia generacional a la siguiente generación.

Pero el problema es el siguiente: los políticos que quieren poder y beneficios saben que este dolor puede usarse en contra nuestra. Le sacan provecho al trauma, haciéndonos sentir inseguros y culpando a "los demás" para mantenernos divididos. Es el viejo truco de divide y vencerás, diseñado para que acudamos a ellos en busca de soluciones a problemas que nunca han existido.

Sí, tu trauma es real, pero no dejes que nadie lo use para que te vuelvas contra los demás. **No hemos sobrevivido a los monstruos para convertirnos nosotros en uno de ellos.**

NO NECESITAS ESTAR AL TANTO DE TUS TRAUMAS PARA SENTIR LA ANSIEDAD QUE PROVOCAN.

PARTE 7:

DESARROLLAR FUERZA EMOCIONAL

40.

HÁBITOS

PARA DESANUDAR LA ANSIEDAD HAY QUE PEDIR AYUDA

Esta es una historia mía que nadie conoce, salvo una de mis hermanas.* Es la historia de cuando tuve que cortarme buena parte del pelo.

Por aquel entonces, cuando Darwin, el mono de Ikea, nos alegraba el corazón, hacía un año que había dejado mi trabajo estable como profesor de primaria. Me estaba dando cuenta de que las oportunidades que pensaba que me iban a reportar ingresos no se estaban materializando y que probablemente nunca habían existido.

Sentía pavor porque no tenía ni idea de qué hacer. Estaba ahogado en deudas y no sabía cómo ganar dinero. Y no parecía que nadie fuera a aparecer de la nada para solucionarlo todo.

Me sentía desesperado.**

Cuando nos sentimos desesperados y atrapados, la ansiedad puede golpear con fuerza, haciéndonos pensar que no hay opciones y que estamos estancados. A veces, esto nos lleva a descuidar cosas sencillas que hacemos corrientemente. En mi caso, era peinarme el pelo.

* Y es probable que mi otra hermana también, porque se cuentan todo, pero eso solo lo descubriré cuando se publique este libro.

** Como los *millennials* y los *zoomers* que intentan comprar una casa en esta situación económica.

Estaba en modo de bloqueo total y dejé de cuidar de mí mismo. En lugar de cepillarme el pelo, me lo envolvía en capas de algodón que cubría con un turbante. Con el tiempo, mi pelo se convirtió en una maraña gigante. No era elegante como esos peinados modernos y deliberados. Se parecía más a un nido de pájaros que hubiera sobrevivido a un huracán, a un concierto de rock y a una pelea de lucha libre con un mapache salvaje*, todo a la vez. Parecía que tenía sus propios planes, tal vez incluso pretendía dominar el mundo.

Cuanto más se salía de control, más ansioso me sentía y más evitaba ocuparme de mi pelo.

El pelo parecía desamparado, un símbolo gigante pegado a mi cabeza de la vida que yo estaba viviendo, desde la estúpida decisión de dejar mi trabajo para perseguir mis sueños. Pensé que la única opción que me quedaba era tomar medidas drásticas, cortármelo todo y esperar que, como era joven, volviera a crecer sin problemas. Era una idea aterradora, pues no cortarse el pelo es algo que me enseñaron a valorar en mi herencia *sikh*.

Irónicamente, la solución para mejorar tanto mi vida como la selva que tenía en la cabeza era pedir ayuda.

Me había sentido desamparado durante mucho tiempo y sabía que pedir ayuda era una opción, pero me daba demasiado miedo. La idea me ponía ansioso, porque no dejaba de pensar que la gente me juzgaría, me criticaría y me haría sentir mal por las decisiones que había tomado en mi vida, como si fuera repulsivo por la maraña que tenía en la cabeza.

Fui a ver a mi hermana mayor, Gurbir, y le pedí ayuda.

Para mi sorpresa, Gurbir no salió corriendo cuando vio mi pelo, solo dijo un "Hmm" como si estuviera diagnosticando un problema matemático difícil. Después de echar un vistazo, dijo con calma: "Oh, tampoco está tan mal. ¿Has probado con acondicionador?".

* Descansa en paz, Conrad. #DeadRacoonTO, el mapache salvaje que apareció muerto en una calle de Toronto, y que la ciudad venera.

A lo que yo respondí: "¿Cuenta el 2 en 1?". En este punto, todas las mujeres que están leyendo esto estarán gritando al cielo su desprecio por los productos 2 en 1, 3 en 1 y los míticos geles de baño 6 en 1.*

En el curso de esa noche, conseguimos un acondicionador de buena calidad y nos pusimos manos a la obra con el pelo, suavizándolo y facilitando un poco el peinado.

Cuando se esforzó todo lo que pudo, las cosas mejoraron un poco; no era perfecto, pero habíamos avanzado. Mi hermana se esforzó al máximo, pero estaba claro que era un trabajo para un profesional, alguien con formación tanto en peluquería como en gestión de crisis.

Al día siguiente fuimos a la peluquería, donde le explicó mi situación a su estilista. Yo estaba nervioso y todavía avergonzado, y tenía el pelo completamente tapado. La estilista fue muy amable y cariñosa cuando me habló. Se dio cuenta de que no se trataba simplemente de arreglarme el pelo. Mi hermana le explicó que queríamos salvar todo lo posible sin tener que cortar nada y la estilista hizo magia.

Una vez más, después de ver mi pelo, la estilista no dijo nada, no me hizo sentir mal, ni siquiera tuvo que tranquilizarme, hizo algo aún mejor: me trató como a un cliente normal.

Yo seguía nervioso y ni siquiera podía mirarme en el espejo. Creo que la estilista se dio cuenta, se puso a hablar de cualquier cosa y mi hermana se sentó con nosotros.

Después de una hora, había avanzado mucho desenredando mi caótico enredo y el proceso no fue tan doloroso como pensaba. Una vez que hizo todo lo que podía, me dijo que el resto habría que cortarlo. Respiré hondo, me miré en el espejo y dije: "Adelante".

Ese día tuve que cortarme aproximadamente una cuarta parte del pelo, una parte relativamente pequeña, pero mucho más de lo que jamás pensé que me cortaría en mi vida. Mientras me lo cortaba, sentí una oleada de emociones, no solo por mi pelo, sino por mí mismo,

* Limpia el brazo izquierdo, el brazo derecho, el cuerpo, la pierna izquierda, la pierna derecha, la cara y el pelo, y también sirve como champú, lavaplatos y limpiador de superficies, una combinación en la que los hombres confían inexplicablemente.

por quién era y por el rumbo que estaba tomando mi vida. Tuve que luchar contra las ganas de llorar mientras lo hacía y ahora, mientras escribo esto, tengo lágrimas en los ojos.

Cuando terminó, evalué los daños. No había calvicie, ni trágicos peinados para disimularla en mi futuro, solo una melena suave y brillante, aunque definitivamente me sentía unos dos kilos más liviano y quizás un veinte por ciento menos estresado. Sin sentirme del todo aliviado y todavía muy avergonzado, me recogí el pelo en un turbante, pagué, le di las gracias con calidez a la estilista y salí del salón.

Mi hermana me dio consejos para lavarme el pelo con champú y acondicionador por separado en el futuro. Más de una década después, sigo oyendo su voz cada vez que me lavo el pelo:

"Ráscate el cuero cabelludo, quita toda la piel muerta".

"Sé generoso con el acondicionador, cúbrelo todo, usa más de lo que crees necesario y déjalo actuar".

Mi desesperación y ansiedad provenían de pensar que no tenía opciones. Creía que mis únicas opciones eran vivir con esa maraña enredada alrededor de mi cabeza o tener que afeitarme todo el pelo y, con él, una identidad que valoraba mucho.

Pero a partir del momento en que reuní el valor suficiente para pedirle ayuda a mi hermana mayor, aparecieron más opciones. No hubo ningún juicio y, años más tarde, parezco el hermano pequeño de Gandalf,* más lindo, con el pelo cayéndome por la espalda.

Puede que ahora mismo tengas un enredo en la cabeza y sientas que no te quedan opciones. Esa desesperación, ese desamparo te llenan de una ansiedad agobiante que empeora aún más el problema.

Date cuenta de que la desesperación proviene de pensar que no tienes opciones, no del problema en sí.

Y yo te puedo decir que siempre hay más opciones y que la mejor manera de encontrarlas es pedir ayuda.

* Salía en Harry Potter ¿no es así?

Pedir ayuda no es fácil; significa mostrarse vulnerable y eso produce temor.

Cuando nos mostramos vulnerables, estamos mostrando a los demás cómo hacernos daño. Ya me sentía repulsivo con mi pelo, no podía soportar que me juzgaran por ello y la verdad es que no puedo prometerte que no ocurran, como esa vez, escenarios catastróficos. Mi hermana podía haber dicho: "¡Qué asco!". La estilista podía haberse quedado horrorizada y haberse negado a hacer algo. Pero eso no cambia el hecho de que se me presentaron más opciones cuando me atreví a dar el paso.

> *La vulnerabilidad no es conocer la victoria o la derrota; es comprender la necesidad de ambas; es comprometerse. Es dar todo de sí mismo.*
>
> —BRENÉ BROWN

Tanto si solucionaban mi problema capilar como si no, estaba amplificando mi ansiedad al ocultarlo. Expresar lo que me asustaba fue el comienzo de una mejoría de mi situación y de cómo me sentía al respecto.

Así que, si te sientes ansioso y desesperado, busca más opciones y utiliza tu vulnerabilidad como brújula.

Años más tarde, durante la pandemia, fui a apoyar el salón de belleza clandestino de la hermana de un amigo para ayudarla a mantenerse a flote durante el confinamiento.* No había ido a la peluquería desde entonces, pero recuerdo lo agradable que fue el masaje capilar y el lavado de pelo.

Cuando me senté y me solté el pelo, lo primero que me dijo la hermana de mi amigo fue: "Hermano, tienes que cepillarte más el pelo".

Las viejas costumbres nunca se pierden.**

* ¿Hago bien en delatarme yo mismo?

** Sobre todo cuando se trata del cuidado del cabello. Lo juro, cada vez que cojo un bote de 2 en 1, oigo la voz de Gurbir gritando: "¡NO LO HAGAS!".

SENTIRSE DESESPERADO NO SIGNIFICA QUE NO HAY SALIDA; SIGNIFICA QUE TODAVÍA NO HEMOS PEDIDO AYUDA.

HUMBLE THE POET

41.

REACCIONES

NOS PODEMOS ENTRENAR PARA LIDIAR CON LA ANSIEDAD

Mi primer día de jiu-jitsu fue aterrador. No conocía a nadie y me pusieron con un cinturón marrón. Alguien con al menos seis años de experiencia, que seguro podía retorcerme como un pretzel antes de que me diera cuenta. Era mi primer combate o *lance*. En jiu-jitsu, el lance consiste en dominar el cuerpo del contrincante y hacer que se rinda. ¿Cómo? Estrangulándolo, torciéndole un brazo o una pierna de forma dolorosa o, si todo lo demás falla, haciéndole cosquillas hasta que se rinda.*

Mi primer lance me pareció como si me hubieran metido en una lavadora humana: miembros que se agitan, sudor por todas partes y yo paralizado, preguntándome si había un botón de pausa. No tenía ni idea de lo que estaba pasando, y mi oponente me dominaba por completo. Unas semanas después, nada había cambiado en realidad. Me seguían sometiendo y estrangulando, y yo esperaba el momento mágico en el que de repente mejoraría.

* Puede que esto último me lo haya inventado.

Pero **la mejora no vino de ganar combates, sino de sentirme más tranquilo** durante los lances. Mi amígdala cerebral empezó a entender cuándo estaba de verdad en peligro y cuándo solo estaba incómodo. Las cosas pasaban más despacio y yo no gastaba tanta energía, pero seguía enloqueciendo y pataleando cada vez que me veía en una situación que no reconocía.

Un año después, puedo hacer un lance con una sonrisa en la cara,* incluso cuando alguien intenta torcerme el brazo como si fuera un pretzel. Es un progreso ¿verdad? No soy mucho más hábil que el primer día, pero estoy mucho más tranquilo y mucho más atento. La calma le baja la velocidad a todo, eso permite que me entere de lo que intenta hacer mi oponente y me asusto mucho menos. Incluso me convertí en comentarista durante los lances y hago reír a mi oponente cuando exclamo regularmente: "¡Mierda, me atrapaste!", como si fuera una partida amistosa de damas y no un intento de estrangularme con mi propia energía, mi *qi*.

Básicamente, durante estos meses pasé de la respuesta de **apagado** a la de **pánico**, y ahora me encuentro en la fase de **calma** de la ansiedad, tal como lo describe la **teoría polivagal**.

> *La teoría polivagal ofrece una hoja de ruta para curar el trauma y desarrollar la resiliencia.*
>
> — STEPHEN PORGES

Todos sabemos que la ansiedad es una porquería —palmas sudorosas, dificultad para respirar, mariposas en el estómago y sensación de frío y temblor—, pero ¿qué está pasando en realidad dentro de nuestro cuerpo y en nuestro cerebro? A menudo hablamos de estar en modo lucha o huida, pero el asunto es un poco más complejo. Comprender cómo reacciona nuestro sistema nervioso nos da cierta claridad sobre cómo lidiar mejor con la ansiedad.

* Principalmente porque llevo un protector bucal.

Imagina que tu cuerpo es como un teléfono con una batería que refleja el estado de tu sistema nervioso.

- **Modo relajado (conexión social):** Es como si estuvieras sentado en una cafetería, en una conversación estupenda con tu mejor amigo. Estás relajado, tu ritmo cardíaco es constante y te sientes conectado y feliz. Es como si tu teléfono estuviera completamente cargado y listo para cualquier cosa. Es el modo predeterminado de tu cuerpo cuando todo está en calma y te sientes seguro.
- **Modo pánico (lucha o huida):** Imagina que caminas solo por la noche y oyes pasos detrás de ti. Tu corazón comienza a latir con fuerza, te sudan las manos y estás en estado de alerta máxima. Estás listo para enfrentarte a lo que sea que se acerque (lucha) o para huir (huida). La batería de tu teléfono está baja y está cerrando las aplicaciones que no son esenciales para ahorrar energía, y el pensamiento lógico y la toma de decisiones con calma son algunas de esas "aplicaciones".
- **Modo apagado (congelación):** Ahora imagina que alguien te apunta con un arma. Estás tan apabullado que te quedas paralizado, incapaz de hablar o moverte. Tu cuerpo se detiene por completo, como un teléfono que se quedó sin batería. Es tu último recurso para conservar energía cuando te enfrentas a un peligro grave.

Ninguno de estos modos es malo. Son herramientas de supervivencia que hemos desarrollado a lo largo de la evolución. El problema es que, en el mundo actual, los modos **pánico** y **apagado** se activan por cosas cotidianas: plazos, mensajes incómodos, hablar en público. Aunque no haya un peligro real, nuestro cuerpo reacciona como si lo hubiera. Comprender estos modos nos ayuda a saber qué está pasando dentro de nosotros, para poder responder mejor.

Nuestra mejor versión aparece cuando nuestro cerebro lógico, la corteza prefrontal, dirige la función. Esto es lo que hace por nosotros:

- **Anticipar:** Te ayuda a planificar, ya sea elegir el siguiente movimiento en un juego o averiguar cómo resolver un problema.
- **Controlar tus emociones:** Cuando estás alterado o molesto, la corteza prefrontal te ayuda a mantener la calma. Es como el terapeuta incorporado en tu cerebro, que te ofrece palabras sabias cuando las emociones se intensifican.
- **Tomar buenas decisiones:** Te ayuda a distinguir el bien del mal, guiándote hacia la mejor opción, incluso cuando es difícil.
- **Aprender:** Cuando estás aprendiendo algo nuevo, el cerebro lógico es como un profesor que te ayuda a absorber y comprender la información.

Pero **cuando se dispara la ansiedad, nuestro cerebro lógico pasa a un segundo plano** y nuestro cerebro de supervivencia entra en acción diciendo: "¡No te preocupes, yo me encargo!".* Este cambio nos hace menos racionales y más primitivos. De repente, reaccionamos ante situaciones que no son peligrosas como si fueran de vida o muerte. Por eso decimos o hacemos cosas que no queremos, la comunicación se rompe y todo parece más difícil de lo que es.

El cerebro de supervivencia no es nuestro enemigo, solo intenta protegernos. Él es como el familiar dramático que, el día de Acción de Gracias grita "¡Fuego!" cuando solo hay un poco de vapor saliendo del puré de papas. Tranquilo, es vapor, no un incendio con alarmas. No hace falta evacuar la casa.

Nuestra respuesta predeterminada como seres humanos es estar alerta ante el peligro y así ha sido durante más de un millón de años. Tenemos tres etapas para reaccionar ante las amenazas, pero nuestro sistema de alarma interno no se ha adaptado al mundo moderno, por lo que tenemos que ajustarlo nosotros mismos. **El objetivo no es silenciar el estrés o la ansiedad, sino prestarles atención y responder como debe ser.**

* Te cuento el final: no se encarga.

Cuando te sientas estresado, comprueba si estás en **modo calma**, **pánico** o **apagado** y toma medidas para volver a sentirte a salvo. Pueden ayudarte prácticas sencillas de atención plena, como garabatear o respirar hondo. La próxima vez que te sientas nervioso, intenta respirar cinco veces lenta y profundamente para volver al modo **calma**.

Recuerda, nuestro cuerpo se alborota cuando cree que no tiene la energía necesaria para enfrentar algo. Las formas más sencillas de tener la batería cargada son hacer ejercicio, beber más agua y dormir bien.*

Exponerte al estrés puede parecer extraño, pero es como entrenar para las Olimpiadas del estrés: la práctica hace que las cosas sean más fáciles. Con el tiempo, el correo electrónico "urgente" de última hora de tu jefe no te parecerá un desastre. Estás enseñando a tus respuestas de **pánico** y **apagado** a relajarse y eso ayuda a que tu cerebro lógico mantenga el dominio. Cuanto más enfrentes el estrés con calma, mejor lo manejarás.

Practicar jiu-jitsu me ha ayudado a administrar el estrés en otros aspectos de mi vida. Las reuniones de trabajo ya no me ponen tan nervioso y los eventos sociales ya no me abruman tanto. Hasta las confrontaciones me parecen más manejables porque aprendí a mantener los pies en la tierra. Probar cosas nuevas también me resulta menos intimidante, gracias a la fortaleza mental que he desarrollado.

Cuando dejamos de ver el estrés como un enemigo y empezamos a verlo como un compañero de entrenamiento, es más fácil de manejar. Esto nos da confianza y nos hace sentir que tenemos el control. La ansiedad suele provenir del miedo y de la sensación de pérdida de control, pero cuanto más estrés manejamos, más fuertes nos hacemos y menos entramos en pánico.

No me malinterpretes, me encanta ser perezoso y tomarme las cosas con calma. Pero he aprendido que enfrentar las cosas difíciles hace que otras cosas difíciles sean más fáciles, en especial cuando la vida

* Resulta que el secreto de la energía no es inyectarse cinco tazas de café directamente en las venas.

nos lanza curvas como un lanzador estrella en el béisbol. Todo forma parte del proceso y eso está bien. Celebra las pequeñas victorias y los progresos y empezarás a enfrentarte al mundo con más confianza y menos ansiedad, pasando más tiempo en modo calma.

Mientras escribo esto, sigo siendo cinturón blanco en jiu-jitsu, pero mi objetivo es llegar a ser cinturón azul.* Según parece, cuando se es cinturón azul es cuando se empieza a aprender de verdad, pero yo ya veo cómo me ayudó a encontrar calma en el caos con un sistema nervioso mejor manejado.

Esto también significa menos cosquillas.

* Así que sé mi compañero consecuente, y envíame un mensaje para ver si ya me he ganado el precioso cinturón azul.

MIENTRAS MÁS ESTRÉS MANEJAMOS, MÁS FUERTES NOS PONEMOS Y MENOS TENDEMOS A ENTRAR EN PÁNICO Y A APAGARNOS.

42. HÁBITOS

NO ES EGOÍSMO PENSAR PRIMERO EN TI

Hace poco me di cuenta de que, como no hablo en la radio de los retos a los que me enfrento en la vida, la gente piensa que no tengo ninguno. Eso, junto con el hecho de que se me considera un autor de autoayuda, hace que la gente piense que soy un superhéroe emocional y que puedo ser una fuente inagotable de apoyo para ellos. No me malinterpretes: no me importa ayudar a los demás ahora que estoy en condiciones de prestarles dinero y tengo tiempo para escucharles. El problema surge cuando no me cuido a mí mismo y no tengo la capacidad necesaria para estar disponible para los demás. No se puede verter de una taza vacía.

Seguro que tú también te has sentido así alguna vez.

Descuidarnos a nosotros mismos tiene un precio, y el descuido personal no es simplemente fumar cigarrillos y cepillarnos los dientes con glaseado de torta. También es anteponer las necesidades de los demás a las nuestras.

Un estudio de la Universidad de Cornell realizado por Tom Gilovich reveló una dura realidad: el 76 por ciento de las personas, cuando evalúan su vida, se arrepienten de no haber vivido para sí mismas. Ponernos en primer lugar es importante para nuestro bienestar, pero a menudo tememos parecer egoístas, por lo que dejamos de lado nuestros propios deseos para complacer a los demás. Incluso podemos idealizar esto como altruismo y, cuando empezamos a sentirnos estresados o agotados, lo justificamos pensando que nos estamos sacrificando por una causa.

No seas un mártir; cuídate primero. Al garantizar tu propio bienestar, estarás mejor preparado para apoyar a los demás de forma eficaz.

Poner nuestras necesidades en último lugar conduce a tipos de ansiedad sutiles y de desarrollo lento. Es un tipo de ansiedad que queda siempre latente y es posible que ni siquiera la percibamos hasta que estalla y causa un daño inesperado. Alimenta nuestro diálogo interno negativo, haciéndonos pensar demasiado en las situaciones, cuestionar nuestras decisiones, revivir errores del pasado y estresarnos por problemas futuros. La ansiedad engañosa, se disfraza de estrés, fatiga o descontento general. Podríamos pensar que estos sentimientos se deben a la rutina diaria o que nos pasa algo, pero en realidad se trata de una ansiedad subyacente.

Este sentimiento no es el precio que pagamos por ser desinteresados: es agotamiento. Ignorar nuestras propias necesidades agota nuestra energía y, a la larga, nos impide ayudar verdaderamente a los demás. No es culpa nuestra. La sociedad nos bombardea con mensajes que glorifican el desinterés, haciéndonos sentir culpables incluso por pensar en nuestra propia felicidad. Pero el cuadro no está completo. Ayudar a los demás es estupendo, pero no podemos hacerlo si estamos agotados. **Poner constantemente a los demás en primer lugar no es una medalla de honor, es un billete de ida al agotamiento.**

Anteponer las necesidades de los demás a las propias suele considerarse un acto noble, pero ser constantemente el sistema de apoyo emocional sin cuidar de uno mismo o dejar de lado los propios sueños para cumplir las expectativas de los demás solo conduce al agotamiento, al arrepentimiento y al resentimiento.

Cuando ayudamos a amigos y familiares sin límite, no solo nos hacemos daño a nosotros mismos, sino que también les hacemos un flaco favor. Esforzarnos en exceso para hacer felices a todos nos lleva por un camino de manipulación, explotación y dificultad para expresar nuestras propias necesidades.

Ya sea asumir trabajo extra, permanecer en un trabajo que odiamos, prestar dinero que no tenemos o hacer negocios con amigos que muestran señales de alerta, estas son solo algunas de las formas en que alimentamos nuestra ansiedad al descuidarnos a nosotros mismos. Este patrón solo nos agota aún más y hace que sea más difícil librarnos de la ansiedad latente.

Brendon Burchard describió nuestra bandeja de entrada como una "lista organizada de las prioridades de otras personas".* Debemos darnos cuenta de que lo que elegimos priorizar define nuestras vidas y, si esas prioridades no son las nuestras, debemos medir cuánto nos están restando.

Entonces, ¿cómo protegemos nuestro tiempo y a nosotros mismos, minimizamos esta ansiedad y no nos sentimos como unos egoístas horribles?

Empecemos con una cita que siempre encuentro la manera de colar en mis libros:

> *Ponerte a ti mismo en primer lugar no es egoísta;*
> *esperar que los demás te pongan a ti*
> *en primer lugar sí lo es.*
>
> — **HUMBLE THE POET****

Repite esto diez veces mientras trabajas en los siguientes pasos:

- **Reconoce tus necesidades:** Tu bienestar importa. Cuidarte no es egoísta, es necesario.

* En mi caso, también es un cementerio para las fantasías del "me ocupo de ti después".

** Creo que se me ocurrió decirlo a mí.

- **Establece límites:** Aprende a decir "no" cuando algo te agota. Los límites protegen tu energía y enseñan a los demás a respetar tu tiempo.
- **Reformula el egoísmo:** No es egoísmo, es amor propio. Cuando te pones en primer lugar, puedes ayudar a los demás de forma más eficaz.
- **Empieza poco a poco:** Haz pequeños cambios, como reservar tiempo para ti o tomarte descansos breves. Con el tiempo, esto te ayudará a ganar confianza.
- **Comunícate con claridad:** Sé sincero sobre tus necesidades. Los demás no pueden respetar tus límites si no saben cuáles son.
- **Practica la autocompasión:** Sé amable contigo mismo cuando te invada la culpa. Te mereces tanto cuidado como cualquier otra persona.
- **Rodéate de apoyo:** Rodéate de personas que respeten tus límites y te ayuden a cuidarte.
- **Céntrate en el bienestar a largo plazo:** Cuidarte ahora te ayuda a prevenir el agotamiento y te mantiene en una mejor posición para ayudar a los demás más adelante.

Recuerda: ponerte en primer lugar no significa abandonar a los demás, sino construir una base sólida desde la que puedas cuidar realmente de ellos. Se trata de decir sí a tu propia felicidad, lo que en última instancia te permite decir sí a los demás de una manera más auténtica y satisfactoria. Da el primer paso, por pequeño que sea, y observa cómo florece tu vida.

PONERTE DE PRIMERO NO ES EGOÍSMO. ESPERAR QUE LOS DEMÁS TE PONGAN DE PRIMERO SÍ LO ES.

HUMBLE THE POET

43.

HÁBITOS

CONOCER NUESTROS VALORES CALMA NUESTRAS ANSIEDADES

Hace unos años, tuve dos recuerdos fundamentales en la misma semana, ambos muy diferentes entre sí. A principios de semana, conseguí un comercial nacional para Apple, lo que me hizo sentir que había alcanzado la cima del éxito. Pero solo unos días después, una lesión en la espalda me dejó fuera de combate, recordándome lo frágil que era ese éxito en comparación con mi salud. Toda esta experiencia me enseñó una lección que nunca olvidaré: no son los logros externos los que nos definen, sino nuestros valores fundamentales los que nos mantienen firmes y tranquilos, incluso cuando la vida nos lanza curvas.

La lesión en la espalda no fue ninguna broma: sentía como descargas eléctricas aleatorias que me recorrían el cuerpo. Tuve que ir tres veces a urgencias antes de que alguien se tomara en serio mi dolor. Eso me llevó a mi primera experiencia con los opioides por prescripción y a la claustrofobia de una resonancia magnética.

Cuando finalmente recibí el cheque por el trabajo con Apple, no había nada que celebrar. Tenía que usar un bastón para caminar hasta el banco y lo único en qué podía pensar era: "Nada de esto importa si no recupero la salud".

Hay una cita popular atribuida a Confucio: "Un hombre sano quiere mil cosas; un hombre enfermo solo quiere una". Y déjame decirte que yo no pensaba en ninguna de las mil cosas, solo me concentraba en poder estornudar sin sentir que me había caído un rayo. Por repentina que pareciera la lesión en la espalda, fue realmente la gota que *derramó el vaso*. No me estaba cuidando y eso se acumuló.

Al centrarme en mi salud, mejoré y, con la ayuda de un fisioterapeuta, salí más fuerte y con más movilidad que antes.

Pero, sobre todo, caí en cuenta de que tener prioridades claras me daba una sensación de claridad que reducía mi ansiedad diaria. Antes de la lesión, flotaba por la vida como una bolsa plástica en una tormenta, rebotando, empujado por las cosas y esperando no quedarme atascado. No estaba seguro de hacia dónde iba y la incertidumbre me inquietaba. Resulta que un poco de claridad y una columna vertebral que funciona pueden hacer maravillas por tu sentido de la orientación.

Hay momentos en los que la vida nos hace sentir como si nos hubieran dejado en medio del desierto sin saber para dónde coger y esa falta de orientación activa nuestras alarmas de ansiedad.

Es difícil no tener suficientes opciones en la vida, pero **tener demasiadas opciones puede ser una pesadilla.** Nos sentimos confusos, agobiados y atascados, paralizados por el miedo a dar un paso en falso. Cuando no tenemos un camino claro, nuestro cerebro se sobrecarga con todas las opciones y eso nos lleva a la fatiga de la toma de decisiones. La paradoja de la elección nos deja agotados y ansiosos, con nuestro sistema nervioso en alerta máxima, reaccionando a una amenaza que ni siquiera existe. Acabamos sintiéndonos perdidos, agotados e inseguros de nuestro próximo paso.

A veces, la vida simplifica nuestro enfoque, como cuando me lesioné la espalda. Tener un problema claro y urgente, como una lesión en la espalda, nos obliga a centrarnos en resolverlo: se convierte en nuestra estrella guía, nos guste o no. Esa claridad facilita las decisiones porque la prioridad es obvia. Pero cuando todo va bien, no tenemos una estrella brillante que nos guíe. Son las microdecisiones cotidianas —qué ponerse, qué comer, cómo pasar un día libre— las que pueden inundarnos de opciones y aumentar nuestra ansiedad. Nos sentimos abrumados y acabamos distrayéndonos, evitando tomar decisiones o adormeciéndonos solo para posponer la ansiedad.

No te voy a decir qué comer en el almuerzo,* pero diré que, para decisiones más importantes, tener una estrella guía ayuda.

¿Cuál puede ser esa estrella guía?

Personalmente, creo que nos debemos guiar por nuestros valores fundamentales. Saber qué es lo importante para nosotros nos ayuda a ser más claros y decididos cuando nos encontramos con demasiadas encrucijadas en el camino.

Cuando sufrí la lesión, me di cuenta de que mi salud era más importante que mi carrera y mi cuenta bancaria. Ese era un valor fundamental y no me resultó difícil pasar todo lo demás a un segundo plano para ocuparme de ello.

Los valores fundamentales son las cosas que más te importan: son como tu GPS interno,** que te ayuda a que la vida sea un poco menos aterradora. Te guían hacia decisiones que te parecen correctas y fieles a quién eres, para que no acabes yendo en círculos con la ansiedad disparada a tu lado. Cuando conoces tus valores fundamentales, es más fácil tomar decisiones que reducen el estrés y te mantienen con los pies en la tierra.

No, tus valores fundamentales no son la forma en que te comes una galleta Oreo,*** ni cómo pronuncias una palabra en otro idioma. Claro, esas cosas son muy importantes, pero los verdaderos valores fundamentales son más profundos. Tienen que ver con *por qué*

* Mi próximo libro se llamará: *Qué comer en el almuerzo: recomendaciones de un tipo barbudo que duerme hasta las 11 de la mañana*.

** Excepto que este no vuelve a hacer sus cálculos cada vez que te pasas una calle.

*** Obviamente, te comes lo blanco y luego botas la galleta.

tomas las decisiones que tomas y qué es lo que realmente te guía en la vida.

Nuestros valores fundamentales nos dan un propósito, que es lo opuesto a andar sin rumbo. Cuando elegimos un propósito acorde con nuestros valores, la vida tiene más sentido y es menos dispersa. Con ese significado y esa dirección, nuestro cerebro de supervivencia se siente menos amenazado por las nuevas decisiones y desencadena la ansiedad con menos frecuencia. En lugar de caer en un remolino de "qué pasaría si...", nos percatamos de que no se trata de tomar la decisión "correcta", sino de que la decisión que tomemos sea acertada porque concuerda con lo que es importante para nosotros. La indecisión desencadena la ansiedad porque nos hace sentir inseguros y fuera de control y por eso los valores fundamentales son decisivos para mantener los pies en la tierra.

No confundamos nuestros valores y nuestro propósito con nuestros objetivos. Podemos calmar nuestros sentimientos de ansiedad centrándonos en los valores y no en los objetivos. Los objetivos nos mantienen inquietos, pues esperamos alcanzarlos para sentirnos bien, y luego siempre hay otro. Es como correr en una cinta que nunca se detiene. Pero los valores están ahí para nosotros ahora. Nos permiten sentirnos centrados y con un propósito en el momento, sin necesidad de esperar.

A nuestro cerebro le encanta el progreso que hacemos cuando tomamos decisiones basadas en un propósito. La dopamina, la sustancia química del bienestar, se activa cuando acortamos la distancia entre dónde estamos y dónde queremos llegar. Ni siquiera hace falta alcanzar la meta, el simple hecho de avanzar hacia ella te da ese impulso. Pero para progresar, necesitas una dirección. No tiene por qué ser muy clara; incluso una dirección vaga es mejor que ninguna.

Decidir lo que a uno le importa de verdad puede dar miedo, porque significa renunciar a otros caminos y opciones. Requiere valor y compromiso para estar acorde con lo que somos de verdad. Tendremos que hacer sacrificios y decir adiós a versiones pasadas de nosotros mismos. En mi caso, tuve que gastar más en fisioterapia y trabajar menos para dar prioridad a mi salud por encima del dinero. Fue un sacrificio, pero sabía que mi salud era más importante que ser rico y estar destrozado.

Cuando establecemos intenciones, creamos una hoja de ruta para nuestras vidas. Cada paso nos acerca a lo que de verdad importa y, de repente, es como si estuviéramos manejando con las ventanillas abiertas en vez de dar vueltas sin fin por el barrio. Darle un propósito a nuestros objetivos simplifica la toma de decisiones, aporta claridad y alivia la ansiedad. Esta estructura da dirección a nuestra mente y ayuda a que los sentimientos de ansiedad se desvanezcan.

Mi terapeuta me dijo una vez que la satisfacción que me proporcionaban muchos de mis logros no duraba porque no eran acordes con mis valores fundamentales.

Así que, naturalmente, le pregunté: "¿Cómo puedo saber cuáles son mis valores fundamentales?". Me respondió lo siguiente:

- **Haz un examen de conciencia:** Piensa en lo que te hace feliz, te enorgullece y te llena. ¿Qué actividades te ilusionan? ¿Qué causas te importan?
- **Hazte preguntas:** ¿Quién quieres ser? ¿Qué impacto quieres tener? ¿Cómo sería tu vida ideal?
- **Habla con personas que admiras:** Pregúntales cuáles son sus valores y cómo los viven.
- **No te estreses por hacerlo perfecto**: Tus valores pueden cambiar con el tiempo, así que empieza a explorarlos. Aun apuntar a una diana borrosa es mejor que no tener diana a la que apuntar.

La terapia me ayudó a darme cuenta de que descubrir mis valores fundamentales es una aventura en curso, no un destino. Cuando estaba lesionado, era fácil centrarme en lo único que valoraba —mejorar— porque todo lo demás se volvía irrelevante o demasiado difícil de hacer.

Vivimos en un mundo en el que uno no siempre se siente a salvo siendo uno mismo, pero descubrir quiénes somos es importante. Hay que pagar un alto precio —confusión y ansiedad— por no saberlo.

Saber qué es importante para uno hace más fácil decir que "no" y sentirse bien en el camino que uno sigue. Es difícil en un mundo cubierto de redes sociales, cargado de miedo a perderse algo y lleno de expertos en autoayuda que te dicen cómo vivir.* Pero la mejor versión de nuestra vida es la más acorde con lo que somos de verdad. Y si lo más auténtico para ti es simplemente sentirte sano, pues qué excelente punto de partida.

Pensé que el jugoso sueldo de Apple era el regalo de esa semana, una señal de que lo había logrado o, al menos, de que iba por buen camino. Pero mucho después de que el dinero se acabó y se desvaneció la euforia de mis 15 minutos de fama, me di cuenta de que fue en realidad la lesión la que me cambió. Me obligó a centrarme en lo que importa de verdad antes de que la vida me pueda golpear de una forma aún más inconveniente.

Ahora estoy mejor físicamente, pero sé que la lesión puede reaparecer en cualquier momento. Ese recordatorio constante me mantiene centrado en lo que más importa: mi salud. Ya no me siento invencible y ahora todas las decisiones que tomo pasan por el filtro de "¿Cómo afectará esto a mi salud y cómo me siento?".

No soy quién para decirte cuáles deben ser tus valores fundamentales. Pero sí puedo recordarte que descubrirlos es una de las cosas más importantes que puedes hacer. Te ayuda a tener una vida más plena y calma la ansiedad que surge cuando nos sentimos perdidos o agobiados.

Ahora, ve a estirar esos tendones.

* No se me escapa la ironía.

EN LA VIDA,
EL ASUNTO NO ES
TOMAR LA DECISIÓN
"CORRECTA". SE TRATA
DE QUE CUALQUIER
DECISIÓN SEA
CORRECTA.

HUMBLE THE POET

44.

PENSAMIENTOS

NO PODEMOS ENCONTRAR PAZ, SOLO PODEMOS HACERLA

En la cima de una montaña nevada, en una pequeña cabaña hecha con corteza de árboles reciclados que murieron por causas naturales, vive alguien con una barba más larga que la mía que, supuestamente, ha alcanzado la paz interior. Su aliento huele a felicidad y su sonrisa es la verdadera puerta del cielo. Cuando habla, los pájaros se quedan embarazados y su risa te da un suave masaje en la espalda.*

Sí, amigos, la paz interior es totalmente real y tú puedes obtenerla. Solo dime tu fecha de nacimiento, los tres dígitos del código de tu tarjeta de crédito y el apellido de tu madre, y te susurraré el secreto al oído.

La paz interior, al igual que mi oferta, es una tontería.

No existe la tranquilidad eterna, la felicidad constante ni una vida sin ansiedad. La idea de estar siempre en paz nos ha sido vendida a través de las redes sociales, la publicidad, los libros de autoayuda** y las historias culturales que prometen una vida perfecta si seguimos ciertas reglas o compramos ciertos productos.

* Incluso en la banda ilíaca, tan difícil de alcanzar.

** Este no es un libro de autoayuda, es un libro de bienestar; no es lo mismo.

Irónicamente, **perseguir una vida sin ansiedad provoca más ansiedad.** Intentar alcanzar una paz constante nos hace ver nuestras respuestas normales de ansiedad como fracasos, lo que nos hace sentirnos aún más ansiosos por estar ansiosos, creando un círculo vicioso.

En lugar de intentar *encontrar* la paz, *hagamos* paz. Hagamos las paces con la ansiedad, entendiendo que es una parte natural de la vida y aprendiendo a manejarla de forma constructiva.

La vida es difícil de entender y aún más difícil de predecir, y la ansiedad es la forma en que nuestro cerebro responde a esa incertidumbre. Es una señal que nos indica que algo necesita nuestra atención, tal vez algo sobre lo que debemos actuar o pensar. La idea de que podemos eliminar por completo la ansiedad o llegar a un punto en el que nada nos moleste es simplemente poco realista. La ansiedad es parte del ser humano, es un instinto que nos ha ayudado a mantenernos alerta y sobrevivir al peligro.

Llegados a este punto, probablemente quieras negociar: no es que no queramos que nuestro cerebro nos avise cuando algo requiere nuestra atención, es solo que odiamos la sensación que produce esa señal. ¿Y si, en lugar de la intensa sensación de ansiedad, recibiéramos un suave tintineo y una tranquilizadora voz británica que nos susurrara al oído que debemos concentrarnos en algo importante? Eso sería mucho mejor que el caos provocado por la adrenalina, las palpitaciones, las manos sudorosas y la visión borrosa.

Por desgracia, querido amigo, cuando hay una amenaza real, un pequeño tintineo y un susurro británico ASMR —Autonomus Sensory Meridian Response, es decir, que produce espontáneamente una intensa respuesta sensorial— no nos empujan a actuar de inmediato para hacer frente al peligro. La ansiedad existe por una razón: es el impulso de energía que recibes cuando te das cuenta de que te has quedado dormido y tienes exactamente 57 segundos para ducharte, lavarte los dientes, depilarte los pelos de la nariz, vestirte y salir corriendo antes de llegar tarde al colegio/al trabajo/a la clase de danza. Esa es la ansiedad *útil*.

Luego está el tipo de ansiedad *no tan útil*, como cuando dudas de la más mínima cosa que dices o haces, convencido de que tal vez te arrepientas después.

La ansiedad útil no es agradable, pero nos hace actuar enseguida cuando es necesario. ¿La ansiedad no tan útil? No es agradable *ni* ayuda, pero la buena noticia es que podemos trabajar en ello.

A la sociedad le gusta vender la idea de que el bienestar significa no sentir nunca desasosiego, pero **una vida significativa no consiste en evitar el dolor o la ansiedad.** Se trata de enfrentarse a ellos de manera que nos ayuden a crecer, aprender y aceptarnos a nosotros mismos. La paz permanente suena bien, pero es una ilusión que nos hace perseguir algo que nunca vamos a alcanzar, en lugar de abrazar lo que realmente significa ser humanos.

La ansiedad es una respuesta normal a los altibajos de la vida. En lugar de intentar deshacernos de ella, deberíamos centrarnos en hacer las paces con ella, aceptarla como parte de la experiencia humana y encontrar formas saludables de lidiar con ella. Eso significa desarrollar la resiliencia, practicar la atención plena y encontrar estrategias para afrontar los retos sin agobiarnos.

Lo que la gente suele confundir con la paz interior es en realidad la **equanimidad**, que no es más que una forma elegante de decir que se mantiene la calma y el equilibrio, incluso cuando las cosas se ponen difíciles. No es necesario vivir en una montaña ni dejarse crecer la barba* para tener equanimidad; solo hay que practicar el control de las emociones.

¿Qué habilidades y hábitos podemos practicar para reducir el estrés y estar más tranquilos?

* Aunque me encantaría que lo hicieras. #BeardBuddies

Atención plena	Aceptar lo que está fuera de nuestro control	Reformular los pensamientos negativos	Conectar con los demás	Autocompasión
Alineación con nuestros valores	Conciencia emocional	Limitar la exposición a los medios de comunicación	Hacer ejercicio	Aceptar la impermanencia
Meditación	Gratitud	Simplificar la vida	Expresión creativa	Establecer límites
Paciencia	Aceptar a los demás	Dormir bien	Perdonar	Comer bien

El objetivo de esta larga lista no es apabullarte, sino ofrecerte una variedad de opciones que puedes explorar para crear más paz y sosiego en tu vida. No es necesario que las hagas todas. Cada práctica tiene varios niveles, de modo que puedes empezar poco a poco e ir avanzando con el tiempo. La idea es averiguar qué te funciona bien y hacerlo a tu propio ritmo.

Estos hábitos desarrollan la resiliencia y eso nos da más dominio sobre cómo manejamos el estrés de la vida. Cada día decidimos cómo responder a nuestros sentimientos y al mundo que nos rodea. Aprendemos a hacer las paces con nuestras ansiedades, nuestros errores y las cosas que no salen según lo planeado. Este tipo de sosiego es realista y alcanzable.

No se trata de eliminar los retos ni de alcanzar una mentalidad perfecta, sino de encontrar formas de estar bien incluso cuando la vida es complicada.

En lugar de perseguir una idea imposible de paz interior, podemos centrarnos en la paz real y tangible que proviene de aceptar la vida tal como es, aprendiendo constantemente a adaptarnos, aceptar y crecer.

PERSEGUIR UNA VIDA SIN ANSIEDAD SOLO PROVOCA MÁS ANSIEDAD.

45.

REACCIONES

NECESITAMOS ESTRÉS PARA EVITAR EL AGOTAMIENTO

Quería empezar este capítulo con una historia bonita, reveladora y vulnerable sobre mis experiencias con el agotamiento. Pero, sinceramente, mis historias son más bien como *laptop* con fallas: todo va bien hasta que, de repente, deja de funcionar y yo me quedo deseando volver a los buenos viejos tiempos del CTRL + ALT + SUPR. Ahora ni siquiera sé cómo se reinicia, así que me quedo ahí sentado, mirando la rueda fatal que gira sin fin. Uno de los recuerdos más vívidos que tengo del agotamiento es cuando tuve un colapso nervioso y le confesé a una amistad que a menudo fantaseaba con no existir.

No creo que necesite compartir demasiados cuentos para que sepas que todos estamos en el mismo barco en lo que respecta al agotamiento. No tiene tanto que ver con los detalles, sino con la sensación. Y la sensación es difícil de describir más allá de decir que uno está absolutamente extenuado.

El agotamiento no tiene que ver solo con estar cansado. Es una extenuación emocional, física y mental por haber estado sometido a demasiado estrés durante demasiado tiempo. El cuerpo levanta los brazos y dice: "Ya no puedo más. Sigan viviendo sin mí". La ansiedad empeora el asunto, pues deja sin energía y hace que la recuperación parezca imposible. Cuando estás extenuado, la motivación sale por la ventana. La más mínima cosa resulta pesada, abrumadora e imposible. Es como estar atrapado en un túnel oscuro, sin luz al final y sin recordar siquiera cómo uno se metió allí.

No hay que avergonzarse de llegar a este punto. El agotamiento es muy común hoy en día y no es culpa de uno. Pero si entendemos qué es el agotamiento, cómo se produce y sobre qué aspectos del agotamiento podemos de verdad actuar, podemos empezar a lidiar mejor con él.

En pocas palabras:

Piensa en tu energía como si fuera una batería.

- **El estrés** es como cuando todas las aplicaciones están abiertas funcionando en segundo plano: gastan poco a poco la batería aunque no las uses.
- **La ansiedad** es como un problema técnico en la batería. Interfiere en la forma en que se almacena y se utiliza la energía. Incluso si no estás haciendo nada importante, la ansiedad gasta la batería más rápido que el estrés regular.
- **El descanso y la motivación** son tus cargadores. Recargan tu batería y te dan la energía necesaria para afrontar los retos de la vida.

Cuando sigues agotando tu batería sin recargarla (mediante el descanso y la búsqueda de motivación), llegas al **agotamiento**. En ese momento, gastaste por completo tu energía y aun las tareas más sencillas resultan imposibles.

Causas comunes del agotamiento:

- **Carga de trabajo:** Tener demasiado qué hacer con muy poco tiempo o recursos.
- **Control:** Sentir que no tienes control sobre tu trabajo o tu vida.
- **Recompensa:** No sentirte apreciado o recompensado por tus esfuerzos.

- **Comunidad:** Sentirte aislado o sin el apoyo de tus compañeros, amigos o familiares.
- **Trato justo:** Creer que no te tratan de forma justa.
- **Valores:** Trabajar de una forma no acorde con lo que es realmente importante para ti.

Entonces, el secreto para evitar el agotamiento es llevar una vida haciendo siestas, tomando vacaciones y eliminando todo el estrés y la ansiedad, ¿no es así?

Pues no.

En primer lugar, no existe una vida sin ansiedad ni estrés y, en segundo lugar, el estrés puede potenciar la motivación.

Piensa en el estrés como un condimento. Un poco le da sabor y emoción a tu vida y te da un empujón para hacer las cosas. Pero si te pasas, te sientes de repente abrumado.

Tampoco todo el estrés es igual. Existe el *estrés positivo*, el que te motiva, y el *estrés negativo*, el que te abruma. El estrés positivo es como la emoción antes de una primera cita o la adrenalina que sientes cuando se acerca una fecha límite y, de alguna manera, consigues hacer un milagro. Te ayuda a superar los retos. El estrés negativo, en cambio, te hace sentir fuera de control y alimenta los pensamientos ansiosos que te mantienen despierto por la noche.

El estrés positivo es fantástico cuando te empuja hasta tus límites, alimenta tu creatividad y te motiva. El estrés negativo agota tu energía, nubla tu juicio y hace imposible concentrarse.

Así que, no, evitar el estrés tampoco es la solución. El verdadero truco está en administrarlo. A veces no es la carga de trabajo lo que causa el estrés, sino la falta de trabajo.* Evitar las tareas estresantes a corto plazo solo las hace más estresantes a largo plazo.

Necesitamos el estrés justo para seguir adelante, pero no tanto como para que nos abrume. Ahí es donde entra en juego la motivación.

* Hola, procrastinación.

La motivación nos ayuda a ver los retos de una manera más positiva y nos da la energía para enfrentarlos. Es la voz interior que nos recuerda que lo que hacemos importa y que nosotros también importamos. Cuando estamos motivados, el estrés puede convertirse en una herramienta útil en lugar de algo que temer.

Pero incluso con la mejor motivación, el agotamiento puede aparecer si no nos cuidamos. Ignorar los signos del agotamiento y seguir adelante puede conducir a problemas mayores. Privarnos del sueño, pasar horas mirando las redes sociales y tomar siete tazas de café no resuelve nada. Estos hábitos acumulan estrés evitable y dificultan que la motivación haga su trabajo. Tenemos que hacernos responsables de nuestros hábitos y reducir el estrés innecesario en nuestras vidas para mantener el equilibrio.

Estas son algunas cosas que hay que tener en cuenta para administrar el agotamiento y el estrés:

- **Establece límites y di "no":** Conoce tus límites y no dudes en decir "no" como si fueran caramelos de Halloween. Protege tu energía.
- **Duerme e hidrátate:** ¿Quién diría que dormir y beber agua podrían ser los trucos definitivos para la vida? Consume más de ambos y observa cómo hacen magia en tu estado de ánimo.
- **Gestiona tu tiempo:** Planificar y estructurar tu día hace maravillas por tu salud mental. Es como darle a tu cerebro un mapa en lugar de dejarlo vagar sin rumbo.
- **Dedica tiempo a la diversión:** La diversión no es un lujo, es una necesidad. Reserva tiempo para hacer cosas que te gustan, ya sea salir con amigos, dedicarte a tus aficiones o simplemente relajarte. Las personas que planifican su diversión son efectivamente más productivas.
- **Cambia de ambiente:** Rompe la monotonía trabajando en lugares nuevos. Un cambio de ambiente puede hacer maravillas por tu motivación.

- **Prioriza el cuidado personal:** Comer sano, dormir bien, hacer ejercicio y realizar actividades que te gustan no son caprichos, son esenciales. Cuida tu bienestar físico y mental.
- **Tómate descansos:** Recarga las pilas a lo largo del día con pequeños descansos para moverte o incluso con ejercicios de respiración profunda. Un breve descanso puede evitar el agotamiento.
- **Divide los grandes objetivos en tareas más pequeñas:** Si un objetivo grande como escribir un libro te parece abrumador, empieza por escribir una frase. ¿Sigue pareciéndote demasiado? Solo tienes que abrir el documento de Word, ya es un logro.
- **Deja de compararte con los demás:*** Compararte con los demás** es la forma más rápida de alimentar la inseguridad. Céntrate en tu propio progreso.
- **Celebra tus victorias:** ¿Te levantaste de la cama? Eso es un logro olímpico. ¿Por fin respondiste a ese correo electrónico? Enhorabuena, te mereces un premio Nobel.***
- **Sé amable contigo mismo:** Los errores ocurren. Aprende, sigue adelante y sé indulgente contigo mismo en el proceso.
- **Escucha a tu cuerpo:** Si tu cuerpo te pide una siesta, no esperes a que te grite para tomarte un descanso.
- **Desconéctate de la tecnología:** Tómate descansos regulares de las pantallas para recargar energías y mejorar tu claridad mental.
- **Busca ayuda profesional:** Si el agotamiento te agobia demasiado, hablar con un terapeuta o un consejero puede marcar la diferencia.

Cuando aceptamos voluntariamente el estrés positivo, desarrollamos nuestra resiliencia y recargamos las pilas, preparándonos para

* A menos que la persona con la que te estés comparando sea la versión de ti mismo de ayer. En ese caso, adelante, presume.

** Las veo, redes sociales

*** Por domar tu bandeja de entrada.

afrontar las inevitables dificultades de la vida. Al aprender a administrar el estrés, podemos pasar de un estado de ansiedad y lucha a uno de crecimiento, plenitud y alegría. **En lugar de luchar todo el tiempo contra el estrés, podemos aprender a bailar con él**, utilizando su energía para crear una vida verdaderamente inolvidable.

EN VEZ DE LUCHAR TODO EL TIEMPO CONTRA EL ESTRÉS, PODEMOS APRENDER A BAILAR CON ÉL, Y USAR SU ENERGÍA PARA CREAR UNA VIDA INOLVIDABLE DE VERDAD.

PARTE 8:

POSEER NUESTRO PODER

46.

PENSAMIENTOS

¡VAMOS, CHICA ANSIOSA, ES TU CUMPLEAÑOS!

Una mañana, me metí en el auto para ir a reunirme con unos amigos fuera de la ciudad y me asusté porque faltaba algo: ¡me habían robado el volante! Con las llaves en la mano y en pánico, me di cuenta un segundo después de que estaba sentado en el asiento del copiloto. Esto me ha pasado más de una vez en los últimos años.

Cuando salga este libro, tendré 43 años, casi 44. Sé que mi cumpleaños me pone nervioso porque me costó unos 15 minutos atreverme a compartir mi edad con ustedes. He coqueteado con la ambigüedad. Podrá haber dicho que estoy en los cuarenta o, aún más críptico, que ya estoy bien entrado en otra década.*

¿Por qué me da ansiedad mi cumpleaños? Es un recordatorio de que estoy envejeciendo y los recordatorios son detonantes. Estoy en una edad en la que hacer ejercicio no es simplemente para verme bien y sentirme bien. Es un mantenimiento necesario para no desmoronarme. A medida que envejezco, también me siento cada vez más irrelevante para el mundo, como si la nueva generación me estuviera empujando lentamente hacia fuera y me estuviera dejando de lado. Desde el punto de vista de las relaciones, siento que cuanto más

* Quizás algunos de ustedes habrían creído que yo estaba en los treinta, o hasta en los veinte, un hombre puede soñar.

envejezco, menos deseable soy y menos probable es que encuentre una pareja estupenda.

Todos estos pensamientos hacen que mi cerebro de supervivencia sienta que hay peligro y activa mis alarmas de ansiedad.

Hay mucho por lo que estar ansioso cuando se trata de nuestro cumpleaños. A medida que se acerca ese día "mágico", la ansiedad comienza a crecer, convirtiéndolo menos en una celebración y más en algo que temer por completo.

Los cumpleaños pueden desencadenar **ansiedad existencial**, en la que empezamos a cuestionarnos todo: nuestra edad, nuestras decisiones vitales y por qué todavía no hemos aprendido a doblar como un adulto una sábana ajustable. Afrontar nuestras limitaciones y el paso del tiempo puede ser muy estresante.

Los cumpleaños nos hacen reflexionar de forma natural sobre nuestras vidas: nuestros logros, nuestras relaciones y nuestros objetivos. Esta introspección puede convertirse fácilmente en autocrítica, en la que nos centramos más en lo que nos falta que en nuestros logros. Nuestro instinto de supervivencia nos hace centrarnos en lo que no está en su sitio, lo que nos lleva a sentimientos de soledad y expectativas no cumplidas en lugar de celebración. Las redes sociales solo empeoran esto al mostrarnos los momentos más destacados de las celebraciones de los demás, haciendo que nuestras propias vidas parezcan insuficientes en comparación.

Nuestras experiencias infantiles también influyen en cómo nos sentimos respecto a los cumpleaños. Si las personas que se ocupaban de ti no estaban emocionalmente disponibles, es posible que los cumpleaños te parecieran más una obligación que una celebración. El mensaje que recibes es que "tu existencia no es algo que celebrar" y eso alimenta un sentimiento de desmerecimiento en la edad adulta. Seguimos pensando que no merecemos protegernos de que los demás nos hagan sentir así.

Cumplir un año más no se siente como un progreso cuando no crees que mereces celebrarlo.

— SARAH NOFFKE

Incluso si sabemos lógicamente que merecemos celebrar un año más de vida, siempre hay una vocecita que dice: "Sí, pero ¿qué hay de esos objetivos que aún no has alcanzado, como convertirte en billonario o aprender por fin a aparcar en paralelo?". Ese conflicto interno crea emociones encontradas: ansiedad, tristeza, tal vez incluso enfado. Planear una fiesta empieza a parecer como prepararse para ser juzgado y, de repente, toda la idea se vuelve abrumadora.

Antes de tirar tu torta de cumpleaños por el retrete, hay cosas que debes tener en cuenta.

Ser conscientes de nuestra ansiedad por el cumpleaños nos ayuda a manejarla mejor. Los pensamientos existenciales hacen que nuestro cerebro de supervivencia pulse el botón de pánico, aunque no haya ningún peligro real. En lugar de tratar estos pensamientos como enemigos, podemos utilizarlos para profundizar y descubrir qué está pasando realmente. Estos sentimientos suelen provenir de experiencias pasadas, no de nuestra realidad actual.

En *The Gifts of Imperfection* [Los dones de la imperfección], Brené Brown escribe: "Aceptar nuestra historia y querernos a nosotros mismos a lo largo de ese proceso es lo más valiente que podemos hacer". Aceptar nuestro cumpleaños como una celebración de nuestro viaje, con todos sus altibajos, es un poderoso acto de amor propio.

Recuperé mi cumpleaños creando mis propias tradiciones significativas.* No me gustan las grandes fiestas ni los planes elaborados. En su lugar, diseño un día que se adapta a mi vida cotidiana. Me levanto temprano, hago ejercicio, disfruto del buen arte, como bien, me mantengo productivo y me divierto. Mi cumpleaños es un reinicio,

* Como pretender que no tengo canas o recordar que las siestas son un verdadero regalo.

un nuevo capítulo en el que establezco el tono de una vida que realmente disfruto.

Tu versión puede ser completamente distinta y está bien. El objetivo es **celebrarlo de una manera que resulte auténtica y enriquecedora.** Para algunos, será un retiro de meditación tranquilo. Para otros, serán 12 chupitos de tequila, un tatuaje del que se arrepentirán y un día entero negando haber cometido ningún delito.* En cualquier caso, se trata de honrarte a ti mismo de la manera que te parezca más adecuada.

Estoy escribiendo este capítulo el 14 de febrero,** y mi cumpleaños es el 12 de julio.*** Faltan cinco meses y ya estoy haciendo una lista de lo que tengo que hacer para no sentirme como una basura ese día.

Lo que nosotros debemos recordar, incluyéndome a mí, es que nuestro cumpleaños no es solo un recordatorio de que nos hacemos más viejos, más feos y más tontos. También es una oportunidad para practicar el amor propio, la compasión propia, la conexión con los demás y la aceptación de las cosas que están fuera de nuestro control. Dejar ir nos ayuda a ganar más y reduce la ansiedad por las cosas que no podemos cambiar.

Cada día es un regalo y, a medida que envejecemos, cada vez son menos las personas que nos acompañan en este viaje. No tenemos que esperar a dar una vuelta completa al sol para celebrar, despertar esta mañana es suficiente motivo para una pequeña celebración. Eso es la vida, un viaje de vacaciones fuera de la inexistencia, y merecemos aprovecharla al máximo de la forma que más nos emocione.

¿Y qué pasa si de vez en cuando me siento en el lado equivocado del auto? Si sigue pasando, me mudaré a Inglaterra y diré que había estado practicando.

* Sí, uno de mis objetivos es que mi libro se presente como prueba en tu juicio penal.

** Tal vez hoy haya debido escribir un capítulo sobre la ansiedad en San Valentín.

*** Anótalo en tu teléfono y mándame regalos ese día.

ES DIFÍCIL SENTIRSE BIEN EN TU CUMPLEAÑOS SI NO TE SIENTES BIEN CONTIGO MISMO.

47.

HÁBITOS

NUNCA SENTIREMOS QUE ESTAMOS LISTOS

Son las 2:31 a. m. y tengo que reservar un vuelo para asistir a la boda de mis amigos Matthew y Audrey en Italia. Hace meses que sé que tengo que reservar este vuelo. Ya confirmé mi asistencia y todo, pero en cuanto abrí su página web con toda la información sobre el viaje y el alojamiento, me sentí agobiado y cambié a YouTube para ver *diss songs*, esas peleas de canciones entre mis raperos favoritos.*

Ahora, a solo unas semanas, los precios están subiendo y todavía no he comprado mi billete. Mi mente empieza a buscar excusas para escabullirme: el perrito enfermo, vagos "problemas personales" o simplemente decir sin rodeos: "Ya no puedo ir". Empiezo a preguntarme si de verdad quería ir a esta boda. ¿Quién era esa versión de mí que aceptó? La madriguera en la que me quiero meter se hace más honda y ahora cuestiono la institución misma del matrimonio, la monogamia y si mi asistencia a esta boda significa un apoyo callado a construcciones sociales obsoletas.

Cuando Matthew me invitó, dijo generosamente: "No hay ninguna presión. Es un vuelo muy largo y no esperamos que venga nadie". A pesar de esa excusa perfecta, seguí diciendo que sí.

Así que aquí estoy, a las 2:47 de la madrugada, con los ojos llorosos después de buscar rutas, calcular escalas y preguntarme quién va a cuidar a mi perrito. Estoy a punto de comprar el billete y sé que lo

* El patriotismo me obliga a mencionar que ganó el chico de mi ciudad natal.

que me ahorre en el precio del vuelo probablemente lo gastaré en un taxi, un café carísimo en el aeropuerto, o en una cualquier situación de “esta vez pago yo”.

Pulso “Comprar” y el sitio empieza a procesar..., luego me redirige a una página que dice que las tarifas han subido. Son las 3:02 de la madrugada. Puede que sea una estafa o que me haya quedado dormido. En cualquier caso, sigo adelante con la tarifa más alta. El billete está reservado y estoy demasiado agotado para pensar en hoteles.

Conozco el dicho **CUALQUIER decisión es mejor que NO tomar ninguna,** pero sigo procrastinando como si ese fuera mi trabajo a tiempo completo. Aplazo el pago de facturas, el envío de correos electrónicos, la respuesta a mensajes de texto, terminar relaciones... básicamente cualquier cosa que me resulte incómoda. En su lugar, me distraigo con cualquier cosa que me resulte más fácil en ese momento. Luego, cuando llega la presión, me apresuro a hacerlo todo, estresándome y preguntándome por qué siempre espero hasta el último momento.

Procrastino porque me digo a mí mismo que no estoy preparado. Pienso que necesito más información para tomar la decisión *correcta*, pero eso solo me deja atrapado en el análisis paralizante. La ansiedad me engaña haciéndome creer que las cosas son más complicadas de lo que son. Por ejemplo: “No puedo salir a correr hoy; no he armado la lista de música perfecta” o “No puedo inscribirme en el gimnasio todavía; primero tengo que investigar todos los gimnasios de mi zona” o “No puedo pedirle el número de teléfono a esa muchacha; primero tengo que repasar las 7.000 razones por las que me puede decir que no”.

Y así sigue el ciclo.

Pero, Humble, ¿no son lo mismo la evasión y la procrastinación?

No, mis queridos amigos, no lo son. Imaginen lo siguiente: hay una araña en la habitación. La evasión es esquivar a la araña para siempre, como ir a echarse en el sofá y esperar a ver si la araña decide empezar a pagar el alquiler. La procrastinación, en cambio, es retrasar el enfrentamiento con la araña porque primero necesitas averiguar su signo del zodiaco, conocer sus esperanzas y sueños, su número de la seguridad social y, a continuación, investigar la forma más humana de convencerla de que se vaya o firme un contrato de alquiler.

La procrastinación es algo a lo que todos nos enfrentamos y no siempre es mala. El problema es que la ansiedad que rodea a lo que tenemos que enfrentar puede parecer mayor que lo que tenemos que enfrentar. Así que, en lugar de lanzarnos al agua, nos distraemos para aliviar la ansiedad. Nos hace sentir que estamos haciendo algo, pero en realidad solo estamos evitando lo que realmente importa. **La procrastinación nos engaña haciéndonos creer que tenemos el control, pero en realidad nos produce más ansiedad.** Nuestro cerebro de supervivencia ansía el control cuando se siente amenazado, y evitar la tarea parece control, pero en realidad solo es estacamiento. La ansiedad disminuye por un momento, pero la tarea sigue ahí, esperando.

El objetivo es encontrar estrategias que nos ayuden a romper el ciclo de la procrastinación y a hacer de verdad las cosas. Para vencer la procrastinación, necesitamos cerrar la brecha entre el pensamiento y la acción. Cuanto más tiempo permanecemos estancados en el pensamiento, más difícil es empezar. Actuar, aunque sea con un pequeño paso, nos ayuda a superar la vacilación y alivia la ansiedad.

Nuestro sistema nervioso es el cableado que conecta nuestro cerebro y nuestro cuerpo, dando forma a nuestros pensamientos, acciones y emociones. Dentro de ese sistema, hay algo llamado **sistema nervioso basado en el interés** (IBNS, por sus siglas en inglés). Es algo parecido a un portero de discoteca, que decide qué información entra y qué información se ignora.

Muchos de nosotros funcionamos con un IBNS y somos como exploradores, siempre en busca de cosas nuevas y emocionantes que aprender y hacer. Aunque esa curiosidad es estupenda, también hace que sea más difícil concentrarse en tareas que no parecen tan interesantes. Si estás intentando estudiar, doblar la ropa o aprender una nueva habilidad, tu IBNS podría estar gritando: "Qué aburrido, busquemos algo más divertido, como navegar por Instagram o sumergirnos en los laberintos aleatorios de Wikipedia".

Esto se debe a que nuestro cerebro funciona con un sistema de recompensas. Cuando hacemos algo fácil y divertido, recibimos una dosis de dopamina, la sustancia química que nos hace sentir bien y nos mantiene motivados. La procrastinación es cuando nuestro cerebro dice: "Vamos a buscar esa dosis rápida de dopamina en lugar de hacer esta tarea difícil". Aunque nos hace sentir bien en ese momento, es algo temporal. Irónicamente, cuanto más retrasamos la gratificación, más fuerte es la respuesta de la dopamina, lo que hace que la experiencia sea aún más gratificante. A largo plazo, la procrastinación aumenta nuestra ansiedad, pues nos deja estresados y agobiados, y hace que sea más difícil hacer las cosas. Es un ciclo y el truco está en encontrar formas de romperlo.

Al evitar las tareas difíciles y optar por la gratificación inmediata, nuestro cerebro cree que nos está protegiendo, pero en realidad nos está causando más daño a largo plazo. Mi cerebro de supervivencia me dice: "Oye, vamos a mirar el teléfono en vez de responder a ese correo electrónico urgente; es autocuidado ¿no?". Es como el amigo que te dice: "¿Sabes lo que te va a ayudar a concentrarte para el examen final? Ver toda la temporada de *The Office* (La oficina). Confía en mí, te relajará totalmente".

La excusa habitual que pone nuestro cerebro es "no estamos preparados" como forma de protegernos. Pero la verdad es que nunca estamos preparados.

*Procrastinar no significa que seamos perezosos, sino que estamos evitando las emociones difíciles que conlleva hacer algo exigente.** Aquí tienes algunos consejos sencillos para combatir la procrastinación:

- **Divide las tareas grandes:** Si correr te parece demasiado esfuerzo, concéntrate solo en ponerte los zapatos. Si eso

* Sí, a veces esa "emoción grande, aterradora y difícil" es solo... aburrimiento. Fascinante, ¿verdad?

es demasiado, empieza por algo más pequeño: coge los zapatos y ve qué pasa.

- **Haz que la tarea sea interesante:** Cuando estaba escribiendo este libro, me propuse pasar solo una hora frente al teclado, sin distracciones. Da igual si escribía 10 palabras o 10.000, si conseguía pasar la hora, lo consideraba un triunfo.
- **Recompénsate:** Cada pequeño avance libera dopamina. Recuerda que Roma no se construyó en un día: los pequeños pasos conducen a grandes victorias. Celebra incluso los triunfos más pequeños.
- **Crea un ambiente que favorezca la concentración:** No confíes en la disciplina. Apaga el teléfono y escóndelo en otra habitación o en el auto. Haz que sea difícil distraerte y fácil concentrarte.
- **Habla con alguien:** Comparte tus problemas de procrastinación con alguien de confianza. Es un signo de ansiedad y hablar de ello puede ayudarte a mejorar.
- **Tómate descansos:** Averigua cuándo necesitas descansar y cuándo estás evitando el trabajo. Si te sientes más fresco por la mañana, planifica las tareas más difíciles para ese momento. El descanso aumenta la productividad y ayuda a gestionar el estrés.

Con estos consejos, podrás reducir poco a poco la procrastinación y sentir que tienes más control sobre tu día y tus emociones.

Cuando nos centremos en la ansiedad y las emociones negativas que nos provocan las cosas que estamos posponiendo, estaremos mejor preparados para llevarlas a cabo.

Recordemos también que debemos tomar medidas para sentirnos como queremos, NO esperar a sentirnos como queremos para tomar las medidas necesarias.

Actualización: Llegué a la boda de Matthew y Audrey y, vaya, qué vuelo tan largo. Sinceramente, probablemente pasé más tiempo yendo a Italia que en Italia. La boda fue preciosa, la recepción fue genial y, aunque la mayoría de los amigos que esperaba ver no aparecieron, hice nuevos amigos increíbles y acabé metido en muchos más grupos de chat de los que necesitaba.

Después de la boda, me fui a Barcelona una semana con un viejo amigo y su familia. Ahora, vivir en España está oficialmente en mi lista de prioridades. Aunque procrastiné como loco, el viaje estuvo lleno de experiencias mágicas que cambiaron la forma en que concibo el amor y en que aprecio el mundo.

PROCRASTINAR NO SIGNIFICA SER PEREZOSO; SIGNIFICA QUE ESTAMOS EVITANDO LAS EMOCIONES DIFÍCILES QUE ACOMPAÑAN LA REALIZACIÓN DE UNA TAREA.

48.

AMBIENTES

LA ANSIEDAD DE TUS PADRES NO ES RESPONSABILIDAD TUYA

¿Alguna vez has sentido que te has convertido más en un padre para tus padres que ellos para ti? Quizás eres tú quien se encarga de pagar las facturas, mantener la paz y lidiar con los dramas familiares como un terapeuta no oficial, sin cualificación y sin remuneración. Como yo era el más joven de la casa, la mayor parte de esta carga recaía sobre mis hermanas. Como veía el mismo patrón en otros hogares punjabíes, me parecía algo natural. Pero no se trata solo de hacer más tareas domésticas o ayudar a nuestros padres a abrir un PDF, se trata de llevar un peso demasiado grande para nuestra edad.

Si empezaste a asumir ese papel de adulto, quizá lo lleves mejor, pero si eres el gerente general de tu familia desde que tenías dientes de leche y zapatos de niñito, no estás solo. Esto es lo que significa ser un **niño parentificado**. Es como llevar zapatos demasiado grandes e intentar guiar a tu familia mientras luchas por no caerte de bruces.

Un niño parentificado es alguien que se ha visto obligado a crecer demasiado rápido, asumiendo responsabilidades y roles emocionales que normalmente corresponden a un padre. Para algunos de ustedes, puede que haya sido cocinar y cuidar de sus hermanos porque sus padres no podían. Para otros, ha sido hacer de traductor y terapeuta de un padre que lucha por desenvolverse en el mundo.

Cuando los niños asumen roles adultos demasiado pronto, esto afecta su desarrollo y su salud mental. Empiezan a preocuparse por problemas futuros y se mantienen en alerta más de lo que deberían. Muchos de nosotros no elegimos convertirnos en niños parentificados; sucedió debido a situaciones que escapaban a nuestro control. Mirando atrás, es importante comprender cómo estas experiencias moldearon nuestros patrones de ansiedad, en lugar de culpar a nuestros padres por sentirnos desorientados.

La ansiedad, al igual que el color de los ojos, la calvicie y los ronquidos,* puede transmitirse de generación en generación. Las emociones no procesadas, las ansiedades no sanadas y los mecanismos de defensa poco saludables pueden heredarse, transmitirse de nuestros padres a nosotros a través de expectativas y comportamientos no expresados.** A menudo imitamos los comportamientos y las respuestas emocionales de nuestros padres. Una vez más, no se trata de culpar a nadie, sino de reconocer estos patrones, comprenderlos y romper ese ciclo en nuestra propia vida.

No estamos obligados a repetir los patrones malsanos que causan ansiedad en nuestra vida.

Cuando se trata de tus padres, tú no eres responsable de:

- **Sus culpas:** Tú no causaste sus heridas del pasado y no puedes borrarlas. Sus culpas les pertenecen a ellos, no a ti.
- **Su preocupación:** No puedes controlar sus ansiedades, y asumirlas solo amplifica las tuyas.

* Gracias, papá.

** Como esos viejos suéteres heredados que no nos quedan bien, pero que seguimos usando porque no tenemos otra opción, solo que estos no provienen del armario de nuestros padres, sino de su bagaje emocional.

- **Su vergüenza:** Sus elecciones y acciones son de ellos, no tuyas y no tienes por qué cargar con su peso.
- **Su falta de disponibilidad:** Mereces apoyo emocional y conexión. Si tus padres no pueden proporcionártelo, tienes derecho a buscarlo en otra parte.

No eres responsable del bienestar emocional de tus padres y eso no significa que no los quieras o no quieras ayudarlos. *Estar atento a tus padres no requiere que cargues con su culpa, preocupación o vergüenza.* Podemos reconocer sus dificultades sin asumirlas como propias. Podemos apoyarlos y amarlos, pero sus emociones son suyas y les corresponde a ellos gestionarlas, no a nosotros. Eso significa establecer límites claros en nuestra responsabilidad por su felicidad y bienestar emocional.

Es fundamental priorizar nuestra propia salud mental y establecer límites, incluso si esto genera resistencia o culpa. *Convertirnos en una prioridad no es egoísta; es necesario*. Como dice el refrán, "de una taza vacía no se vierte nada". Si estás emocionalmente agotado, no puedes ayudar a nadie, ni siquiera a ti mismo. Te mereces relaciones sanas en las que todos se cuiden y se apoyen mutuamente, no que una sola persona cargue con todo el peso emocional.

Recuerda, los límites no son un enemigo; enseñan a la gente cómo deben tratarte. Piensa en ellos como esas cuerdas de terciopelo en los museos elegantes: evitan que otros se acerquen demasiado y derriben accidentalmente la obra maestra que es tu cordura. *Los límites nos protegen de ser absorbidos por el drama emocional de otra persona.*

En tu familia, los límites pueden significar decir cosas como: "Te quiero, pero no puedo volver a escuchar el drama de tu oficina, dejémoslo para cuando haya recuperado mi salud mental" o "Mi cuarto es mi zona libre de estrés, no se permite la negatividad". No pasa nada si al principio te resulta extraño o imposible* establecer límites, es como

* Los estoy viendo, hijos de inmigrantes.

aprender un nuevo paso de baile. Hay que practicar para hacerlo bien y es normal cometer errores.

El padre de las profundas percepciones psicológicas, Carl Jung, dijo una vez: "No soy lo que me ha pasado. Soy lo que elijo ser". Esta es tu oportunidad para decidir finalmente quién quieres ser: alguien con su propia vida, no solo el solucionador de problemas, el calendario humano y el árbitro emocional de la familia.

Liberarse de la ansiedad de la familia requiere autoconciencia, compasión y valentía. Se trata de reconocer los patrones, establecer límites saludables y centrarse en tu propio bienestar emocional. Recuerda que no estás solo en este viaje. Hay recursos, sistemas de apoyo y terapeutas que pueden ayudarte a desenredar la ansiedad y construir una vida llena de resiliencia, amor propio y libre de las cargas heredadas.

Construyeron toda una casa sobre mi espalda
y la llamaron "responsabilidad familiar",
pero se olvidaron de dejar una ventana
para que yo pudiera respirar.

— DESCONOCIDO

Mis hermanas y yo nos repartimos las tareas de "padres" de nuestros padres. Por repartirnos, me refiero a que ellas se encargan de la mayor parte, mientras que yo soy el "apoyo a distancia". Al ser el único que no vive allí, me siento más bien como un espectador del caos familiar y, a veces, me siento culpable por no aportar sino un granito de arena. Mis dos hermanas tienen tres hijos,* facturas que pagar y sus propias vidas. Es increíble lo mucho que se preocupan por mis padres, dejándome a mí vagar por el mundo, que voy engañándome

* En realidad son dos hijos cada una. Uno de mis sobrinos mide 1,93 m y pesa 129 kg; es jugador de fútbol americano de la NCAA. Mi otra hermana acaba de comprar un cachorro enorme, así que redondeo por respeto a sus facturas de las compras mensuales.

a mí mismo creyendo que soy un adulto responsable con solo un perrito que requiere pocos cuidados. En este momento, lo único que puedo hacer es esperar que uno de estos libros sea un éxito, para poder regalarles una casa de campo junto al lago.*

ESTE CÓDIGO QR CONDUCE A LA PÁGINA WEB DE HUMBLE THE POET, DONDE ENCONTRARÁS CAPÍTULOS EXTRA, EN INGLÉS.

* Así que, por el amor de mis hermanas y sus numerosas familias, por favor, difundan este libro.

NO CAUSASTE SUS HERIDAS PASADAS Y NO SE LAS PUEDES BORRAR. SUS CULPAS LES PERTENECEN A ELLOS, NO A TI.

49.

REACCIONES

HABLEMOS DE MI DEPRESIÓN

Cada vez que he escrito antes sobre la depresión, construyo prácticamente una fortaleza legal para salvar mi responsabilidad y sugiero que si confías en mi barba para obtener consejos sobre salud mental, bien le puedes pedir asesoramiento fiscal a una planta de interior. El objetivo era no minimizar nunca a las personas que sufren cualquier nivel de depresión y sentirme protegido si otra persona interpretaba como provocador o insensible algo que yo consideraba alentador y motivador.

Esta vez es diferente porque mi objetivo no es hablar de tu depresión y de qué hacer al respecto. Es hablar de la mía.

Cuando yo iba a la escuela, el término "salud mental" no era tan común como lo es hoy en día. En aquella época,* cuando alguien hablaba de "salud mental", uno pensaba enseguida en camisas de fuerza y manicomios. El estrés diario era simplemente parte de la vida en aquel entonces y si decías que tenías problemas de salud mental, la gente no te creía o te creía demasiado, y entonces te evitaba.

Tenía poco más de veinte años cuando acudí a una clínica sin cita previa porque me sentía agotado todo el tiempo. No me parecía normal. Compaginaba los estudios con un trabajo a tiempo parcial, dormía lo suficiente, pero no conseguía concentrarme. Esto fue antes

* Por "en aquella época" me refiero a los años 90.

de los teléfonos inteligentes, así que mi mayor distracción era un reproductor de CD en el autobús.

Crecí en una familia vegetariana y pensé que tal vez tenía falta de hierro, así que fui al médico pensando que me iba a recetar un suplemento de hierro. El médico era un hombre joven, de unos 35 años, y después de hacerme algunas pruebas, me dijo: "Tu sangre está bien. Creo que puedes estar deprimido".

Arqueé una ceja. "Ni hablar. No estoy triste. No tengo por qué estar triste".

Él se rió entre dientes. "No hace falta estar triste para estar deprimido. La falta de energía también puede ser un síntoma. No siempre tiene que ver con lo que está pasando en tu vida; a veces es solo genética".

Me recetó antidepresivos y así comenzó mi viaje hacia la salud mental.

¿El hecho de que un médico me diagnosticara depresión y me recetara antidepresivos me convierte en un experto en el tema? En realidad, no. Pero no comparto esta historia para demostrar que soy una autoridad. La comparto porque historias como ésta deben contarse. Fue el comienzo de mi viaje hacia la comprensión de la depresión, la mía y la que padecía mi familia.

Nuestro cerebro de supervivencia no siempre puede distinguir entre una amenaza física y una emocional. Es como si funcionara con un *software* antiguo, que trata cada abrazo incómodo o cada correo electrónico estresante como una emergencia en toda regla. Así, cuando algo nos parece raro, nuestro cerebro se pone en alerta máxima, lo que da lugar a dos experiencias estrechamente relacionadas: la ansiedad y la depresión.

La ansiedad se produce cuando nuestro modo lucha o huida se activa en exceso. Es como si nuestro hombre de las cavernas interior viera un lobo e inmediatamente pensara: "¿Y si detrás de ese lobo hay una mariposa ninja lista para atacar?". El cerebro entra en una espiral de preocupación y miedo, incluso cuando todo está en calma.

La depresión, por otro lado, es como entrar en modo hibernación. Nuestros antepasados conservaban la energía cuando se enfrentaban a la escasez, retirándose para sobrevivir en tiempos difíciles. Así que, cuando la vida se nos hace dura durante demasiado tiempo, nuestro cerebro atenúa las luces y reduce la motivación, casi como si nos dijera "ríndete por ahora, ahorra energía". Es una táctica de supervivencia que funciona muy bien cuando hay un tigre de verdad frente a ti, pero no tanto cuando se trata de una ruptura o de un día difícil en el trabajo.

Una vez más, nuestro cerebro de supervivencia no distingue entre el peligro de un tigre y una mala ruptura sentimental. Por lo tanto, cuando la vida se vuelve difícil, responde como si estuviéramos bajo un ataque físico. Nos dice que nos "apaguemos", haciéndonos sentir cansados, desmotivados y, en general, deprimidos. Pero como estos acontecimientos no suponen realmente una amenaza para nuestra vida, esta reacción no es tan útil como solía serlo.

Pasaron varios años antes de que me diagnosticaran pensamiento depresogénico.

Pensamiento: Cómo interpretamos los acontecimientos y las situaciones de nuestra vida. **Depresogénico:** Que tiende a causar depresión.

Cuando estamos atrapados en el pensamiento depresogénico, nuestro cerebro escribe la misma historia triste acerca de todo, una y otra vez. Este fue un gran momento de revelación para mí, porque por fin pude ver el patrón, no solo en mí mismo, sino también en mi familia.

Para mí, podía ser algo tan simple como: "No ha respondido a mi mensaje; debe odiarme" o "Han rechazado mi primera idea. Nunca voy a tener suerte".

Hay varias formas en las que funciona el pensamiento depresogénico:

- **Catastrofismo:** Cada error se convierte en un desastre enorme en nuestra mente. Un mal examen se siente como haber arruinado todo nuestro futuro; una pelea con un amigo significa que nos odia para siempre. Es como coger el problema más insignificante y magnificarlo hasta proporciones épicas.

- **Generalización excesiva:** Un mal día se convierte en la "prueba" de que todo es un desastre y siempre lo será. Es como pinchar una llanta y pensar: "Bueno, los autos son un desastre, la sociedad está condenada y oficialmente me voy a cambiar a las llamas como medio de transporte". Nuestro cerebro toma una experiencia negativa y la aplica a todo, ignorando lo bueno.
- **Personalización:** Sentir que todo es culpa nuestra, aunque no lo sea. Como cuando un pájaro se hace caca en tu auto y estás convencido de que fue porque no reciclaste lo suficiente la semana pasada. Nuestro cerebro nos culpa de todo lo negativo, aunque no hayamos tenido ningún control sobre ello.
- **Filtro negativo:** Es como llevar gafas para eclipses que solo bloquean las cosas buenas y magnifican las malas, como fijarse en la única persona que no se ha reído de tu chiste en una sala llena de risas.*

Llegados a este punto, muchos de ustedes, como yo, quizá estén teniendo esos momentos de revelación en los que se dan cuenta de que tienen pensamientos depresivos o depresión. Lo importante es recordar que esto no significa que estén rotos o que hayan hecho algo mal. Solo significa que deben seguir adelante con más conciencia que antes.

Estamos hablando de la capacidad de nuestro cerebro para manejar el estado de ánimo y, al igual que las personas nacen con peculiaridades, como una nariz asimétrica, un tercer pezón** o una pierna ligeramente más larga que la otra, algunos de nosotros tenemos cerebros que no siempre funcionan de manera ideal en determinadas

* Las estoy viendo, secciones de comentarios de las redes sociales.

** ¿Debería registrar los derechos de autor de #ThirdNippleBrain?

situaciones. Así es como llegué a comprender mi propia depresión y mis pensamientos depresivos. **No se trata de encontrar una "solución" o una "cura", sino de hacer ajustes en la vida para reducir el grado en que la depresión toma el control.***

Una técnica que me ha ayudado se llama *seguimiento somático*, que es un término elegante para referirse a prestar atención a lo que ocurre en tu cuerpo sin juzgarlo. Básicamente, es una versión un poco más sofisticada de la atención plena. Cuando nos sentimos ansiosos o deprimidos, podemos notar sensaciones como opresión en el pecho o un nudo en el estómago. El seguimiento somático consiste en observar estas sensaciones con curiosidad en lugar de reaccionar con miedo o frustración.

¿Por qué funciona? Es como decirle a tu cerebro de supervivencia: "Oye, veo que intentas protegerme, pero en realidad estamos a salvo". Esto ayuda a actualizar el *software* obsoleto de nuestro cerebro, recordándole que los factores estresantes emocionales no son una amenaza para la vida. Algunos estudios han demostrado que prestar atención a las sensaciones corporales sin juzgarlas ayuda a romper las señales de "peligro" del cerebro, aliviando los síntomas de ansiedad y creando una sensación de calma.

El seguimiento somático, como todas las estrategias de este libro, es una habilidad que requiere práctica regular. A mí me ha ayudado mucho, pero la constancia es clave para obtener resultados duraderos.

La depresión y la ansiedad son como las dos caras de una misma moneda. La depresión te frena, te dice que te apagues y conserves energía (regulación hacia abajo), mientras que la ansiedad te activa, te prepara para afrontar el peligro (regulación hacia arriba). Es como manejar con un pie en el acelerador y otro en el freno, y preguntarte por qué tu cerebro se siente agotado.

A menudo aparecen juntas, dejándote con una sensación de agitación y agotamiento al mismo tiempo. Es posible que te preocupes

---

* Inserta aquí un chiste gracioso sobre los ajustes que tenemos que hacer en la vida cuando tenemos un número impar de pezones.

por todo y, al mismo tiempo, te sientas demasiado agotado para levantarte de la cama. Ese tira y encoge puede ser confuso y agotador.

Entonces, ¿cómo encontramos la armonía?* Para la depresión, piensa en hacer cosas que te provoquen un tipo de estrés saludable, del tipo que te hace moverte y llenarte de energía. Puede ser cualquier cosa, desde una caminata rápida hasta pintar o dedicarte a un pasatiempo.** El objetivo es que fluyan las endorfinas que te hacen sentir bien y que salgas de las vibras de baja energía.

Para la ansiedad, se trata de encontrar formas de calmarte. Puedes reservar momentos específicos para preocuparte, dividir las tareas grandes en pasos más pequeños o establecer objetivos claros y realistas. Hacer garabatos puede ser una forma estupenda de mantener la atención y los pies en la tierra. Organizar tus pensamientos en un diario y llevar una lista de tareas pendientes también le da un respiro a tu cerebro, que está constantemente en alerta máxima.

El estrés cotidiano puede desencadenar tanto la ansiedad como la depresión, por lo que las pequeñas decisiones que tomamos, como lo que comemos, cuánto dormimos y mantenernos en contacto con personas que nos hacen sentir bien, ayudan a nuestro cerebro a manejar mejor las emociones. También es importante recordar que, por muy horribles que sean la ansiedad y la depresión, son tormentas pasajeras. Concéntrate en ser amable contigo mismo, reconocer tus señales de estrés y aspirar al progreso, no a la perfección.

Estas son solo herramientas, no curas mágicas. El camino de cada persona es diferente, y trabajar con un terapeuta o un consejero puede ayudarte a descubrir qué estrategias funcionan mejor para ti.

Los antidepresivos no me duraron mucho. Bajaron el volumen de mis sentimientos, pero era como estar atrapado en la lista de música más triste del mundo, en la que, por mucho que intentara escuchar otra cosa, siempre volvía al álbum de penas de amor de Adele. Recuerdo que le conté a mis amigos mi experiencia con los antidepresivos y

* Me gusta más la palabra armonía que equilibrio.

** He oído que ahora está muy de moda trenzarse la barba.

no obtuve reacciones muy alentadoras. Eso me hizo cuestionar si mi depresión era real o si el médico solo estaba tratando de sacarme rápidamente de su consultorio.*

Desde entonces, crecí mucho y aprendí a reconocer que mi cerebro funciona con un *software* obsoleto y he trabajado duro para actualizarlo al mundo moderno. Una de las cosas más importantes que he notado es lo pequeño que se vuelve mi mundo cuando me aíslo. A veces ni siquiera me doy cuenta de que me estoy aislando. Solo cuando salgo de casa para pasear al perrito me doy cuenta de lo bien que se siente estar al aire libre bajo el sol e incluso tener una breve conversación con alguien.

A veces, la depresión o los pensamientos negativos nos parecen tan normales que ni siquiera nos damos cuenta. Pero cuando cambiamos nuestro entorno —aunque sea un poco—, empezamos a notar la diferencia. Me gusta pensar que esos pequeños ajustes son como unas rampas de acceso y puertas automáticas que me ayudan a salir de la cueva oscura en la que me sumerge la depresión.

Si estás luchando contra la depresión, recuerda que no estás solo y que no estás roto. La sociedad encara la depresión como alguien que intenta arreglar la pantalla rota de un iPhone con cinta adhesiva: técnicamente, es una solución, pero en realidad no funciona. **El mundo no siempre se adapta a los retos de la depresión, pero eso es un defecto del mundo, no tuyo.** Sigue adelante, haz pequeños cambios, busca la ayuda que necesitas y ten claro que vale la pena vivir y luchar por tu vida.

> *Lo contrario de la depresión no es la felicidad,*
> *sino la vitalidad, la fuerza palpitante de la vida*
> *que está presente en todos los seres vivos.*
>
> — ANDREW SOLOMON

* La otra cara de la salud gratuita en Canadá; pero eso es otra historia.

Si he dicho algo que te ha hecho sentir peor o te ha afectado, te pido disculpas. Mi objetivo no es restar importancia a las experiencias de nadie con la depresión, sino fomentar un diálogo más abierto al respecto y promover la búsqueda de ayuda profesional. Mis experiencias y la forma en que hablo de ellas son únicas para mí, al igual que las estrategias que utilizo para salir de mis propios baches. Espero que encuentres personas que realmente comprendan cómo te sientes para que no te sientas solo en esto.

No estoy aquí para "explicarte la depresión", pero no estaré de acuerdo si crees que no hay nadie que pueda entenderte o ayudarte. Esta es tu vida y mereces sentirte lo mejor posible. Eso también significa asumir la responsabilidad de hacer que eso suceda. Nadie puede cuidar de ti mejor que tú mismo, así que sé tu mejor amigo. Da el primer paso para comprender tu relación con la ansiedad y la depresión y busca el apoyo que necesitas: cualquier cosa es mejor que nada.

NO NECESITAS ESTAR TRISTE PARA ESTAR DEPRIMIDO.

50. REACCIONES

NO ES CULPA TUYA

Hay un chiste muy popular en internet sobre personas que adoptan un cachorro para que les ayude con su ansiedad y acaban contagiándole esa ansiedad al perro. Ese no es el caso de Boogie. Mi Boogie es una mini goldendoodle* adorable hasta decir basta, que encarna la condición de una princesa, la bondad de un ángel, el comportamiento de un osito de peluche borracho y la energía ilimitada de una niñita que se atiborró de azúcar.

Desde la primera semana que la traje a casa, practiqué dejarla sola una hora cada vez, hasta que su ansiedad por separación disminuyó cuando se dio cuenta de que yo siempre volvía. Aprendió a conocer su espacio y a invadir el mío. A los tres años, ha volado conmigo en más de una docena de vuelos y se ha mudado conmigo seis veces, en tres ciudades y dos países.

Es muy fácil dejarla con amigos para que la cuiden cuando tengo viajes largos. Disfruta de las vacaciones en casa de otras personas porque suelen tener menos normas, más golosinas y toda la atención. Durante mucho tiempo, pensé que me había tocado la lotería con esta perrita feliz y despreocupada que solo quiere jugar y acurrucarse.

Hasta que llegó el momento de nuestra segunda gran mudanza.

Durante nuestra primera mudanza de Toronto a Los Ángeles, vio cómo cambiaba nuestra casa a medida que desaparecían los muebles y se amontonaban las cajas, y no parecía importarle. Su jaula desapareció

* Instagram: Badbishboogie.

y pudo dormir en la cama conmigo.* El cambio fue estresante para mí: de mi apartamento a la casa de mis padres durante una semana, al aeropuerto, a casa de una amiga y, finalmente, a nuestra propia casa dos meses después.

Lidió con la mudanza como una campeona. Así que, 18 meses después, cuando llegó el momento de volver a hacerlo —esta vez de Los Ángeles a Nueva York—, pensé que sería pan comido. Y lo fue, hasta que dejó de serlo.

En nuestra última noche en el apartamento de Los Ángeles, solo quedaban un sofá y unas cuantas cajas. Mientras hacía las maletas, le tiré una pelota de tenis a Boogie para que la persiguiera. Después de cerrar la última caja, me di la vuelta para ver si había traído la pelota, pero no lo había hecho. Estaba sentada mirándome, con las orejas echadas hacia atrás y los ojos muy "de cachorro", junto a un charco de pipí.

Habíamos salido a pasear una hora antes y, con dos años, Boogie nunca se había hecho pipí dentro de la casa. Algo andaba mal. Me di cuenta de que estaba percibiendo mi ansiedad. La verdad es que esta mudanza de Los Ángeles a Nueva York era mucho más estresante para mí que la anterior. Tenía más cosas que llevar, menos ayuda de los demás y un montón de cosas, incluido un auto, que todavía tenía que descargar o vender.

Me sentí increíblemente culpable por causarle tal ansiedad a Boogie que acabara orinándose. El apartamento estaba vacío y los suelos eran de hormigón, no causó ningún daño, pero mi ansiedad por *su* ansiedad hizo que me pareciera una catástrofe.

Todo era culpa mía. ¿Por qué no podía poner mi vida en orden y dejar de mudarme tanto? ¿Por qué había comprado un cachorro si sabía que iba a estar viajando constantemente, sin poder darle estabilidad y rutina? ¿Por qué me mudaba? ¿Y si no funcionaba? Nueva York es la ciudad más cara del multiverso. ¿Y si me arruino? ¿Por qué no puedo ser normal como todo el mundo? ¿De qué estoy huyendo?

* Sí, como la mayoría de los dueños de perros, dije que nunca en la cama, y ahora siempre está en la cama, además de tener otras dos camas para ella sola.

Mi ansiedad empezó a susurrarme: "Estás fracasando en la vida" y pronto se convirtió en un comercial informativo sobre todas las cosas que estaba haciendo mal, con gráficos rojos parpadeantes que decían "LLAMA AHORA". La verdad era que no era gran cosa y no había motivo para se me disparara la ansiedad. Pero mi cerebro lógico estaba desconectado. En su lugar, mi cerebro de supervivencia decidió repasar todas las culpas habidas y por haber y lo basura que yo era. Eso me hacía sentir peor y era señal de un problema más profundo.

Muchos de nosotros cargamos con la culpa desde nuestra infancia, especialmente si crecimos en hogares donde se evitaban o ignoraban los conflictos. Esto puede causar un tipo de daño único. Cuando nunca se abordan la ira y la frustración, podemos sentir que estamos constantemente caminando sobre cáscaras de huevo, siempre ansiosos por lo que pueda desencadenar el próximo estallido.

En ambientes impredecibles, nuestro cerebro de supervivencia permanece en alerta máxima, buscando amenazas y activando alarmas de ansiedad ante peligros imaginarios. Cuando somos niños, es más fácil culparnos a nosotros mismos porque la alternativa —que no podemos controlarlo todo y que aquellos que se supone que deben protegernos a veces pueden hacernos sentir inseguros— es demasiado aterradora. No queremos ver a nuestros padres como imperfectos, ya que son los que están al mando. Así que asumimos que las cosas malas deben ser culpa nuestra. Somos como pequeños robots aspiradores emocionales que absorben sin parar el desorden de los demás. Aunque echarnos la culpa puede calmar temporalmente nuestra ansiedad al hacernos sentir que tenemos cierto control, a la larga solo empeora nuestra ansiedad y nuestra inseguridad.

Se trata de un comportamiento aprendido y una forma totalmente comprensible de enfrentar la situación para un niño. Cuando somos pequeños, no nos damos cuenta de que nuestros padres tienen sus propios problemas y que su tensión a menudo no tiene nada que ver con nosotros. Por eso pensamos: "Si yo fuera mejor, las cosas serían diferentes". Con el tiempo, esa creencia en nuestros propios defectos se arraiga profundamente. Lo que comenzó como una forma de enfrentar el caos de la infancia se convierte en una crítica interior que nos persigue hasta la edad adulta.

La raíz de estos sentimientos de ansiedad es nuestro miedo a la incertidumbre y al rechazo. **Culparnos a nosotros mismos nos ayuda a dar sentido a las cosas,** pero también alimenta la ansiedad, haciéndonos pensar que todo lo que sale mal es culpa nuestra. Esta creencia no solo aumenta nuestra ansiedad, sino que también nos hace más vulnerables y eso nos impide establecer conexiones reales con los demás.

Esto es lo que tienes que recordar: NO ESTÁS EN PROBLEMAS.

Las cosas malas pasan. A veces estás involucrado, pero a menudo no. Nada de esto refleja tu valía o tus habilidades. Te culpas a ti mismo porque, cuando eras un niño con un cerebro del tamaño de un guisante, intentabas dar sentido a situaciones abrumadoras en un entorno que no podías controlar.*

Ahora que nuestro cerebro ha crecido y ya no es del tamaño de un guisante, revisemos y reescribamos las historias obsoletas que nos contábamos a nosotros mismos. **Pasar de echarse la culpa a la autocompasión** es un paso importante. Es hora de dejar de jugar al Jenga emocional con nuestras vidas. Saquemos con cuidado esos bloques inestables de autoculpa y sustituyámoslos por una gran base de "estoy haciendo lo mejor que puedo".

Mamá y papá estaban discutiendo por la hipoteca antes de que irrumpieras en la habitación sin llamar, por eso te gritaron.

El chico que te engañó porque es inseguro y utiliza la atención de las mujeres como un parche para adormecer sus propios sentimientos de ansiedad, por eso persigue a otras chicas a tus espaldas. No es culpa tuya; es su historia, no la tuya.

Muchos de nosotros adoramos a quienes nos ignoran e ignoramos a quienes nos adoran. Ser demasiado amable con esa chica que

* Ahora somos más inteligentes, pero no TAN inteligentes; quizá algunos de ustedes estén al nivel del aguacate.

apenas te responde solo hará que le parezcas extraño e incómodo, lo que le provocará ansiedad. Por eso tarda tres días en responder a un mensaje, aunque siempre esté metida en el teléfono. No le gustas y esa es su historia, no la tuya.

Mudarse es estresante, es normal y tú lo hiciste lo mejor que pudiste. Un pequeño charco de pis de tu preciosa niña no es el fin del mundo. En todo caso, solo está marcando su territorio como "zona de alta ansiedad". Es su forma de decirte que siente lo mismo que tú. Su sensibilidad te está ayudando a reconocer la tuya. Lo limpiaste rápidamente y volviste a jugar con ella. No te enfadaste, la tranquilizaste acariciándole detrás de las orejas y dándole un beso en la nariz, diciéndole que todo estaba bien.

Ahora, extiende esa misma tranquilidad al niño asustado que hay dentro de ti. Si Boogie puede superar su "desastre de pis" con una caricia en la barriga y una pelota de tenis, tú puedes darle a tu niño interior la misma amabilidad, sin la pelota de tenis.

Perdónate por no saber lo que no sabías entonces.
Sé amable contigo mismo mientras aprendes.

— LISA FELDMAN BARRETT

No es culpa tuya, no estás en problemas y todo va a salir bien. Date un gusto.

PERDÓNATE POR NO SABER LO QUE NO SABÍAS.

∞. CONCLUSIÓN: LA VERDADERA CURA DE LA ANSIEDAD

Me hice mi primer tatuaje a los 16 años, y cada vez que me hacía uno nuevo, alguien me decía: "Te arrepentirás cuando seas mayor". No estaban del todo equivocados, pero no por las razones que pensaban.

No me arrepiento de mis tatuajes; si acaso, me arrepiento de no haberme hecho más. Lo que alguien debería haberme dicho es: "Si te encantan los tatuajes, hazte todos los que puedas mientras seas joven, porque cuanto más mayor te hagas, más te dolerán. Llena tu lienzo ahora".

Lo aprendí por las malas el verano pasado, cuando me hice un pequeño y sencillo tatuaje de cinco palabras por mi cumpleaños. Me lo hice justo debajo del esternón y solo tardaron 10 minutos, pero necesité tres descansos por el dolor.

Esto distaba mucho del joven que era yo, capaz de pasar horas sentado mientras me tatuaban las costillas. Resulta que ahora soy cobarde con las agujas. Pero este tatuaje de cumpleaños, a los 40 años, fue mi bala de plata para lidiar con algunas de mis ansiedades más profundas.

Cinco palabras, tres líneas:

En cualquier momento eres polvo

Mi hermano de ayahuasca, Vlad, lo dijo de pasada durante uno de nuestros largos paseos y me hizo bajar los hombros. Me recordó algo que me dijo mi viejo amigo Davinder una década antes: "Nuestros problemas solo son reales cuando olvidamos que vamos a morir".

Estas palabras, este recordatorio, son la verdadera píldora mágica a la que he estado aludiendo a lo largo de este libro.

> *Nadie existe con un propósito. Nadie pertenece a ningún sitio. Todo el mundo se va a morir. Ven a ver la televisión.*
>
> — MORTY SMITH

Sí, es morboso. Sí, pensar en la muerte puede alimentar la ansiedad. Pero si realmente lo asimilas, en realidad es liberador. Recordar que vamos a morir pone todo en perspectiva. Nos muestra que la mayor parte de lo que nos preocupa es bastante insignificante en el gran esquema de las cosas.

Todos tenemos nuestras creencias sobre la vida y la muerte. Para mí, la vida son unas vacaciones fuera de la inexistencia y sé que mi cerebro, programado para sobrevivir, quiere que olvide que dentro de unas décadas ya no existiré. Por eso pagué a alguien para que me pinchara con agujas llenas de tinta, para recordármelo cada vez que salgo de la ducha y me miro al espejo.*

El estrés diario no desaparecerá, pero recordar que nuestro tiempo aquí es limitado puede aligerar la carga. Cuando nos damos cuenta de que no estaremos aquí para siempre, esas pequeñas ansiedades, como dar en el clavo en una presentación o elegir el atuendo perfecto, empiezan a importar menos. Ese cambio crea espacio para actuar

* Todavía estoy trabajando en mis pectorales, como Terry Crews.

y elegir comportamientos que nos ayudan a gestionar mejor nuestras emociones.

Imagina despertarte cada día sabiendo que podría ser el último. De repente, la vida se vuelve más intensa, pero también más alegre. Esta mentalidad nos empuja a asumir riesgos, a aceptar la espontaneidad y a centrarnos en lo que realmente importa. Quizás reímos más, amamos más y nos estresamos menos por las cosas sin importancia. Recordar que voy a morir me recuerda que la energía que obtengo de la ansiedad puede provenir de una fuente mucho más saludable: la alegría.

Con demasiada frecuencia dejamos de lado la alegría, reservándola para un "algún día" lejano mientras nos hundimos más en nuestras rutinas ansiosas. Esa falta de alegría nos hace buscar soluciones rápidas para adormecer la ansiedad. Pero ¿y si hiciéramos de la alegría una prioridad? No estaremos aquí para siempre.

Y la alegría no tiene por qué ser algo serio. El humor es una herramienta poderosa. Si todos estamos juntos en este viaje loco, ¿por qué no encontrar la alegría en lo absurdo de todo ello? La próxima vez que te invada la ansiedad, ríete* de lo ridículo que es estresarse por cosas que a la larga no importarán. Es como una broma cósmica y todos participamos en ella.

Cuando empecé a escribir este libro, pensé que tenía que demostrar mi valía. Planeé sumergirme en una serie de pruebas de ansiedad —retiros en la oscuridad, pruebas de estrés financiero, incluso monólogos de comedia— para demostrar que estaba "calificado" para escribir sobre esta emoción. Pero pronto me di cuenta de que no estaba haciendo esas cosas para mejorar mi relación con la ansiedad, sino para acallar la ansiedad que sentía por no ser lo suficientemente bueno para escribir este libro.

No soy neurocientífico ni psicólogo. Solo soy un tipo con barba que escribe libros porque odiaba que las camisetas se encogieran al

* Reír es una estrategia estupenda para gestionar las emociones, pruébalo, ahora mismo. ¡No te oigo!

lavarlas, lo que las convertía en mercadeo de basura, y pensé que los libros eran algo mejor para vender en mis conciertos.

No escribí este libro para convertirme en un gurú de la ansiedad ni para fingir que lo tengo todo resuelto.* Yo, como tú, lucho cada día contra la ansiedad y haría cualquier cosa por tener un libro como este que me ayudara a encontrar la calma. Solo estoy tratando de poner orden en mi propio caos y este libro es mi forma de hacerlo en voz alta.

Por el camino, me topé con algo importante, algo que me dio un propósito más profundo para escribir este libro, incluso sin un título colgado en la pared:**

La ansiedad acelera las cosas y no en el buen sentido.

Cuanto más rápido nos movemos, más nos invade el miedo. Cuanto más miedo sentimos, más nos centramos en nosotros mismos. Y cuando estamos envueltos en nosotros mismos, hay menos espacio para la compasión o la amabilidad. El amor no puede prosperar en la prisa y el estrés.

El estrés nos hace más lentos, más enfermos, más tontos y tercos. También hace que sea más difícil reconocer cómo nos está afectando, del mismo modo que una persona borracha no se da cuenta de lo borracha que está, una persona estresada no se da cuenta de lo estresada que está y del daño que está causando.

Cuanto más ansioso me ponía, menos pensaba en los demás. Estaba demasiado atrapado en mi propia cabeza como para darme cuenta del mundo que me rodeaba. Y cuando levantaba la vista, el mundo solo alimentaba más mi ansiedad. Estaba demasiado estresado para llamar a mi madre, demasiado preocupado para mantener el contacto con mis amigos y demasiado ansioso para pedir ayuda. En lugar de eso, me aislé, básicamente echando gasolina a mi ansiedad.

* Y si has llegado hasta aquí, ya sabes lo poco que he descubierto en realidad.

** Dato curioso: tengo dos títulos y no uso ninguno de ellos.

¿Ese aislamiento? No es solo un problema “mío”, es un problema “nuestro”.

Cuando estamos atrapados en nuestras burbujas de ansiedad, no solo nos hacemos daño a nosotros mismos, sino que estamos desintegrando nuestras comunidades. Nos vemos tan envueltos en nuestras propias luchas que olvidamos que estamos todos juntos en esto. Y ese es el verdadero problema.

La unidad es nuestro superpoder. Cuando nos unimos, los retos de la vida no parecen tan abrumadores. Es como si tuviéramos un escudo invisible contra el caos. Pero no podemos unirnos si todos estamos atrapados en nuestros mundos llenos de ansiedad. Tenemos que romper con este hiperindividualismo que nos engaña haciéndonos creer que estamos solos en nuestras luchas, porque no es así.

¿Recuerdas esa píldora mágica? No se trata solo de afrontar nuestra mortalidad, sino de darnos cuenta de que, mientras estamos aquí, estamos todos juntos en esto. ¿Y esa conexión? Esa es la verdadera cura.

El aislamiento social es el combustible que alimenta la ansiedad y es un problema de salud grave. **Estar desconectado de los demás es tan perjudicial como la hipertensión arterial o la obesidad.**

Lidiar con la ansiedad significa practicar las habilidades para administrar nuestras emociones. Un mundo en el que las personas pueden administrar sus emociones es un mundo más seguro. Es un mundo menos adicto. Es un mundo más respetuoso. Es un mundo mejor.

Comparte este libro y lo que has aprendido de él con las personas que te importan. No solo con aquellos que parecen necesitarlo, sino también con aquellos que pueden estar sufriendo en silencio. Acércate a ese amigo que ha estado desconectado. Sonríe a un desconocido. Cada pequeño gesto de conexión reduce el aislamiento del que se nutre la ansiedad.

Y por el amor de todos los pelos de mi barba, practica lo que has aprendido en este libro. Controlar nuestras emociones es una habilidad y las habilidades solo se mejoran con la práctica, así que practica, practica, practica... y luego practica un poco más si realmente quieres sentirte mejor.

No me importa que me recuerden o dejar un legado. Solo quiero que el mundo sea mejor mientras yo siga aquí. Y si estás leyendo esto después de que yo haya muerto, que sepas que, como el rapero 50 Cent, morí intentándolo.

Gracias por acompañarme a lo largo de este libro. Significa más de lo que imaginas. No eres solo un lector, estamos conectados. Y seguiré intentando estar ahí para ti, para que te sientas un poco menos solo. Hagamos que nuestra comprensión más profunda de la ansiedad se vuelva viral, no por los "me gusta" o los "compartir", sino por un cambio real. ¿Un mundo con menos ansiedad y más conexión? Ese es el mundo en el que quiero vivir. Y apuesto a que tú también.

Recuerda, estamos juntos en esto. Ahora, vamos a hacer ruido.

Cuando termines este libro y vuelvas al mundo, recuerda que la solución a la ansiedad no consiste en deshacerse del miedo o buscar la perfección. Se trata de aceptar nuestra humanidad compartida, comprender la brevedad de la vida y elegir vivir plenamente lo único que realmente tenemos: este momento. Deja que esta conciencia te guíe, te traiga alegría y te libere.

Puede que no tengamos todas las respuestas, pero podemos elegir cómo responder a las incertidumbres de la vida. Así que acoge el caos y recuerda: la vida es demasiado corta para dejar que la ansiedad te robe la alegría.

Brindemos por arriesgarnos, por aceptar los sentimientos incómodos y por encontrar la alegría en las pequeñas cosas, porque así es como hacemos que los momentos de la vida valgan más.

Por favor, no dejes este libro en la estantería, compártelo con alguien que lo necesite.*

* O mejor aún, cómprale un ejemplar: mi perrita tiene hábitos caros.

LA VIDA ES DEMASIADO CORTA PARA DEJAR QUE LA ANSIEDAD TE ROBE LA ALEGRÍA.

AGRADECIMIENTOS

Al extraño que, hace muchos años, asaltó violentamente a mi padre para robarle: yo tenía solo cuatro años cuando entramos a la habitación de papá, mientras, dormía para ver sus heridas. Aprendí ese día que el negro realmente no es negro, sino más bien púrpura, y que la herida en su frente parecía más una mezcla de aceite con agua que un agujero sangrante.

Aprendí que la protección que instaló en el taxi que conducía —nuestro auto familiar— podía ser divertida porque jugábamos a era el auto era una patrulla de la policía, pero también aprendí que era una fuente masiva de ansiedad para mi padre cada noche, cuando se iba a trabajar.

Aprendí que, aunque no entendía la ansiedad, podía sentirla y esa ansiedad podía decidir el rumbo de mi vida.

Odiaba ese taxi. Soñaba despierto con hacerlo pedazos. Irónicamente, pasé tanto tiempo tratando de ser "exitoso" para que mi papá no tuviera que volver a trabajar como taxista, que me perdí su fiesta de jubilación.

Así que, extraño que asaltó violentamente a mi papá, quiero agradecerte. Te debo mi primer recuerdo de la ansiedad y también me enseñaste el resultado de no prestarle suficiente atención a eso que sentía. Espero que estés bien y que, esa noche, obtuvieras lo que necesitabas. Ojalá te hubieras dado cuenta de que, de habérselo pedido, mi papá te hubiera ayudado. Lo sé porque ayudo a las personas cuando me lo piden. No porque sea una buena persona, sino porque lo aprendí de mis padres. Creí que así eran todos los padres y que ayudar era lo común, lo que simplemente hacíamos.

A todos los que me leen: la ansiedad deja marcas en nosotros que quizás no entendamos completamente. Espero que revisites tu primer recuerdo de ella, no para revivir el dolor, sino para para que descubras qué te enseñó. Dale espacio. Deja que destroce la habitación de hotel de tu corazón y escucha lo que tiene para decirte. El crecimiento comienza ahí y tal vez algo en este libro pueda ayudarte a dar ese paso…

Y finalmente: cafeína. Eres mi oración mañanera, mi mantra de la tarde y mi arrepentimiento de medianoche. Sin ti, este libro no existiría o tal vez sí, pero sería mucho más corto, mucho menos coherente y se notaría que está escrito por alguien que sí durmió. Eres mi musa y mi torturadora. Eres tóxica, un vasto suministro de ansiedad, pero aquí estamos. Simplemente, no puedo dejarte.

ESTE CÓDIGO QR CONDUCE A LA PÁGINA WEB DE HUMBLE THE POET, DONDE ENCONTRARÁS CAPÍTULOS EXTRA, EN INGLÉS.